秩序的理由
THE JUSTIFICATION OF ORDER

赵汀阳
ZHAO TINGYANG

生活·讀書·新知 三联书店

Copyright © 2024 by SDX Joint Publishing Company.
All Rights Reserved.
本作品版权由生活·读书·新知三联书店所有。
未经许可，不得翻印。

图书在版编目（CIP）数据

秩序的理由 / 赵汀阳著. —北京：生活·读书·
新知三联书店，2024.8
（赵汀阳集）
ISBN 978-7-108-07846-9

Ⅰ.①秩⋯　Ⅱ.①赵⋯　Ⅲ.①哲学－研究　Ⅳ.① B0

中国国家版本馆 CIP 数据核字 (2024) 第 101655 号

文字编辑	王萱婕
责任编辑	冯金红
装帧设计	一千遍
责任校对	常高峰　陈　格
责任印制	卢　岳
出版发行	生活·讀書·新知 三联书店
	（北京市东城区美术馆东街 22 号 100010）
网　　址	www.sdxjpc.com
经　　销	新华书店
印　　刷	北京隆昌伟业印刷有限公司
版　　次	2024 年 8 月北京第 1 版
	2024 年 8 月北京第 1 次印刷
开　　本	880 毫米 × 1092 毫米　1/32　印张 11.5
字　　数	211 千字
印　　数	0,001－5,000 册
定　　价	86.00 元

（印装查询：01064002715；邮购查询：01084001542）

目 录

前言 他人不同意 *1*

第一部分 疑难
一 合作的条件 *3*

二 伦理的困惑与伦理学的困惑 *49*

三 普遍价值必须同时是必要价值 *85*

四 有轨电车的道德分叉 *113*

五 无处幸免状态和苦难之问 *139*

第二部分 改良方案
六 金规则的最优方案 *169*

七 预付人权 *193*

八 一种可能的智慧民主 *233*

第三部分 天下体系的续篇
九 天下究竟是什么？ *279*

十　在理想主义和现实主义之间的天下　307

十一　政治现实主义的一种可能性　325

参考文献　353

前　言

他人不同意

这个集子收录了一些属于政治哲学和伦理学的文章，但有许多文章没有收入，那些文章的论点后来都写在专著里了，比如《坏世界研究》、《一神论的影子》（与Alain Le Pichon合著）和《两面之词》（与Régis Debray合著），当然，书中部分文章的观点也在若干专著里有所表达，这里收入是想再说一遍，同时也删掉一些与特定语境相关的废话。另有一些以英文发表的文章也没有收入，一方面是懒得翻译，更主要的是因为其中的核心论点也在中文论著或文章里表达过了，这里只收入一篇发表在英国的，由我的学生王惠民译为中文（《政治现实主义的一种可能性》）——在这要谢谢他。这篇的论题，"political realism"，是英国主编命题作文，之前没有认真讨论过。还有，我在政治哲学上最主要的理论是天下体系，已有专著论述，其中，《天下的当代性》比较全面，因此，关于天下理论的大多数文章也没有收入，这里收入的几篇属于补充性的后续讨论。至于伦理学方面，我的讨论不多，除了《论可能生活》一书，只有寥寥几篇文章。伦理学和政治哲学有不少共同论题，往往无须区分。

这里想对方法论做个解释。表面上我研究了政治哲学和伦理学，方法论却属于形而上学和怀疑论，而不属于规范论。这意味着，我只是反思了政治哲学和伦理学的可能性，并不是对任何价值观或规范性（normative）主张作辩护，就是说，我只是试图分析，何种政治或伦理的概念在存在论或博弈论意义上更优，而不在政治或伦理上去支持某种价值观。在我看来，古代的价值观和规范尽管未必更好，但基本上是自然形成的社会共识，而现代的价值观和规范主张却基本上是意识形态，或者与意识形态无法切分，所以必须加以怀疑论的反思。规范主义几乎都是教条主义，在实质上既不是政治哲学也不是伦理学，而就是政治和伦理本身，甚至是化身为政治的宗教。

1992年之前我对价值问题本无兴趣，那时对真理的兴趣远大于对价值的兴趣，后来产生了一点不正常的兴趣。在我略知一二的伦理学里，除了康德的先验伦理学，大多数伦理学似乎都属于在某个既定价值系统内部为其所预设的价值进行辩护甚至宣传，无非都是循环论证，即以自己相信的价值观来"证成"此种价值观，但其中并无必然之理。以政治去证明政治，或以伦理去证明伦理，此种证明方式本身的正当性才是需要被证明的。

由于缺乏先验的必然性，政治或伦理绝对无法证明自身。在缺乏先验必然性的条件下，除了存在论和博弈论，恐怕就没有能够支持（不敢说证明）任何价值的方法了。非反思的伦理学虽是主流，但在我看来是冒牌的，其实就是某种价值主张而已，与意识形态宣传并无本质差别。休谟关于实然命题推不出应然命题的"定理"使我意识到了价值缺乏必然根据，此种觉醒还不够，还没有发现反思价值问题的有效方法。20世纪80年代末，读了维特根斯坦的《伦理学讲演》之后，我意识到可以发展一种"从伦理学外面看伦理学"的方法，因此才对伦理学有了兴趣。推而广之，就是"在价值观外面反思价值观"的方法。后来混合了怀疑论以及老子的道论，形成"无立场"方法。

站在伦理学外面去反思伦理学问题，就有了一些发现。比如，我意识到伦理规范只是很像伦理学问题，但在实质上并不属于伦理学，只不过是某个社会某个时代的某种游戏里的规则，与交通规则之类并无本质区别。因此，没有一条规范是普遍必然的，更不能用来定义任何普遍价值，而且，作为游戏规则的伦理规范的主要成分甚至也不是理想主义的价值观，而是冒充为价值观的政治和经济利益诉求，是穿着伦理外套的利益分配方式，其道德水平并不高于"赤裸裸"的利益追求。于是我在最早的伦理学著作《论可能生活》（1994）里就断言，伦理不是伦理学的问题，道德才是伦理学的问题，而道德是完全不同于伦理的另一种事情。

当时想到的是（后来有所改进），伦理学似乎只剩下两个有意义的问题：幸福和公正（justice）——其他事情都是游戏规则，无论是事关公平（fairness）还是平等（equality）或者自由权利（liberties）的规则，都是博弈论能够解释的稳定均衡，并没有超出对利害的理性思考之外的道德意义。换句话说，伦理规范都是游戏规则，背后都是利益关系，都可以还原为长期博弈产生的稳定均衡，并不包含人们通常想象的那种令人感动不已的高尚性。长期以来伦理学对伦理规范倾注了名不副实的精神寄托，而遗忘了真正高尚也是真正罕见的事情是幸福和公正。鉴于伦理学对伦理规范有着难以自拔的伪善珍爱或错爱，因此还是要再重复一遍：伦理规范处理的是利益关系（荀子早就发现了），并无高尚性可言，其意义不超过博弈均衡。道德之所以令人肃然起敬，必定具有伦理所无的高尚性。

"道德"一词，顾名思义已经表明了其形而上性质或超越性，而"伦理"一词表达了社会性或世俗性。西方哲学里的ethics和morality都是"伦理"，分别来自希腊语和拉丁语，但含义一致。当代伦理学为了表达不同于伦理的道德，才试图区分ethics和morality，通常以morality表达道德，但由于词源的原义相近，终究不够清楚确切。如果要与"道德"更准确地对应，恐怕是arete或virtue比较接近。arete或virtue都是"卓越性"，尤其是人之为人的卓越性，与"德"之本义接近，与合"道"之"德"的意义就更接近了。道德被俗化或曲解为"符合伦理"是后来的事情，多半是出于社会管理的需要。真正的道德是高于规范的事情，甚至不需要听说过伦理规范，而是人使自己获得作为人的卓越性的行为性质。

道德的一个指标是自成目的性（autotelicity），而不是出于利益衡量同意和接受某种规则。正因为自成目的性，所以道德有可能使人舍生忘死，正因为道德行为是一个人决意为之的事情，因此能够达到忘我或无我。幸福和公正都具有忘我或无我的性质，所以是达于道之德——精神达到了形而上，也就超越了渺小的我以及更加渺小的利益。简单地说，只要将自我置于第一位置或将个人利益置于绝对优先地位，就没有道德了，所以道德是罕见的事情，与此相关，幸福和公正也就成为罕见的事情。

这里我不打算复述《论可能生活》里关于幸福和公正的论证，直接说结论。幸福有两个充分条件：其一，行为的自成目的性，即所做的事情即使无利益回报也仍然是乐意做的。其二，幸福是来自他人的礼物。"他人"是全称，等于每个人，自己对于别人也是他人，这意味着幸福是循环互相给予的一个事实，于是幸福在本质上拒绝了个人主义或自我主义。舍不得给他人幸福也就无缘收到他人给自己的幸福，因此，不给他人幸福的人一定是不幸的，而且是自己为自己创造的不幸。这两种幸福大概率是重叠的，无功利算计的自成目的行为通常也是给他人带来幸福的行为。至于公正原则，则非常简练，就是对称性或对等性，相当于逻辑上的等值关系。这个公正概念不是我的发明，所有古典公正概念都是对称性原则。这里需要提到一个当时未能有效分析而今也无法很好解释的道德问题，即自我牺牲。这是人类最高尚的道德行为，其高尚性高过公正，但无从解释，它的神秘之处在于既不能由生物学推出也不能从伦理律令推出（以为能把人教育得乐于自我牺牲，那是想多了）。如果还有比幸福和公正更彻底的伦理学问题，那就是自我牺牲。我至今解释不了。

从伦理学外面去看伦理学，类似于在一个系统外部去看这个系统，这个方法有机会考察一个系统的整体性质，因此能够发现一个系统的"元问题"或"元定理"，所以《论可能生活》也被认为属于元伦理学。这个集子收集的几篇伦理学文章也是如此。如前所言，从外看内的方法是从维特根斯坦那里学到的。维特根斯坦的方法比较灵活宽松，如果是严格的系统反思，那就是哥德尔的方法了，即赋予一个系统以自反性（reflexivity），强迫一个系统反思自身。哥德尔方法是最厉害的方法论，不过人文问题都是模糊的，用不上哥德尔方法，但其自反性的"精神"则有普遍性，也是我反思哲学问题的精神原则。对伦理学的一个反思结果是，当代伦理学很少真正去思考伦理学需要反思的事情，不知道是故意回避还是时代性的遗忘，而古人却不会错过真正的伦理学问题，即人之为人、生活之为生活、社会之为社会、文明之为文明、精神之为精神的问题。至于当代伦理学特别乐于讨论的普世价值、政治身份、性别身份、机会平等、身份平等、分配平等、结果平等乃至所有事情平等、动物权利、文化权利、政治正确、程序公正等等，在我看来实质上一小半属于管理学和社会学，一大半属于意识形态化的政治学，没有看见伦理学。

以"从外看内"的方法来看，政治和伦理在初始状态上有着同构的初始基因，于是共享一个本源性的也是最根本的"人类状况"（human condition），我愿意称之为"他人不同意"，这是人类生活里所有问题的始发地。人类生活的一个根本特点，即所有已知其他生物所无的特点，是对任何事情都可以同意或不同意。如果一致同意，事情就做成了。如果他人不同意，什么事情也做不成。所以，同意是人类想做的所有事情的存在论基础。生活里事无巨细都涉及这个基本状态，大到治理世界的方式，小到一起吃饭，都存在着不同意。我想讲一个真实小事（以前似乎讲过），小到不能再小但能以小见大的故事。我所在的单位从前有个办公室主任王铁军，是个有智慧的人。有一次安排分配什么利益（记不住），有员工不满意，王铁军问他有何建议，他提出，如此这般就"合适了"。王铁军又问，如此这般对您是合适了，可对别人就不合适了，要是别人不同意，那听谁的呢？这个"合适不合适"的故事就是"不同意"问题的微小版，表明了生活的一个基本道理，那就是人们在每件事情上都有不同的道理。不过，毫无疑问，我们感兴趣的不是"公婆各有理"的此类道理，哲学需要反思的事情不是生活的道理（即老爷爷都会讲的人生"哲理"），而是需要解决的问题，可道理解决不了问题。

"他人不同意"的根本问题有个形而上的起源，即否定词的发明，这个形而上的发明却导致了一切形而下的难题。否定词不仅有语言功能，更有逻辑功能，它为思维开启了"可能性"的维度，人类思维从此由单维时间变成了分叉的多维时间。从理论上说，想象力获得了无限性，也就有了自由（详细分析请参见《寻找动词的形而上学》一书中的相关论述）。自由是人类获得的最好事情之一，同时也产生了生活的所有分歧、矛盾和冲突。别人的自由就是每个人的限制和困难，落实为"他人不同意"的基本格式。"他人不同意"是底层问题，其深度远远超过政治学、经济学、伦理学、社会学等所讨论的权力、权利、制度、程序、平等、民主、专制、暴力和霸权之类，实际上，"他人不同意"触及了人类如何存在的底层概念和底层逻辑，也是以上所有问题的来源。从极端情况来看，即使是一个拥有最高权力和暴力的独裁者，也无法超越"他人不同意"的问题，他人的消极不合作策略或者积极反抗策略都足以使其事不成。这意味着，无论在一个好世界还是坏世界里（好世界还在传说中），最基本的事情都是如何解决"他人不同意"的问题，而如果解决失败，就会把问题激化升级为存在论的极端问题，即生或死（to be or not to be）。

"他人不同意"的社会事实注定了政治哲学的基本条件是分歧和冲突，因此需要反思的相应问题就是"如何形成合作"。现代以来的政治哲学被政治学所误导，把政治理解为争夺权力的斗争以及如何战胜敌人的策略，这种政治学化的政治概念是无效的，完全无助于解决冲突问题，不过是关于斗争策略的研究，此种"政治"概念实为冒名为政治的兵法。斗争不是斗争的解，斗争的唯一理性解是创造合作，由此可知，真正的政治是创造和平的艺术，是化敌为友的艺术，即创造"合作解"的艺术。类似地，"他人不同意"的生活事实也为伦理学制造了一个至今无解的基本问题，即在价值选择上无法形成一致理解。人们不仅对价值的理解有分歧，而且也无法在价值排序上达成一致。如何破解政治哲学的"合作"难题和伦理学的"共识"难题，恐怕需要回到存在论上去发现新的路径和分析方法，这正是我一直的努力。我提出的解决方案是否合理，还要向大家请教。

赵汀阳
2023 年 4 月 18 日

第一部分
疑 难

{ 一 }

合作的条件

1　初始状态作为政治起点

在解决冲突的研究中，政治学家往往不太喜欢哲学家对道德意义的夸大，因为道德行为必须同时是具有博弈优势的生存行为，才是可行的，否则是可疑的。正如宾默尔指出的：哲学家喜欢研究对生活问题的道德解决，并把道德想象成康德式的理性先验绝对命令，貌似人们必须这么做，但事实是，道德游戏终究必须同时是生存游戏，否则根本行不通。[1]这意味着，如果道德原则在生存博弈中是无效率的，那就是坏的原则。以现实主义的冷静态度去解释道德的思路并不新颖。荀子早就对"礼起于何也"的问题给出了在今天看来属于政治学和经济

---

[1] 肯·宾默尔：《博弈论与社会契约》第一卷，王小卫、钱勇译，上海财经大学出版社2003年版，§1.2.4。

学的解释：礼这种伦理-政治制度安排是为了克服无节制的"争"所引起的乱和穷。[1]这与后来以"一切人对一切人的战争"而闻名的霍布斯"丛林"思路在很大程度上异曲同工，而且互补。荀子和霍布斯的分析都是从一种假设的初始状态去分析合作的条件以及合作规则的生成。初始状态问题后来由于罗尔斯在《正义论》中的杰出工作而成为当代政治哲学和伦理学的一个热点问题。

初始状态是一个尚未存在共同承认的游戏规则情况下的特殊游戏，人们在自由选择中逐步形成游戏规则，可以说，初始游戏是在无限制的策略选择中进行的，没有什么是非法的或道德上不允许的。既然每个博弈方都享有最大化的自由选择，就必定暴露出"前道德的"真面目，在充分自由的条件下去做他最想做的事情，包括杀人放火，而任何一个人的唯一限制就是他人的选择。任何人的选择都不得不受到他人选择的制约，这是分析人与他人关系最彻底的理论环境，所有的规则和制度都将在人与他人的互动制约关系中产生。由于规则和制度的有效性在于稳定性，至少是比较稳定的，因此需要关心的是，什么样的人际关系能够生成或导致稳定的规则和制度。

初始状态虽是理论虚构，但对于说明真实生活仍然

---

[1]《荀子·礼论》："人生而有欲，欲而不得，则不能无求，求而无度量分界，则不能不争，争则乱，乱则穷，先王恶其乱也，故制礼义以分之。"

必须是真实有效的，不能是文学故事。这里的"有效性"至少包括两个要求：（1）虚构的初始游戏原理与真实的生活游戏之间必须是可通达的或可过渡的，大致能够反映真实生活的思维方式和策略选择模式；（2）作为思想实验的初始游戏所发现的普遍原理往往表达了比真实情况更正确的博弈选择，这是因为，真实博弈有许多偶然因素或"噪音"，也就可能使人们做出感情冲动或一时糊涂的错误选择，就是说实验博弈可以最大限度地接近理性最优。不过，纯粹理论追求的"比真实更正确"的理想其实多少有些荒谬：理论或许更正确（理性上正确），但人们在生活中所真正追求的未必是那些所谓最正确的事情，因为没有充分理由能够证明"正确的"就是"更好的"，错误的行为或许创造了丰富多彩的历史和也许更值得一过的生活，许多人宁愿要"错误的"生活（比如为爱情或民族牺牲生命）。这就像真实世界中不存在严格的直线，人们也未必就认为严格的直线比不太直的线更好。但无论如何，理论上的直线对真实而不太直的直线仍然具有说明力。作为理论实验的游戏就是试图发现比真实更正确的选择以便建立对生活的普遍理解，这也是理想和乌托邦的意义所在。

人们设想了多种初始状态。霍布斯的"自然状态"可能是最知名的初始状态。比霍布斯更古老的荀子的初始状态与之有着精神相通甚至具有更深刻的设想，这是我们在后面要重点分析的问题。这里先排除一些真实度不高的知名想象，例如《礼记·礼运》相信早期社会是充分合作的"大同"社会，后来才变成私心压倒公心的"小康"社会，这是一种退化论。马克思主义的想象则与《礼记》有某些相似之处，也相信在导致私心和冲突之前有过原始共产主义。卢梭相信自然状态中人们虽有着自然的不平等（体力和智力），但不足以导致霍布斯想象的普遍残酷冲突，因为那时还没有什么值得争夺乃至拼命的东西，直到后来出现"万恶的私产"才有了可抢可盗的物品。但卢梭肯定想错了，食物优先权和交配权即使在动物界也是你死我活的问题。这些设想都非常有趣，但恐怕都不很真实，历史上真实的初始状态更可能是群体之间的残酷冲突以及群体内部的合作与竞争并存。可是，为什么不选择真实的初始状态作为理论分析的对象？秘密在于，真实状态不够极端，没有触及社会可能变化的最差极限状态，因此反而漏掉了一些可能性而不具充分普遍的说明力。人类真实历史的运气不算太差，还没有遭遇最可怕的情况（比如核大战），但最恐怖的情况是有可能发生的，所以理论必须要把任何可能性计算在内。

无论是设想一开始就是冲突（霍布斯），还是先有合作后来变成冲突（荀子），都同样把需要解决的核心问题落实在"冲突"上，因此，根本问题就是：在冲突条件下如何能够产生稳定的合作？或者说，给定人人自私的条件，合作是如何可能的？并且，什么才是众望所归的合作原则？初始游戏不需要真实的历史起点，但必须是有效的理论起点。这个有效的理论起点必须足够差，在效果上接近最差可能世界，因此只能是"人人都只为自己着想"的利益冲突状态，只有这样才能够清楚地表达出需要解决的全部社会问题。假如"人人为别人着想"，人们所烦恼的绝大多数问题就不复存在了，也就不需要反思了。因此，任何一个实验性的初始状态所要分析的，都是在私心主导的环境中如何形成合作的问题。荀子–霍布斯方案最为简洁：不仅人人自私，而且不择手段。"不择手段"是个真正严重的挑战，当代理论家们往往回避这一经典困难，而选择了比较温和的罗尔斯方案。这种避重就轻、掩盖问题的做法或许有抚慰心灵（尤其是知识分子的软弱心灵）的功能，但在事实上和理论上都是错误的。

2　罗尔斯方案的疑问

任何社会契约都有着特定的社会条件和时代背景，不存在普遍通用的社会契约，在特殊背景下形成的社会契约未必是公正的，事实上往往不公正。罗尔斯引入"无知之幕"这样一种人为设计的博弈条件，就是试图制造一个完全平等的处境，以便考察人们仅凭理性能够做出的真正公平的选择。在罗尔斯的初始状态中的博弈各方都是自私的，完全无视别人的利益，又都是充分理性的，尤其还处于"无知之幕"这个"完全公平的"博弈环境中，人人对自身状况一无所知，不知道自己与他人在各方面的差异，甚至不知道自己所处的社会和时代[1]，相当于既不知己又不知彼，甚至不知"魏晋"。正是因为"无知之幕"屏蔽了一切信息，罗尔斯相信，此种人为制造的完全公平处境就能够必然地形成人们一致同意的选择。全体一致同意（unanimous）的事情显然是最合法的公共选择，也是完美的民主结果，尽管未必是最优的公共选择（一致同意的蠢事也可能发生），这一点在此不论。这里要讨论的是，罗尔斯的著名设计虽然水平很高，却有许多疑点。

首先，在博弈条件的设计上，博弈方被假定为只有思维（mind）而没有心（heart），这种理解在单纯经济学中或许合适，但对于解释社会、政治和生活则有严重缺陷。社会中许多根本性的冲突是心的冲突（信仰、精神、情感和价值观的冲突）而远不仅是利益冲突，而且没有理由证明物质利益比精神价值更重要。罗尔斯在规定"人人都需要的"基本物品时就忽视了宗教信仰或精神需要，这对于人和生活实况都是歪曲，因为生活根本不是那样的活法。仅从理性和物质利益去理解的社会太过单调，以至于无法由此辨认出是一个实际上可能的人的社会。但这并非罗尔斯的个人错误，而是现代学术的流行错误。

---

[1] Rawls: *A Theory of Justice*, Cambridge, Massachusetts: the Belknap Press of Harvard University Press, 1971, p. 137.

"无知之幕"确实独具匠心，但无知状态的博弈与有知状态的博弈之间有着无法过渡或无法兑换的鸿沟，因为它们已经是本质不同的世界，是两种世界而不是一个世界的两种情况，因此无法互相兑换或转换，这一点也明显地限制了无知之幕模型对真实世界的说明力。任何真实的社会博弈都是某种程度的有知状态，而且人们拼命追求有知状态，因此任何社会都以有知状态为目标，人们必须知道自己有什么需要保护，有什么值得争夺，以及是否有条件去争取自己想要的东西，总之不能盲目地选择，盲目选择的游戏也许可以进行，但是无意义。进一步说，人们也不可能不知道一个游戏是什么样的就盲目同意参加游戏，那样未免太冒险了，除非是被强迫参加游戏。当然，罗尔斯需要一个充分公平的博弈环境，这个心情可以理解。自然差异无法改变，弱者对于强者无力反抗，于是罗尔斯想用"无知之幕"来让自然差异暂时失效，这样人们在绝对黑暗中就只好选择一个公平的社会契约，以免自己万一吃大亏。这是个让人佩服的想象，只可惜存在着一些难以克服的严重困难。

其中有一个难以自圆其说的规定。"无知之幕"规定人们甚至不知道"关于好东西的理解"（conception of the good）以及自己的"生活计划"（plan of life），这样的话，人就不知道他想要的是什么了，可是人必须知道想要的是什么才会做出选择，否则又能够选什么呢？这是个悖论，不仅在行动上不可能，在思想上也是不可能的，其错误相当于说有个"我思"（cogito），却没有"所思"（cogitatum），或者相当于及物动词没有宾语，仅仅"我要……"是说不通的。胡塞尔早就指出，如果没有明确的所思，我思就是无意义的。罗尔斯知道这个麻烦，为了自圆其说，他假定，虽然人们不知道自己的特殊偏好，但仍然知道那些"对任何人生计划"都必需的"基本必需品"（primary goods）。这个辩护暗含着更大的麻烦，它涉及一个从来也没有得到解决的"价值排序"问题：在哪些东西算是"基本必需品"的问题上，人们并没有一致意见，而所以没有一致意见，是因为人心各异。把人看成"有思无心"显然是在回避困难，而如果把所有博弈者看作是同心同好的特殊人群（比如说一群葛朗台或者一群弗洛伊德），那倒是说得通了，可那样的话，罗尔斯理论就缩水为特殊有效理论而不是普遍有效理论了（罗尔斯不会满意的）。

就罗尔斯强调的"基本必需品"来看（个人权利、个人自由、机会和财富），他想象的合格人群大概是个自由主义群体，等于事先强迫所有人都成为自由主义者，这既不公平也不合乎事实。人是多种多样的，事实上很多人会首选"权力"（尼采会同意），很多人会首选"家庭利益"（孔子会同意），如此等等。也许罗尔斯不得不把"基本必需品"假定为不证自明的，以避免与无知约定产生互相矛盾，但他想象的自由主义偏好显然并非不证自明，比如权利的好处恐怕就没有权力的好处那样明显：权利、自由和机会甚至加上财富也不见得能够换来权力，而权力却能够换来一切，这才是更加显而易见的。从逻辑上看，每个人最想要的恐怕是安全与权力（霍布斯会同意）。即使权且局限于罗尔斯罗列的那些"基本必需品"，人们也必定有不同理解，哪些权利是基本的？哪些权利更应该优先？各种权利之间的冲突如何解决？这些都是未决的问题。在这些情况下，罗尔斯隐去了对价值的理解（conception of the good）而又承认关于"基本必需品"的知识，此间自相矛盾恐怕难以避免，因为后者依赖着前者。对尚未确定的知识的非法透支是一种很隐蔽但不可接受的学术赤字。

罗尔斯的初始状态背叛了霍布斯开启的初始状态思路，还回避了霍布斯问题。事实上，荀子-霍布斯问题才是必须克服的真困难，而且各种可能的困难都包含其中。罗尔斯问题在规模上要小得多，基本上局限于如何理性地形成社会契约。实际上，即使有了社会契约，合作的难题也并没有因此被解决，契约并不能限制人们以合法手段互相坑害并且在必要时撕毁契约。社会始终存在着这样一个悖论性的局面：在大多数情况下，尤其从长远考虑，合作对于博弈各方（无论强弱）明明都有利可图，但合作总是非常困难，人们总是难以超越个人的眼前利益。正如奥尔森指出的，即使人们非常愿意合作，大规模的集体合作仍然可能毁于搭便车之类的自私选择。罗尔斯的"无知之幕"简化和削弱了博弈问题的难度，它使得人们在同等的无知黑暗中人人自危，只好"必然地"选择了罗尔斯预先准备好的合作方式。这个事先安排好的圈套不能代表人们真正自愿的选择。"无知之幕"下的选择是对初始博弈这个严重问题的一个有些轻浮的解决方案。

即使局限于罗尔斯给定的游戏条件就事论事，"无知之幕"也并非必然地产生罗尔斯式契约，特别是其中最有名的"有别原则"。"有别原则"声称，如果社会不得不出现某些不平等的制度安排，那么这些不平等的制度安排必须有利于最弱势群体的利益最大化。很多人赞赏这一劫富济贫倾向的制度安排（包括我在内），但也有许多人坚决反对，例如诺齐克等人。情感倾向归情感倾向，理性归理性，尽管这个原则是个广得人心的道德要求，却不见得是一个必然的博弈结果，就是说，罗尔斯契约并不是罗尔斯条件的唯一必然结果，而只是多种并列的可能结果之一，甚至不是最可能的结果。换句话说，罗尔斯契约并非罗尔斯问题的唯一解，而只是多个可能解之一。如果罗尔斯契约只是或然结果的话，罗尔斯方案的意义又将有进一步的损失，即罗尔斯契约不但不是普遍有效，而且并非人们的必然选择。我们不能因为同情罗尔斯的道德选择而断定其有效性，理论不能感情用事。

在罗尔斯以"无知之幕"得出其公正原则的过程中存在着博弈论上的技术疑点。他应用博弈论的"极大极小定理"（maximin principle）去分析"无知之幕"条件下的理性解。给定人人自私而无视他人利益，人们将理性地避免对自己最不利的情况而选择风险最小的结果。"无知之幕"让人们人人自危，不知道揭开"无知之幕"之后自己的资本、能力和地位，因此人们宁愿选择一种最保险的社会契约，以免自己处于不利地位时明显吃亏。博弈论和经济学都假定，人人都不愿意自己吃亏而让别人占便宜。这个假定虽然不是普遍必然的，但似乎对大多数人在大多数时候有效。罗尔斯相信，正是出于风险规避的考虑，人们将必然选择一个保证每个人同等自由权利、机会均等而又保证照顾弱者的制度安排。可问题是，罗尔斯方案未必是唯一的理性解，只是多个可能解中的一个，而且未必是最可能的解。分析如下：

（1）罗尔斯以自由主义偏好去猜想人人必然优先考虑个人自由，这已经比较可疑。事实上人类是在经过无数残酷经历之后才认识到个人自由的好处，不可能先验地拥有"个人自由比别的事情更重要"这一经过长期实践才产生的后验知识，何况这个后验知识也不是普遍必然的知识。在某些社会语境和自然条件下，个人自由就未必优于集体利益，比如在资源非常匮乏或严重危机或自然灾害之类情况下，集体共产就很可能是大家得以勉强存活的条件。哲学家经常忘记，价值不是常数，只是个函数值——价值，顾名思义，本来就是一个函数"值"。按照"无知之幕"的规定，人们并不知道社会、时代和资源的情况，因此，在"自由""平等""平均""共产"等等可选项目之间，既然缺乏函数语境，也就没有必然根据和理由去算计和证明哪一种能够避免最坏结果。当缺乏清楚的语境和计算条件，一切都是未知数。假如非做出选择不可，在"无知之幕"的压力下，人们恐怕更容易接受保险系数最大的集体主义契约，因为"有难同当，有福共享"的集体主义契约比自由主义更符合理性的风险规避原则。罗尔斯似乎算错了自己出的题。"有别原则"虽有平等主义倾向，但并不彻底和充分，罗尔斯的自由主义原则的优先性对平等主义形成了制约，使之不可能是真正的平等主义，只是比较保险而决非最保险的策略。相比之下，令人讨厌的利益均分平均主义就比罗尔斯的选择更符合理性要求了。

平均主义策略可以这样分析：由于"无知之幕"，每人落在任何一种地位上的概率是同样的，相当于抓阄，根据博弈理性，利益均分是每个人风险最低的策略，它保证每个人获得至少不少于其他人的收益。在自己没有权利去挑选较大利益的情况下，利益均分就是优选策略，由此看来，平均利益才是逻辑上无懈可击的均衡解。可以参考"公平分蛋糕"的经典例子（尽管情况并不完全一样）：a切蛋糕而b先挑。a没有权利先挑选（相当于不知道自己将要得到什么），他的最好策略就是把蛋糕尽量切成一样大。[1]

---

[1] 类似的智慧可以参考宋朝张咏公断"兄弟分家产"的故事：兄弟分家，哥哥主持分家，弟弟认为少分了，哥哥不承认。张咏说，其实解决方法很简单，哥哥的财产和弟弟的全部对换就可以了。

同理，在"无知之幕"条件下，平均利益才真正是极大极小值，同时它又是极小极大值，是真正的鞍点。在这种情况下，平均利益显然好过罗尔斯"扶贫"式的有限平等。石元康先生对此有过更有趣的论证[1]，他说，平均主义有个额外的优势：人们"不会忌妒"，因此是个更稳定的策略。当然，在真实社会里，平均主义通常并不公正，甚至是反公正的，除非遇到特殊情况，否则人们不会喜欢平均主义，可是罗尔斯的"无知之幕"很不幸地正相当于那种有利于平均主义的特殊情况。也许还应该注意到，罗尔斯的有别原则也同样不公正，正如诺齐克所批评的，没有正当理由的利益再分配其实是掠夺。

更有趣的是，即使强行规定只能选用罗尔斯原则，不许选别的，还是拯救不了罗尔斯方案，因为相对平等终将慢慢地演变成平均主义。其演变过程是：根据"有别原则"，如果社会需要某些相对不平等的制度安排，这些不平等的制度安排应该使在社会和经济方面处于最不利的人们的利益得到改善[2]，那么，假设"处境最不利的人们的收益"为 X，而 X 有理由获得改善而变成 $X+n$，可是 $X+n$ 的改善仍然不够大，还是属于"最不利人们的收益"，就又有理由进一步改善为 $(X+n)+1$，以同样理由

---

[1] 石元康：《罗尔斯》，广西师范大学出版社2004年版，第91—97页。
[2] Rawls: *A Theory of Justice*, Cambridge, Massachusetts: the Belknap Press of Harvard University Press, 1971, p.302.

就可以不断改善，只要还存在相对的"最不利群体"，就显然有理由不断"损有余而补不足"，这一过程不会自动停车（除非引入保护富人的条款，这又等于增加了额外条件），直到所有人的收益都成为平均数。由平等主义到平均主义的演变显然是罗尔斯不能接受的，因为它会破坏"更优先的"自由原则。可是，除非有额外的理由对这个演变过程进行刹车，否则"有别原则"必定无法止步地演变成平均原则。进一步说，即使可以增加额外理由，也是非常危险的，如果有某个理由可以使"损有余而补不足"在某一点上停车，那么就能够制造任何理由在任何点上停车，那样就将是罗尔斯的失败和诺齐克的凯旋了。罗尔斯试图在自由和平等之间制造调和，这一努力令人赞叹，但可惜自由和平等之间存在着理论上难以克服的矛盾。不过，在真实社会中，自由和平等可以形成某种动态平衡，但与公正原则无关，而是获利人群需要为社会秩序、安全和稳定而"购买"不利人群犯上作乱的动机。

（2）如果在平均主义之外还存在着另一个非常可能中选的方案，那么很可能会是一个古典公正策略，也未必输给罗尔斯方案。人们愿意自己的劳动能够得到成比例的收益，这个"多劳多得，少劳少得"的对称意识才是理性先验直观。人们天然乐意承认这种古典的对称性公正（在理论上说，这是唯一严格的公正）。在"无知之幕"下，假如人们不选择平均主义而选择了古典公正，也同样合乎情理。平分利益虽然最能满足风险规避原则，但支出与收益的对称也同样没有违反风险规避原则，即使某人在"无知之幕"消失后发现自己能力较小，只能获得较小收益，这样也没吃亏，因为毕竟得到了该得份额，并没有得到小于成本的回报。人们没有理由对此不满意，除非能够证明懒惰、弱智、无赖、偷窃、不劳而获也是美德，此种证明恐怕很难。因此，在"无知之幕"下，平均主义和古典公正都是理性选择，中选的可能性恐怕优于或至少不弱于罗尔斯契约。当然，这不意味着它们比罗尔斯方案更好。罗尔斯方案是相当优秀的社会制度，大概相当于平均主义和古典公正的中间道路，但问题是，它在实践方面恐怕是个不可靠也不稳定的策略，而且在理论上不可信。

（3）最后，罗尔斯方案还有一个致命漏洞：他没有考虑到如何对付当"无知之幕"消失之后的后继博弈的破坏性情况。罗尔斯知道"无知之幕"总要消失，按照想象，在完成立宪和立法任务后就不需要"无知之幕"了。初始状态下的博弈只是第一轮博弈，而博弈总是连续多回合的。权且假定罗尔斯方案在初始状态里中选（尽管并非如此），当"无知之幕"消失，博弈条件完全改变了，博弈各方的优选策略也必定随着地位变化和"有知"状态而发生根本变化。当一切真相大白，相当于进入了真实生活，人们各就各位，有了明确的各自利益，肯定有许多人（具有博弈优势能力的人）将重新考虑并调整自己的策略，因为他们在第一轮博弈中选择的罗尔斯方案已不再是优选策略,而变成了专门让自己吃亏的策略。人们的新策略必定导致在第一轮博弈中所建立的"制度"土崩瓦解,或者在具体实践中被偷偷解构。人们很可能不承认在初始状态下所签订的糊涂契约,而将在新的形势下重新讨价还价、重新协商、重新斗争甚至革命,即使人们没有实力改变法律或发动革命,也总会在契约下去钻各种空子和漏洞,使契约实际上无法执行或无法正确兑现,总之是从"合作"回到"背叛"状态,直到某种符合现实形势的新制度在多轮博弈之后达到某种稳定的策略均衡而得以建立。既然"无知之幕"下所签订的社会契约在后继博弈中是坚持不住的,游戏终将重新玩过,罗尔斯契约终成画饼,这就是罗尔斯方案的根本困难。关键在于,"无知之幕"是靠不住的,所谓"骗得了一时骗不了一世",人们总会在后续博弈中颠覆原先的盲目之约。

3 回到荀子-霍布斯思路

罗尔斯方案虽然引人入胜,可惜不是有效出路,转了一圈还是回到了老问题上,我们还是不得不回来面对如何在冲突中形成合作的这一初始问题。"无知之幕"是个多余的假设(当然可以是个智力游戏),它改变了真问题的存在条件,因此对于解决真正的问题并没有很大的帮助。虽然我们需要理论模型,但归根到底要解决的是真实问题。理论不能忘记生活，从生活中来还要能够回到生活中去，理论模型不能背叛真实生活，因此必须容纳复杂变量以便能够对付真实问题。许多理论方案，例如罗尔斯方案，却选择了变量最小化的极简主义模型，将生活变量极简化等于篡改了生活，文不对题，所以不能解决真实问题。相比之下，荀子-霍布斯的初始状态假设仍然在理论上较优，它能够包括一切可能社会状态中的最坏状态，这是优势所在。显然，在各种可能状态中，只需考虑最坏的，最坏状态已经代表了所有困难。没有把最坏可能性考虑在内的社会分析模型都是无效的。罗尔斯设想的条件实在不够坏，应该说太好了，所以无效。这就是为什么需要回到荀子-霍布斯思路的关键理由。

荀子和霍布斯对于从冲突到合作的解决原则很相似：（1）强人们意识到冲突对任何人都不利，包括对强人自己也不利。（2）只有强大政府能够通过权威而造成社会合作。不过问题是，集权虽然能够导致社会合作（历史事实证明这一点），但也非常可能导致与冲突同样有害甚至更加有害的结果（比如个人自由的严重损失），因此人们需要寻找比集权更优的合作条件。艾克斯罗德指出：人们对"在什么条件下才能从没有集权的利己主义者中产生合作"这个问题更感兴趣。[1]在没有集权的条件下如

---

[1] 罗伯特·艾克斯罗德：《对策中的制胜之道——合作的进化》，吴坚忠译，上海人民出版社1996年版，第3页。

何产生合作，不仅是更有趣的问题，也是学理上更重要的问题，不仅是一个国家内部社会的根本问题，也是国际社会的根本问题。

4 艾克斯罗德实验

罗尔斯的实验虽老谋深算却无助于解决问题，艾克斯罗德的实验很天真却令人鼓舞——有趣的是，在艾克斯罗德的实验中，也正好是天真胜过了老谋深算。艾克斯罗德在1980年做过一个试图理解合作出现的必要条件的计算机实验。[1]艾克斯罗德的初始状态不需要诸如"无知之幕"之类的不正常条件，当然，它也不够真实，比如，博弈各方被假定为能力相等，而且不可能消灭对手，只能在得分上胜过对手，这些限制条件暗中埋下了严重的困难，这是后话。无论如何，艾克斯罗德的实验相对于罗尔斯是比较仿真的，它的条件比较宽松，不要求博弈者必定是理性的，甚至不一定是"利益最大化者"，更不需要"无知之幕"。这些宽松条件使艾克斯罗德的实验具有某种现实感。

艾克斯罗德设想了这样的博弈环境：（1）博弈者是多样的，理性或不理性，谨慎或投机，善良或邪恶，一

---

[1] R. Axelrod: "Effective Choice in the Prisoner's Dilemma", *Journal of Conflict Resolution*, Vol. 24, 1980, pp. 3-25.

切动机和心态都可能。（2）博弈回合相当多，总数多达12万，类似"一生"。（3）参赛的博弈策略类型也相当多，类似一个社会。（4）博弈可以不择手段，可以不断变招，比较接近真实的"人性人"游戏，而不是经济学家喜欢的"理性人"游戏。

实验是全体混战的循环赛，参赛的14个代表性策略由"足够精明的"各种专家分别设计（一个没有傻子的社会），博弈策略由"合作"和"背叛"的各种可能组合。如果双方合作则各得3分，双方背叛各得1分，一方背叛而另一方合作则背叛方5分合作方0分。背叛的回报相当大，与真实生活的情况类似（人无横财不富）。比赛结果出人意料，一个具有善良、宽容和公正等优良品质的"一报还一报"策略（TFT）优势胜出。TFT的策略设计非常简单：第一步选择合作，从第二步开始就模仿对方上一步的选择。这意味着：首先是善良，从不先背叛；其次是公正，如果对方背叛就进行回击；然后是宽容，一旦对方改正错误，就马上重新合作。那些不成功的策略都太想占便宜，总是主动背叛以谋求高分。在比较成功的策略群与比较不成功的策略群之间存在着明显的得分差异，比较成功的前8名策略都是比较善良的，而所有不成功的策略都是故意与人为敌的。艾克斯罗德对这个太过美丽的结果不放心，第二次实验使参赛策略增加到62个。他有意把第一次实验的结果事先公开，让第二次实验的策略设计者都知道TFT的优势，相当于事先宣告

"好人有好报"。可令人吃惊的是，大多数人还是千方百计地发明更复杂的敌意策略，可见大多数人多么希望多占便宜而不惜伤害他人。第二次实验的结果仍然是TFT等善意策略胜出。这个实验被认为或多或少证明了"好心有好报"或"好人笑到最后"。

这样的好结果虽是人们一直以来的梦想，但经验事实往往并非如此。如果理论与实际不符，肯定是理论出了问题，必须调查原因。艾克斯罗德实验所以似乎能够证明"好人笑到最后"，根本原因是其"杀不死"的假定：每个博弈者可能失败（得分低），但不可能被消灭（杀死），永远不会被淘汰出局，因此总有翻本机会。这个设定显然与真实世界不符，不能正确表达人生命运。这是现代学术司空见惯的失误：为了让实验能够出成果，总把实验设计成一个容易计算但不真实的可能世界，因此导致误差。理论世界对于真实世界至少应该是一个可通达的可能世界，否则原理不能通用。艾克斯罗德实验与罗尔斯实验都存在这个问题，都改变了某些必要的存在论条件而使实验世界与真实世界不相通。采取"杀不死"假定，生死游戏弱化成输赢游戏，博弈不再严重，命运不再严肃。杀不死等于可以后悔，永远还有机会卷土重来，这就限制了不择手段竞争的威力，背叛就只能占到小便宜，不能大获全胜于一役，从而造成善良策略具有博弈优势的假象。

假如修改"杀不死"假定，重新规定为，当博弈者由于选择合作而遭受n次背叛（n次0分）就算被"杀死"

或被淘汰出局，情况就很可能非常不同，也许更接近真实世界。可以推想：在这个生死博弈中还是会有一些善良合作者最后获得胜利，但也会有一些善良合作者被不幸淘汰，比如TFT，由于具有比较强硬的回击策略，因此可能在博弈中幸存，但未必仍然能够成为冠军。这是个危险的消息，当许多合作者发现被淘汰的危险，就可能选择"不出头""搭便车"以自保，甚至蜕变成背叛者去伤害他人。"坏人"多占便宜的信息会使"好人"失去信心而退化，这是个真实的社会难题。在艾克斯罗德实验中，另一个反真实的设计是，博弈者之间不能交流经验，即使可以交流，博弈策略也不能中途改变（计算机博弈程序是事先设计好的），好人即使总是吃亏也只能坚持做好人，因此回避了好人变质的可能性，但问题是，真实生活无法回避这个困难。可以看出，艾克斯罗德的实验结果也不能充分有效地应用到真实世界中。

艾克斯罗德的实验成果尽管有些疑问，但他把这个实验的基本精神和原理推广应用于研究社会进化时，还是获得了一些重要而值得分析的发现：

（1）那些专门占别人便宜的博弈者在遇到同样的小人时，就会两败俱伤，大概证明了"恶人自有恶人磨"。而且，如果一个社会坏人太多，坏人就反而占不到便宜，因为坏人遇到坏人而两败俱伤的概率增大了。从进化角度看，开始时坏人会迅速繁殖，但坏人增多又使得坏人更多地遇到坏人，这样将导致无利可图，长此以往就迫不得已只好选择合作，这不需要坏人真的洗心革面，但克制自己做好人就几乎相当于好人。合作策略更能发展成稳定策略（由稳定回报来保证），因此好人会越来越多，但合作策略的稳定性并非坚如磐石。好人增多又会导致坏人有较多机会获利，于是坏人又会增多。社会状况的循环波动是经常性的，事实上社会总是保持好坏因素混合存在而此起彼伏的状况。

（2）如果新来者是单个人的话，一个背叛成风的小人群体就能够阻止其侵入落户，但如果新来者是一个合作性的群体，哪怕是小群体，也一定能够成功侵入并且发展壮大。与此相反，哪怕新来者是规模比较大的小人群体却很难成功侵入合作群体，因为合作群体能够形成集体团结力量而胜过只顾自己各怀私心的小人。这似乎证明了团结就是力量。但值得注意的是，这条规律不能过分演绎，因为，假如按照这个规律来简单推论的话，那么小人迟早是要失败的，而社会历史已经很长了，现在应该几乎没有小人了才对（小人们只好改过自新变成合作者），这显然太不可信，与事实不符，也与前面的发现互相矛盾。据说有数学家证明说，假如存在吸血鬼，哪怕开始只有一个，到今天也不可能有人存在了，因为吸血鬼群体不断壮大，而人迟早被吃完，所以，事实反证了不可能有吸血鬼。与此类似，假如好人总能胜利，到今天就不可能有小人存在了。因此，只有结合前面的发现来理解社会，才能理解为什么好人和小人都没有能够获得全面胜利。

（3）艾克斯罗德还试图证明，合作的基础与其说是信任和友谊，还不如说是关系的可持续性，只有当人们有着值得重视的未来，才能保证持续稳定的合作关系，就是说，长远的未来使得持续的合作关系具有价值，如果不存在未来，合作就失去意义。这个残酷的发现打击了我们对道德的信心。不过，对此并非不能质疑。也许信任和友谊并非合作的必要条件，但仍然可以是充分条件，这一点多少能够维护我们对道德的期望。另外，可持续的未来是否就是合作的必要条件或充分条件？这也并无十分把握，事实上确实有人一意孤行，宁可自取灭亡也故意不与人合作。不过，"没有未来"也不一定导致背叛，有时反而会是合作，比如"人之将死其言也善"的现象，这是因为，虽然"没有未来"注定了不再有利益回报，可同时也意味着无可损失，因此，"没有未来"是否导致背叛还要取决于具体情景和人品。未来的权重和持续关系未必就比信任和友谊更能够促成合作，我们不应该轻视美德。不过，信任、友谊和高尚人品确实并不普遍存在，而与利益密切相关的未来权重和关系持续性却无处不在，在这个意义上，艾克斯罗德是对的。然而更有趣的问题是，未来和关系的持续性并不是可以完全放心的合作条件。

在艾克斯罗德实验中，博弈者之间没有语言交流，只能根据对方的策略来做出回应。这是个有争议余地的设计。语言能够把本来需要在时间中一步一步做出来的事情化作语言空间里的"可能事实"来讨论和交流，这个化时间为空间的功能使得人类能够事先演习各种策略，从而避免大量实践失误。显然，有声的博弈与无声的博弈有着根本差异，而无声的艾克斯罗德实验不能充分说明真实博弈。尽管艾克斯罗德相信，成功的合作并不非要语言交流不可（他钟爱的例子是第一次世界大战时英法部队与德国部队之间没有通过语言即达成"都给对方留活路"的合作策略）。但无论如何，默契合作肯定不是主要的合作方式，人们通常无法在无语状态下充分知道对方的要求和策略，必须通过语言交流才能公开问题、摆明情况甚至亮出底牌。如果双方都知己知彼，博弈情况将完全不同。关于他人的知识在博弈中无比重要，如果省略这个因素就会错误理解形势，包括对未来的估计。仅仅考虑到"未来"的重要性并不能保证选择正确的合作策略，而关于未来的正确知识才是真正起作用的因素。语言的重要性就在于此，只有语言才能预告未来，提前说出来而把未来变成预先可见的，这有可能改变博弈情况。因此，最合理也最如实的理论必须考虑有声的博弈，这正是哈贝马斯不遗余力强调的。

5 哈贝马斯对理性对话的厚望

"正确的"语言活动是否能够化敌为友？是否能够促

成由背叛到合作的进化？这是个更为复杂的问题，因此需要讨论一个与罗尔斯和艾克斯罗德都不同的哈贝马斯设想。尽管罗尔斯和艾克斯罗德非常不同，但有一点是相同的，他们设想的都是实验室里的游戏，都是由不真实的博弈条件和不真实的人所构成的，都省略了一些事实上不能省略的条件，其中最不应该被省略的条件就是语言活动。

罗尔斯游戏没有明文规定不许进行语言活动，但"无知之幕"导致信息极度匮乏，对话几乎没有意义，因为没有什么可说的；艾克斯罗德游戏里的策略是预先设计好的程序，即使可以交流也不能更改。忽略语言活动正是使实验游戏与真实世界难以相通的一个重要原因。因此，忽略语言活动肯定不是好的游戏设计。罗尔斯的一个缺陷就是，他想象的人都是在"独白"，这是现代主体理论的通病。现代主体（笛卡尔–康德–罗尔斯式的主体）只意识到独白式的理性，这是哈贝马斯很不满意的。独白不是有效的语言活动，独白的反思并不能代表别人的意见，更不可能代表所有可能的观点，因此康德或罗尔斯的各种原则都必须能够通得过"对话检验"才能被证明是普遍的，否则只是独白主体的一厢情愿。哈贝马斯的贡献是，他把康德的实践理性进一步发展为"交往理性"，把"独白式"理性变成了"对话式"理性，把主体性的理性变成了主体间的理性，由此"他人"才真正具有了对等的意义。在"独白式"理性那里，无论多少人都被假定在思维上等于一个人,据说理性是普遍的,却没有考虑到理性所要处理的问题并不是预定普遍的。哈贝马斯发现了这个严重问题,他希望人们能够在交往理性中把原来互相冲突的不同意见化为一致意见。交往理性似乎成了能够化特殊为普遍的途径,于是,冲突的游戏就变性为对话游戏。如果经过对话能够达成一致同意,那么,哈贝马斯式的互知下的一致同意显然优于罗尔斯式的互相无知的一致同意,因为充分信息条件下的一致同意比起限制信息的一致同意不仅更真实而且更难得。

说话的内容能够表达利益和价值冲突,因此,话语世界必定是个政治世界。甚至,语言本身就是一种政治,当使用这样而不是那样的语言去命名、定义和描述世界时,就同时是在重新安排甚至虚构事物(福柯指出语言安排了事物的秩序),比如说,当谈论某种神怪就是虚构了这种神怪。把某种事物定义和描述成这样而不是那样,制造出这样而不是那样的事物,赋予事物这样而不是那样的价值,这是支配心灵的最有力的政治,语言所规定的思想空间、思想方式以及思想对象变成最大的政治问题,甚至可以说,没有语言活动就没有政治。古希腊的城邦政治就是广场话语的政治。在这样的语境和意义上,哈贝马斯设想的以语言活动为核心的政治游戏就是更值得分析的模型。哈贝马斯游戏不必是初始游戏,而可以是任何阶段都可能出现的一个游戏状态。初始游戏是什么样的状态并不重要（反正都要过去），只要能够进入"理性交往"的对话游戏，就有望消除冲突。由于拒绝了各种生硬的人为条件（如"无知之幕"等），哈贝马斯游戏具有了很高仿真性，但同时又指向一个难以成真的理想化乌托邦。

哈贝马斯推荐了一个据说能够形成合作的理想化游戏模型，即"理想说话环境"（ISS）。这个想象源于古希腊城邦政治的公共领域传统，相当于想象了一个"最好的公共领域"。公共领域虽好，却并非必然成为人们的集体选择，因为没有理由能够证明公共领域游戏必然对每个人都更有利，也不能证明这个游戏将是每个人自由选择的共同结果（独裁者、宗教狂、偏执狂、强人、官僚主义者、暴力倾向的人、懒得跟人废话的人、见人就烦的人等，就不见得喜欢这一游戏）。如果不是自由选择，就不可能证明什么样的规则、契约和制度将是人们真正的集体选择。那么，人们为什么要放弃冲突而改为对话，就还是个未决问题。可见一个缺乏初始性的游戏终究是不彻底的，它需要更多的解释。

权且假设人们碰巧都愿意进入对话游戏。ISS要求所有人平等地、理性地、公开地进行对话，最后达成统一，形成一致意见。对话规则为：（1）任何人都有资格参加对话。（2）任何人都有资格提出自己的任何观点和质疑任何观点。（3）任何讨论都必须是理性的。（4）妨害（1）（2）（3）的行为都被禁止。[1] 另外，判定对话沟通的有效性标准是：（1）所说的话必须是"能懂的"（comprehensible）。（2）所说的话必须是"真的"（true）。（3）所说的话必须是"真心的"（truthful）。而且（4）所说的话以及说话方式必须是"正当的"（right），即论辩必须合乎理性标准，观点必须有正当理由。[2]

这些要求貌似平平无奇，其实是很难被满足的高标准、严要求。哈贝马斯这些平实要求决不平庸，但有些幼稚。事实情况是，越是最起码的道德规则就越不可能落实为普遍必然的实践，比如说谎，就无法避免，有些谎言甚至有助于拯救和正义；虚情假意也不可避免，许多时候需要给人面子；说话永远正当和正确恐怕歪曲人性，没有激情、偏心、任性和愤怒，只有干巴理性，一切正确了，生活却不值得一过了。当然，哈贝马斯可能会说，ISS只适合专门的对话时刻，平时就不用那样。这多少是个辩护，但还是说不太通，因为大多数共识、契约和制度都是在平常生活中经过长期博弈磨合而形成的，是在长年累月的日常谈话中逐步形成的，而不是在会议桌上谈判而成的。平常生活的长期实践是绝对必需的，因为生活的丰富性、复杂性和不确定性超出我们的想象

---

[1] Habermas: *Moral Consciousness and Communicative Action*, Cambridge, UK: Polity Press, 1990, p.89.
[2] 哈贝马斯：《交往行为理论》第一卷，曹卫东译，上海人民出版社2004年版，第99—100页。

力和理性能力，各种事情只能慢慢发生，不可能一切都做到未雨绸缪、百无一漏又胸有成竹，那是典型的德国唯心主义想象。维特根斯坦关于"遵循规则"的研究就分析了具体实践是如何把好像明确的规则搞得面目皆非的。"说"了不算"做"了算，这是生活的最终道理。制度和规则是长期博弈所形成的稳定均衡，是"做"出来的，而不是"说"出来的。尽管在广义上"说"也可以看成一种"做"（日常语言学派就研究"说话即行事"的问题），但两者毕竟本质不同，说的未必能够兑现为做。

即使只限于说话，有效的"说"也必须足够丰富乃至于能够反映"做"的丰富性，这样才能在"说"中象征性地处理"做"的问题。但ISS是个"说"跟不上"做"的典型案例。ISS并不是充分自由的说话而是谈判式说话，是个因约束而失去丰富性的局限性公共领域。当生活对话在ISS中被限制为贫乏的正确对话，通过对话达成协议的能力虽然似乎提高了（是否真的提高了还有待实践考察），但所能达成的协议恐怕文不对题，未必可以回应真实生活中需要解决的那些问题。问题在于，删掉了"不正确"和"不真实"的话语就等于删节了生活，这样削足适履的结果就是无法回应足够多的生活问题，重要问题很可能就漏掉了。语言中的问题至少必须与生活问题等价，语言可以大于生活，但不能小于生活。因此有理由担心，ISS虽然提高了对话达成协议的能力，却只能达成一些不太重要的协议，生活的重大难题还是没有被解决，甚至没有被触及。

另外，哈贝马斯还忽视了ISS的一些技术性困难。比如说：（1）"真"的概念是一直争论未决的问题，如果说要追求真理，当然没有问题，但把"真"作为标准或规则，就难免有些模糊。逻辑真与经验真就非常不同，许多诡辩在逻辑上为真但在经验上为假。即使把真理限定为经验真理，其标准也有争论。最成问题的是，人类需要说的有意义的话大部分都不符合真理要求，包括关于未来的谈论、关于历史的讨论、关于政治的分析、涉及道德和审美价值的评论，以及关于趣味、偏好和主观态度的议论，甚至关于当下事实的描述，都不是真的或很难是真的。因此，"说真话"这条标准有效范围非常小，作用有限。（2）ISS的话语有效标准之间也存在矛盾，比如"真心话"与"正当话"就有可能形成矛盾，有些真心话说出来会很吓人很恶心，在政治或伦理上很不正确，至少不礼貌，而大量正当话却又是虚伪的或敷衍了事的废话。因此，"真心"与"正当"往往不能同时满足，这正是为什么生活中需要礼貌、花言巧语和虚情假意的原因。另外，"真心"与"真"、"真"与"正当"也都会出现类似的矛盾。

无论如何，哈贝马斯的对话游戏把康德的实践理性发展为交往理性，把独白变成对话，这是理性主义的一个重要进展。但哈贝马斯也仍然继承了理性主义的一个顽固错误。理性主义所理解的"人"只是理性人，理性被认为能够解决一切问题，这种理性的妄想完全忽视了"心"（heart）才是一切根本困难之所在。理性能力足以解决"思"（mind）的问题，却无力解决"心"的问题，"心"的问题落在理性能力之外。哈贝马斯虽然克服了理性的独白困难，却仍然重复了崇思贬心的理性主义困难。这是一个非常值得分析的问题，它触及了对话问题的根本。

按照哈贝马斯理论，对话的成功路径是这样：理性沟通（满足ISS标准）→互相理解→一致同意。这个过程很理性化，但不够人性化，对于人工智能之间的合作大概是足够了，但对于人之间的合作就恐怕不够。问题出在"互相理解"与"一致同意"之间漏掉了一个关键环节：互相接受。互相理解至多是同意的必要条件而决非充分条件，因此"互相理解"无法确保"一致同意"[1]。在许多情况下，对话双方完全理解对方的需要和看法，非常同情对方的处境，但决不接受对方的主张，因为双方的主张水火不容。因此，互相接受是一个绝不能省略的条件和环节，而且比互相理解重要得多。互相理解不是一致同意的充分条件，互相接受却是一致同意的充分条件以及必要条件——即使在并不完全互相理解的情况

---

[1] 我关于"理解不能保证同意"这个命题的论证参见"Understanding and Acceptance"，载于 *Les Assises de la Connaissance Réciproque*, Paris: Le Robert, 2003。

下，也可能形成互相接受。因此，完美的成功对话过程应该修改为：理性沟通→互相理解→互相接受→一致同意。这个升级版的对话模式与哈贝马斯模式虽然差别不多，却有着根本的区别，因为"互相接受"这个条件卷入了"心"的问题，而"心"的问题却落在理性的能力之外，要解决"心"的问题就必须引入理性之外的精神原则，这样，问题就复杂了。

不过哈贝马斯仍然希望捍卫理性的绝对地位，他曾经在回答我的这个挑战时辩解说（大概意思）：理性仍然是足够有能力的，只不过不能一蹴而就，如果正确对话的时间足够长，各种冲突应该可以在互相理解中慢慢消磨掉，理性加上时间就总能够消除各种无理要求导致的冲突。这倒是个有趣的问题。时间确实可以消解许多冲突，可是时间并无偏心，正如时间可以消除冲突，也可以积累冲突，可以消除旧矛盾，也可以产生新矛盾。哈贝马斯似乎没有注意到时间是两面派。为什么哈贝马斯非要捍卫理性的绝对地位？可以这样猜想，理性主义所以不愿意考虑"接受问题"，大概因为，如果承认了"接受问题"，就不得不进一步承认"心"的问题与"思"的问题的并列重要地位，也就等于承认了理性之思不可能解决一切问题，这对于理性主义是个釜底抽薪的挑战。无论是否情愿，"心"的问题终究回避不了，"心"是所有冲突的根源，根据"解铃还须系铃人"原理，"心"的和解是化敌为友的唯一解法，只有通过接受他者之心才能真正接受他者。如果无视"心"的问题和"互相接受问题",无论多么充分彻底的理性对话都将是徒劳。

"互相接受"的最大难点很可能在于价值排序。大多数人在其价值观体系所包含的项目上大概有着相似甚至相同的理解(所谓人同此心),但在各个价值项目的排序上却各有偏好(所谓其心必异)。假定所有人都选择了A,B,C,D,E作为基本价值,比如自由、平等、公正、美德和财富,又假定其中有些人承认价值排序 {B, C, A, E, D},这是以平等为首的价值观,而另一些人则承认价值排序 {E, C, A, D, B},这是以财富为首的价值观,尽管这两种价值观所承认的价值项目别无二致,但不同价值排序使其价值观南辕北辙,甚至不共戴天,就像碳元素由于分子结构排列不同而形成钻石与石墨。当然,还可以有其他多种排序,而且许多种排序之间也难以兼容。价值排序问题说明,所谓"在许多事情上有着共识"其实距离"达成一致同意"还有万里之遥。价值排序问题可以解释许多事情,比如文化差异、文明冲突、制度对立、社会选择的困难以及国际合作之艰难等等。可以看出,即使哈贝马斯所预设的那些理性共识确实普遍存在,理性对话恐怕也未必能够——估计基本没戏——避免和解决"心"的冲突,即精神原则、价值观排序以及情感方式的冲突。"心"的和解恐怕不能靠说,而要靠做。

总之,对话虽是避免暴力冲突的理性之路,但不能避免非暴力冲突。事实上,对话是个艰难无比的博弈,其难度并不亚于行动的博弈。对话游戏的优势在于能够以纸上谈兵的方式把各种问题和底牌提前亮出来,它是一个信息更加充分的游戏,虽然各种问题变得清楚起来,但所有困难的实质并没有改变,因此,我们还需要进一步寻找真正能够解决问题的秘密。

6 和谐的条件与孔子改善

以上讨论了关于冲突到合作的几种声望卓著的研究,大同小异的研究还有许多,但同样都还没有发现这个难题的真正有效解法。根据前面的分析可知,要形成从冲突到合作的进化至少需要这样一些博弈条件:(1)每个人的自由选择权利。(2)长时间的未来。(3)可以畅所欲言的理性对话。但仅仅有这些条件是不够的,甚至这些都还不是最关键的条件。那么,到底漏掉了什么特别重要的条件?

许多人寄希望于信任。[1]信任的吸引力是明显的,首先,信任确实是合作的充分条件,有了互相信任必有合作;其次,信任是众望所归的传统美德,尽管众望所归的信任在真实游戏中并不容易实现为齐心协力,但信任

---

[1] 从齐美尔、卢曼到福山等人都有关于信任的研究。许多关于信任的解释其实只是解释了信任的积极作用,例如卢曼发现,信任是对社会事务复杂性的简化机制。许多经济学家也认为信任可以降低交易成本。

毕竟并没有被残酷的社会事实完全摧毁，仍然存在于某些关系和情景中。不过，信任毕竟只是心理现象，并非不可动摇的铁的事实，信任本身是难以绝对信任的，这个困难降低了信任理论的意义。进一步说，"信任如何可能"与"合作如何可能"这两个问题其实几乎是等价的（尽管不完全等同），很难把信任看作是合作之前就预先存在的条件，在许多时候，合作是信任的条件而不是相反。有信任就可以有合作，反过来，有合作就可以有信任。在信任和合作之间存在着循环解释，因此，以信任去解释合作或多或少是废话。真正的难题是，在没有信任的情况下怎样才能形成信任？或者，如何从不合作进化为合作？显然，如果预先设定了信任，就不太可能出现"囚徒困境"之类的问题了。另外，众所周知，公正的制度能够形成并且维持合作，其中特别重要的是法治和自由权利制度。假如已经存在公正的制度，确实能够促进合作，公正的制度是合作的充分条件，但公正制度也不是在合作之前的给定条件，反而是社会合作的一个重要成果。这里不能颠倒因果。需要研究的正是，在尚未存在公正的制度的条件下，合作如何成为可能？同样，哈贝马斯想象的具有良好正当程序的公共领域也是一个制度，是个话语制度，但也是社会合作之后的产物，不能提前预支。

如果不能提前预支各种以合作为前提的制度，包括信任关系和各种良好制度，那么，前面预设的三个条件又必须进一步修改为：（1）每个人都拥有自由选择的能力；（2）长时间的未来；（3）语言交流。这是一组弱化了的条件，在（1）中，"自由"不是宪法确认和保护的权利所定义的政治自由（liberty），而是未被权利所定义的仅仅作为自主能力的天然自由（freedom），因为权利体系是合作产生的制度，不能预支。另外，在（3）中，作为制度存在的具有良好程序的公共领域也被弱化为自然状态下的语言活动，因为公共领域制度也不能提前预支。自然状态的语言活动当然不是理想的对话状态，人们可以说谎，会说不正当的话或无理的话，可以说苦口良药的话，也可以说出残酷真理，甚至恐吓威胁，总之是全部真实的语言活动。这样的博弈环境几乎回到了荀子-霍布斯的初始状态。如果愿意对荀子-霍布斯的初始状态有所改进的话，可以优先语言活动。在语言游戏中进行博弈可以象征性地代替许多实际冲突，纸上谈兵有可能避免无谓的损失。既然语言活动是代价最小的博弈方式，就理当成为博弈的首选方式。

给定修改版的荀子-霍布斯初始状态，从冲突到合作的进化是否可能并且如何可能？人人知道，冲突使人们只能获得最差收益，因此，单纯从利益上考虑，人们应该有合作动机。唯一缺少的是克服"零和博弈""搭便车""囚徒困境"之类不合作的必然有效策略，或者说，能够保证由冲突向合作进化的充分条件。艾克斯罗德似乎证明了合作进化的关键条件是"好人帮好人"，它的双赢效果使好人集团拥有胜过坏人的集体力量，这是个令人鼓舞的好消息。可是正如前面分析的，艾克斯罗德游戏的规则实际上对好人有所偏心，永远不会被淘汰出局，于是永远有翻本机会的规定，显然更有利于好人发挥互助的长期博弈优势。另外，更可疑的是关于"好人"的假设，艾克斯罗德的好人假设是本质论的，它预设了具有合作本性的好人群体的存在，这个过于乐观的假设回避了最严重的可能挑战。在理论上说，更为合理的假设有两种：（1）每个博弈者都是坏人。虽然这个假设不符合事实（其实总会有好人），但它充分表达了可能的最差状态，足以覆盖一切可能状态，因此在理论性上最优。这是霍布斯式的假设。（2）博弈者的所谓好人品格和坏人品格是非本质的，是相对的和情景性的，就是说，不存在绝对稳定人格，一个人总是在特定人际关系中相对于特定他人而成为好人或坏人的。这个假设也同样足以解释一切可能状态，也是理论上最优的设定。这是荀子式的假设。只有这两个假设能够无遗漏地覆盖一切可能状态，因此在理论上优于艾克斯罗德假设。

如前所论，荀子-霍布斯假设至今仍然是最老到的，最充分表达了一切可能状态。荀子和霍布斯所见略同地假定了人们只能去选择有能力建立公道秩序的强人作为代理人，来建立秩序和管理社会。这个具有专制倾向的强人统治一般被认为是危险的，尤其不合当代人的价值观。当代人对民主如此迷信，以至于相信民主是权力合

一　合作的条件 | 39

法性的唯一根据。假定人们都同意以民主方式产生统治代理人，显然也不是为民主而民主，而是为了背后的目的。民主本身既不是生存所需也不是利益所在，甚至不是乐趣而只是一种有效手段，因此，重要的不是民主，而是人们希望通过民主这种手段去获得的利益。制度之争仍然不是触底的问题，无论什么制度都是试图达到某种利益的手段。因此，更深入的问题是：（1）人们到底是因为什么而选择了某种制度？（2）什么样的制度才能使人们普遍满意，因而愿意维持合作并且把对制度的反叛降到最低程度？这两个问题的答案非常可能是同一个，即人们发现策略S对所有人都有好处（普遍受益），并且，人们选择S的收益好过拒绝S的收益（利益改进），因此，S就非常可能发展为一个用来保证合作的稳定制度。

艾克斯罗德证明，主动追求合作的TFT策略在长期博弈中能够获得明显优势，人们不至于视而不见，会被TFT的成功所诱惑而去模仿这个拥有最好收益的选择。但我们已经分析了，TFT所以如此成功是因为游戏的特殊规则对它相对有利，这与真实世界有不小的差距，因此，TFT还不是我们所寻找的答案S。但艾克斯罗德实验还是给出了一个非常重要的启示：既然模仿最好收益的策略是挡不住的诱惑，那么，具有优越性的合作关系应该会成为博弈均衡并且被普遍接受，从而变成稳定制度。现在问题进一步明确为：什么是可能比TFT更具真实性甚至更有优势的策略？是否存在这样的策略？

根据真实世界，必须考虑人生的有限性。人生是人们对事物进行估价的一个最重要的指标，它限定了有效"未来"的实在意义。假如人寿千年，未来的分量变得如此之重，人们就更容易合作，但事实上人生苦短，偶然机遇稍纵即逝，"背叛"就是巨大诱惑。那么，什么样的关系才能抵制背叛的诱惑？我们不能寄希望于伦理规范，对于大多数人，伦理规范从来只能抵抗微不足道的诱惑，甚至连这一点也是可疑的，事实上大多数人更可能见利忘义，而且是见小利而忘大义。真正能抵抗住诱惑的是法律，是惩罚而不是奖赏。何况伦理也是合作的成果而非给定的前提，因此不可以预支伦理。显然，我们需要寻找的是一个即使在充分自由（不择手段）的情况下仍然能够形成合作进化的策略。于是，剩下的唯一可能性是，如果S是最优策略，它就必须能够形成一种同步对称的利益互相依存关系（标记为SS）：如果博弈者X或Y中任何一方获得正面回报，另一方也必定连锁地同时获得正面回报；如果X或Y中任何一方获得负面回报，另一方也必定连锁地同时获得负面回报。SS应该是唯一绝对保险的合作策略，在任何可能世界中都能够建立稳定合作，尤其能够避免博弈论担心的"最后的背叛"这种没有机会报复的致命一击。在SS中，没有人能够通过背叛获得任何利益，如果背叛就会反身挫败。SS策略有两类，正面SS和负面SS，都同样重要。不幸的是，负面SS似乎比较容易形成，现成例子就是两个拥有"确保互相摧毁"核武器的国家之间几乎不可能发生全面战争,但这只是一种消极的合作。要形成正面SS,即互相成全,互惠双赢,则难度较高。

对于建立一个好社会,正面和负面的SS都是必要的,分别用于发展利益和确保安全。为了使SS能够顺利形成,有效的对话是必要的。人们需要确定在哪些具体事情上可以形成SS,需要有效的试探和协商活动来确定别人也同意如此这般的策略,也就是需要达成SS的足够信息。于是,事先的对话就成了唯一合理的试探性行为,在这一点上哈贝马斯是对的。但哈贝马斯的对话游戏包含一些不切实际的要求,因此只好放弃哈贝马斯式的"理想说话环境",而寻找另一种要求比较低而更现实主义的"有效对话环境"。要求不能太高,这是一个重要的生活原理。只要对话双方各自提出明确要求,就足够了,至于"真实性"、"真心"和"正当",都是过高的要求。事实上,明确的信息正是博弈者真正需要的,有了明确的信息就足以在其范围内查明是否存在达成SS合作的可能性。

何种条件能使人们决心建立双方利益绝对挂钩的关系,即SS策略?对于这个问题,要找到完美解决,恐怕比较困难,相对最好的答案应该是一个久经考验的传统观点,即"和"策略。"和"策略最早是周朝政治家提出的,是从属于天下体系的一个重要策略,主要用于"协和万邦"(《尚书·尧典》),相当于所谓全球治理,但立志更为高远,"和"策略有助于定义一种化敌为友的政治概念。远古文献有限,"和"的概念未见清楚界定。最有参考价值的理解来自春秋时关于"和"的争论,至今富有学术意义,转换为当代学术语言可以表达为:给定世界存在多样的差异状态,差异可能诱发冲突,于是至少存在两种可能的解决方案:一是"同",即消灭差异实现大一统。但普遍主义只在真理范围内是合理性的,对于价值领域,普遍主义却导致不良的存在状态,因为"同则不继",任何事物都不可能在失去多样性的环境中存活。另一方案是"和",即在承认多样性的前提下在差异中寻找并且建立相互利益最大化的协作关系,这是在存在论上合理的策略。其中的关键论证是这样的:(1)事物之间的和谐是任一事物能够生存的必要条件。一种事物单靠自身不可能生存,任何事物都不得不与其他事物共存而得以存在,这意味着,共存(co-existence)是存在(existence)的存在论条件,或者说,存在论总是共在存在论。(2)各种事物只有在互相配合之中才能使任一事物达到其最大的可能价值,事物间或人之间的相成关系将使任何一方的利益都获得改善,并且在相互改善中,使每一方的收益最大值大于独自改善的收益最大值。经典表述是:"和乃生,不和不生。"[1]"夫和实生物,同则不继。以他平他谓之和,故能丰长而物生之,若以同裨同,尽乃弃

---

[1]《管子·内业》。

矣……声一无听，物一无文，味一无果，物一不讲。"[1]

据此可以把SS策略进一步明确为"和"策略：（1）对于任意博弈方X，Y，和谐是一个相成互惠均衡状态，它必然使得，X获得其应得利益x，当且仅当，Y获得其应得利益y，同时，X如果受损，当且仅当，Y也受损，反之亦然；并且（2）X获得利益改进x+，当且仅当，Y获得利益改进y+，反之亦然。结果是，促成x+出现成为Y的优选策略，因为Y为了达到y+就不得不承认并促成X获得x+，反之亦然。在"和"策略的相成互惠均衡状态中所能达到的各自利益的改进，均优于各自独立所能达到的利益改进，因为那些对于每个人的生存极其重要的利益绝非个人或单边力量所能获得，所以合作是必需的，所谓"不和不生"。从逻辑结构上看，"和"策略是一个互为条件的关系，相当于逻辑的互蕴关系。

"和"策略的要求比较苛刻，它需要存在着各方都可接受的利益改进，而"都可接受"是很难满足的条件，虽然比罗尔斯追求的"一致同意"容易一些，但仍然很不容易。准确地说，"和"策略比帕累托改善的要求更高。人们不可能满足于帕累托改善，问题在于，帕累托改善远不足以保证每个人的幸福，甚至不能保证多数人的幸福，因此无助于消除冲突而建立合作。帕累托改善与经济学喜欢说的"把馅饼做大"的观点是一致的。毫

---

[1]《国语·郑语》。

无疑问，当财富"馅饼"做得足够大，对大家都有好处，至少没有坏处，但物质上的好处未必能够消除所有问题。可以考虑一个"心理学馅饼"问题：当帕累托改善仅仅改善了某些人的利益而维持其他人的利益没有受损，或者所有人利益都获得改善，但某些人的利益改善程度明显不如其他某些人的改善那样大，那些利益改善很小的人就未必感激变大了的"经济学馅饼"，因为人们还需要"心理学馅饼"。如果在"心理学馅饼"上之所失大于在"经济学馅饼"上之所得，人们就不愿意合作了。经济学仅仅考虑生存所需要的物质利益而忽略心灵所需要的精神世界，这样恐怕不能解决冲突与合作的问题。只有"和"策略才能达到人人满意（不是平均主义，只是按公正比例受益），不仅在"经济学馅饼"上人人满意，而且在"心理学馅饼"上人人满意。假如与艾克斯罗德的合作原则"自己活也让他人活"（live-and-let-live）作比较，"和"策略则是一个强化合作原则，表现为"自己活当且仅当他人活"（live-iff-let-live），而且"自己发达当且仅当他人也发达"（improved-iff-let-improved）[1]。为了表达对孔子的敬意，我愿意把这里所定义的"和"策略利益改善称为"孔子改善"（Confucian Improvement）。

关于"和"策略，未决的问题是：（1）"和"策略是否能成为解决任何冲突问题普遍适用的模式？这一点还

---

[1] 孔子的原始表述是："己欲立而立人，己欲达而达人。"见《论语·雍也》。

没有充分理由可以证明。从逻辑上看，估计有些冲突是"和"策略无法解决的，比如零和博弈的冲突就恐怕在任何意义上不存在合作解，只好你死我活或者退让回避零和博弈。（2）最能保证"和"策略的客观条件是存在着某些巨大而可分享的共同利益，尤其是，各人所能分享的共同利益大于或重于各人所能独占的私人利益。这种情况不少但并非普遍现象，因此，在共同利益不足以压倒私利诱惑的情况下就无法形成合作。这也正是人类一直无法克服的一个根本困难，即共同利益敌不过私利，长远利益敌不过当前利益。令人失望的是，造成这种根本困难的原因不是别的，正是人性本身的缺陷，不仅是感性的缺陷，尤其是理性的缺陷，即使在共同利益大过私利、长远利益好过眼前利益的时候，多数人仍然算不清账。（3）另一个足够诱导人们选择"和"策略的客观条件是存在着明显的互补利益。但是，对于是否存在着互补利益的判断以及对互补利益的评估需要理性对话，而有效的理性对话又需要人们对各种形势各种事情有着正确的认识，而"正确的认识"是很难达到的——正如苏格拉底指出的，如果人们真的有了正确认识就不会犯错误了，可问题是人们总是没有正确认识。

　　这里的结论是，能够形成最优合作的"和"策略，在理论上有能力解决或减少冲突的各种困境，包括最典型的"囚徒困境"、"搭便车"、"公地悲剧"以及"反公地悲剧"等困境，但由于人性本身的缺陷以及实践条件上的局限性，无法普遍地形成"和"策略，因此实际上至多能够减少减弱但不可能消除上述的各种典型困境。这一点虽然令人失望，但至少清楚地说明了：任何试图通过知识论上的发现去彻底解决人类冲突与合作问题的努力是徒劳的，无论人们多么理性，都不可能彻底解决冲突问题，或者说，理性终究是有限的，人类要改善命运，很可能还是不得不求助于根基从来不稳的道德。更严重的是，现代价值观的根基更不可靠，一切以个人为准的现代价值观没有改善人性，反而张扬、强化了人性弱点。可能需要再次"重估一切价值"了。

（原载《世界经济与政治》2007年第6期）

{二}

伦理的困惑与伦理学的困惑

1 生活的边界内外

从维特根斯坦的问题出发来讨论伦理学，不太正常。维特根斯坦很少讨论伦理学，尤其没有针对伦理学内部的问题来讨论伦理学，比如公正、公平或平等之类；只是从伦理学外部来反思伦理学，于是伦理学本身被问题化了。在这里，我也试图从伦理学外部来讨论伦理学的困境，而伦理学本身的困境比伦理学内部的任何一个问题的悖论或两难都要严重得多。现代伦理学早已画地为牢而建立了自身合理化的观念框架，因此，在伦理学内部去讨论伦理问题，很容易受制于既定格局形成"只在此山中"的效果，而意识不到伦理学本身已经陷入困境。在伦理学外部去反思伦理学，或许会失望地发现，伦理学劳而无功的许多问题却在别处可能获得更合理的解释，只留下伦理学身陷困境。在当代社会科学的语境中，伦理学的大多数问题已被抽空，尤其是被政治哲学、经济学、政治学或社会学夺取了解释权，比如公正、自由、平等和权利，而留下来的无人争夺的伦理学问题都是没有答案也无法回答的形而上问题，诸如善、生命的意义、人的概念、人的责任、道德的牺牲性和绝对价值。进一步，我们还会发现，伦理学理论在其内部似乎总能够为某种伦理观点给出看起来具有合法性的辩护，然而伦理学自身的合法性或立足理由却令人迟疑，就是说，伦理学未必能够为自身辩护。

在《逻辑哲学论》中，维特根斯坦定义的可说与不可说的边界，直接解释的是语言、逻辑和知识所确定的世界，而那些不予解释的落在边界外的形而上问题，正如他自己承认的，虽不可说，却是更重要的问题，正是那些边界外的问题涉及了生活的全部秘密。当然，"不可说"不是指不能用语言去说，而是指无法说出普遍必然的答案，因此就等于没有答案。不幸的是，那些严格属于伦理学的问题就是没有答案的问题。这个对伦理学釜底抽薪的见解显然不受欢迎，然而一种思想如果不打击人，就不是足够深刻的思想。

现代思想的基本精神是对人的美化乃至神化，在理论上把人定义为至高无上的存在（康德理论是关于人的现代神话顶峰）。现代人实在太爱这个关于人的神话了，以至于忘记了它本身需要证明。人的神话可能是所有神话中最不可信的。人类中确实有极少数人高尚无私甚至舍生取义，但大多数人的道德水平恐怕不如动物，动物只在求生时才捕杀其他动物，而人为了权力和不必要的利益，出于宗教甚至偏见，就制造血流成河的灾难。如果人真的高于神或自然，就必须有能力完全解释自身的一切，这显然做不到，因为人只是自然的一部分，人不可能超越自然的存在论限度，这决定了人的价值不可能是绝对的或"无条件的"。

维特根斯坦的后期哲学让那些注释着生活的问题从逻辑中解放出来，在生活游戏的实践中直接现身说法，于是，形而上问题以类似投影的方式进入了真实语境，也有了多种非知识的说法，但仍然没有答案。答案并非形而上地"依然在空中飘"，而是哪怕问题落地了，也依然没有答案，因为形而上问题在生活游戏中的现身只是无法捕捉的投影，而问题本身具有不可触及的超越性。凡是没有答案的问题，都被认为是哲学问题或宗教问题，因此哲学和宗教共享超越性。宗教把超越性的问题化为信念，哲学把超越性的信念化为问题。后期维特根斯坦把边界概念换成了"硬底"，意思是说，对生活问题的挖掘式追问，很快就触底了，"问题链"断了，下面再也提不出问题了，只好原地踏步在对"硬底"事实的重复描述上，只好说：生活就是如此这般的，说来说去，事情终究"就是这样的"，没有进一步的解释了。有个俗透的电视剧里有句台词"事情就是这么个事情，问题就是这么个问题"，倒是很传神地表达了问题的触底状态。总之,生活事实如果有真相,那么真相等于描述。维特根斯坦止步于此。

可是问题却没有结束。如果说"生活就是这样的",显然可以问:那么到底是哪样的?也许维特根斯坦会说,只要足够认真,把事情一件一件罗列清楚,一件一件描述清楚,就像讲解一种语言,这个词如何用,那个词如何用,如果全都说清楚了,事情就说完了,再也没什么了。人类学家可能会喜欢维特根斯坦的这个解释,但我不太满意。人类学家格尔茨提出了一个推进维特根斯坦解释的有趣概念"细密描述"(thick description),但就是不知道多么细密才算足够细密。无论在何处停止描述,都是一个主观主义的决定,或者,如果无限细致的话,描述就变成一项永远无法完成的工作,都不可能抵达真相。更重要的是,描述理论没有触及人类文明中最重要的一件事情:如果一个人离经叛道,而且不承认既定规则的合理性,我们真的有充分理由说明他是错的吗?对此,描述是不够用的。假如所谓正确或好事就是符合既定规则的事情,而违背规则的事情就是必须被禁止的坏事,那么人类文明就应该从来都是静止的,没有发生过任何创新。这显然不是事实。其实维特根斯坦涉及了类似的问题,却没有展开深入的分析。这或许是因为维特根斯坦只专注于语言和数学而没有涉及政治和历史,甚至很少讨论伦理和宗教,而政治性、历史性和价值性的事实与生活演化有着更根本的关系。按照中国传统理解文明活动的基本分类"作与述"来说，维特根斯坦只解释了"述"，却几乎没有解释"作"。涉及价值的问题都发生于"作"，这意味着，价值的问题具有本源性。这是留给我们的问题。

2　本源（origin）状态

人类文明一切本源性的事情只能在"作"的概念中去理解，正如宇宙的本源性只有在自然的无穷演化或上帝创世的概念中才能被理解。如果没有"作"，文明就从未迈出一步，只有永远的重复，也就没有历史。这样说其实有点语病，准确的说法应该是，如果没有"作"，就根本不存在文明。所以，创作意味着本源。

本源状态或创作状态，是先于规则的前伦理状态，却不是先于善的状态。任何创作都意味着为事物选择了这样而不是那样的样式，而任何选择都预设了善的概念，没有一种创作的意图是创造一种坏的事物（这与苏格拉底发现的"无人故意犯错误"有着相似的道理），因此可以说，善是一个先验概念，也是一个先于伦理学而又作为伦理学基础的形而上问题，即一个如何解释"实然"（is）和"应然"（ought）关系的初始问题。在柏林自由大学的一场关于我的"天下理论"的讨论会上（2019年11月4日），巴塞尔大学的拉夫·韦伯（Ralph Weber）教授就对我提出了一个与此有关的质疑：为什么我容许is

和ought的区分在某些地方消失了？我的回应是一个关于"作"的存在论解释：is和ought之分仅属于知识论，而知识论没有触及本源问题。在本源状态的创作时刻，is和ought是同一的。经典的例子是造物主的创世时刻，is和ought必定处于同一状态，对于造物主，逻辑、数学、伦理学、美学和自由意志都是同一的（维特根斯坦意识到了这个问题）。当然，在理论上，我们并不需要这个神学假设。现实的例子是，人类虽然次于造物主，不能创世，但创造了文明和历史。所有的创作在结构和性质上都有着相似性，人类的创作时刻也具有is和ought的同一性，就是说，所有原生性的制度都具有应然和实然的一体性。

每一种创作或者先于任何规则，或者超越了既定规则。我们不可能复原人类创作文明的本源状态，只能另外假想某种实验性的情况，比如说，假如创作一种万能普遍语言，当然，我们发明的新语言可以与现有语言有着不同的语法、概念分类和知识分类，但只要是需要分类、结构和语法，就必然会发现，能够发明出来并且足以表达任何思想的语言必定包含任何语言都必需的思想先验关系，大概必须包括足以表达一切思想或一切事物状态的逻辑关系以及存在论关系。不难发现，如果缺乏某种基本关系，一种语言就会能力不足。在这个意义上可以说，逻辑关系、分类学以及先天语法（不知道乔姆斯基的生成-转换语法是否属于先天语法）就是思想、意识和语言的形而上关系，而这些形而上关系都具有is和

ought合一的性质。也许这个例子过于形而上学，那么还可以设想，如果我们有机会彻底破旧立新地发明一种制度，在这个创作时刻，也必定会发现，无论一种制度被设计成何种主义的风格，都必须具备足以处理任何权力和利益分配问题的结构和关系，还需要决定选择的价值分类。比如说，无论把对称性定义为公正，还是把平等定义为公正，无论把无穷变化定义为好，还是把恒定不变定义为好，总之都必须把某些东西定义为"可取的"，否则无法建立任何秩序。这意味着，在形成规则之前，就预先存在着形而上的先验关系。

既然伦理学的本源状态是应然与实然的同一状态，善的概念就不可能被任何一种伦理所定义，而只能在存在论中被理解。善的概念具有先验性而先于任何伦理，因为建构任何一种伦理都预设了善的概念，否则无法建构具有分辨力的伦理规则。因此，伦理学问题的基础不是任何一种伦理，而是形而上学，但伦理学似乎已经遗忘了自身的存在依据。

3 隐去的超越性

超越性是人所不知的秘密，上天也没有说过。孔子可能是最早发现这个形而上难题的人，他意识到"天何言哉？"的事实。这个拒绝神秘主义的理解与上帝把秘密告诉先知的犹太教想象大不相同。在科学上，甚至在哲学上，先知的假设都是多余的，因为没有任何证据能够证明上帝真的说了什么，也无法证明先知是否假传天意，甚至无法证明上帝的存在。因此，先知叙事是基于一系列无法验证的假设的空对空自身循环话语，叙事自身说得圆通，但没有一个命题能够落实。早于三代的"绝地天通"事件已经宣告了通天之途不存在，此后的巫术只剩下敬天的象征功能，祭天只是祈福，单方面对天诉说，却不得上天回话或承诺。这种单向性的神学把思想问题都留给了世间和人，于是孔子采取了现实主义的通天想象：天虽不言，却在万物运作中显示了一切道理。如果人看不懂，那是人的问题，而如果要看懂，就需要体会每个事物与人的切身关系，于是，每一个必须思考的问题都存在于经验可及的关系中，或者说，没有一个值得思考的问题存在于关系之外，超出关系的问题都是臆想。孔子这个天才的解释遗留了一个未决问题：如何才算读懂了万物所显示的秘密？经验真的够用吗？

经验虽有亲身直接性的优势，却不能保证理解的普遍有效性，否则人人都能够理解天道。孔子相信上智与下愚之别是"不移"之理，因此不可能相信经验具有普遍性。那么，是否存在一种既不脱离经验又具有普遍性的解密方式？先秦思想家似乎都相信，通过"易象"能够模拟地理解万物的秘密。这个有些神秘主义的解释或许碰巧是个先见之明（人工智能研究表明，对于思维，算法是不够的，还需要意识模拟的功能）。易象的高明之处在于，它不去表达无望被表达的事物本身，而是模拟事物之间或事物与人之间的动态关系，于是，思想的对象是关系而不是事物本身，而且事物不再是自在的实体，而是存在于关系之中的功能，或者说，事物被理解为关系的函数。如果事物的功能是确实可知的，那么，不可知的事物本身也就不重要了（题外话：中医也是一种化事物为功能的思维方式）。但模拟论也有个遗留问题：动态关系也许比事物本身更重要，可是也没有证据可以证明易象对事物动态的模拟是正确的。

与经验论的思路不同，康德有个天才的理想主义知识论，几乎能够圆满地解释经验知识的普遍性：尽管超越性（transcendence）不可企及，但理性的形式装备却对经验拥有普遍有效的超验性（transcendental），因此理性就是真理的根据。基于理性论，康德推出了更为天才的伦理学，居然"仅凭理性本身"就推出了道德的绝对命令。这是两百年来最为鼓舞人心的伦理学——但似乎比真理多走了一步，因此留下若干疑问。康德伦理学无法解释至少两个不可省略的问题。

其一，康德的主体性是单数主体，在知识论中相当于是大写的人类共同主体性，在伦理学中又化为每个人的独立主体性，二者都是单数主体。可是，人类的生活事实却由复数主体所造成，没有一件事情是由单数主体决定的。单数主体的伦理学显然无法解释多主体的问题。这个局限性注定了康德伦理学不足以解释主体间问题和跨主体（trans-subjective）问题。具体地说，凭借个人自律（autonomy）而成立的绝对命令，与复杂而丰富的伦理问题相比过于单薄，因此，除了个人的绝对命令，可能还需要至少另外两种绝对命令：（1）主体间的绝对命令（intersubjective categorical imperative），用于解释形成共识的规范。哈贝马斯的交往理性在这个方面已经做出了重要的努力，无须多论；（2）关系的绝对命令（relational categorical imperative），用于解释"和而不同"的原则。可以这样论证：任何一个主体的存在都预设了共在，存在即与他人共在，共在是存在的条件，于是，多主体共在所要求的关系绝对命令必定在逻辑上等价于"互蕴"（bi-implications），即满足"当且仅当"（iff）的形式。具体表现为改进版的金规则"人所不欲勿施于人"。[1] 传统的金规则预设的是单方面的主体性，因此缺乏可逆的对称性，而改进版的金规则承诺了可逆的对称主体性，充分满足了逻辑的互蕴结构而具有普遍必然性，而且，互为条件在普遍必然性上不弱于康德要求的无条件状态。其实，绝对命令的"无条件"设定是一个自绝于事实的设置，如果真的排除了所有"有条件"的假言命题，也就排除了近乎全部的生活情景。无条件的绝对命令能够解释的道德现象少之又少，远远不足以成为伦

---

[1] 金规则改进版的论证细节参见赵汀阳：《论道德金规则的最佳可能方案》，载于《中国社会科学》2005年第3期。

理学的基础，因此必须重新请回有条件的道德命题，在对称的相互条件中去重新定义绝对命令。只要保证了相互性或对称性，就能够达到与无条件性同等效力的普遍必然性。

其二，更严重的问题是，任何绝对命令都难以改变人类的命运。这意味着，即使在个人绝对命令之外，又增加了主体间绝对命令和关系绝对命令，仍然无法改变人类的悲剧性命运，因为绝对命令只是理想化的理性原则，并不能改变人类的自私人性，也不可能强迫人们听从绝对命令。简单地说，绝对命令无法保证落实为行为。即使人人承认绝对命令的正确性，大多数人在大多数情况下仍然见利忘义，可见伦理的力量弱于利益和权力的诱惑，因此伦理无望成为生活的主导力量。人们通常羞于承认见利忘义的事实，这在一方面说明人类果真有着传说中的"良知"或康德所说的"善良意志"，但同时在另一方面也说明了良知的有限性。良知只能让人自觉意识到错误行为，但在利益面前，人们仍然弃良知而明知故犯，可见良知只能成就个人的道德人格，却无力解决社会问题。绝对命令已是伦理命题的最强形式，标志着伦理学的力量极限，因此，绝对命令的效力局限等于伦理学的效力局限。

绝对命令作为伦理的理想几近完美，我们必须感谢康德发现了绝对命令这个伦理尺度，但人类生活也许永远不可能达到这个伦理标准。伦理学的问题发生于实际生活中，恐怕永远无法超越利益和权力。然而，伦理学仍然必须思考超越性的问题，如果失去超越性的维度，伦理学就缩水为规范论。已经成为伦理学主流的规范主义其实是一种自以为是的专制主义，只要宣称某种伦理规范在任何情况下都是正确的，就直接自证为专制主义。由此可以发现绝对命令为什么只能是"形式的"秘密：一个形式的绝对命令是无人称并且无情景的，就像逻辑或数学命题，所以是普遍必然的，而只要代入具体内容，就很容易陷入困境。比如说有人声称"我立意吃素，并且人人都应该吃素"。吃素本身是好事，但如果变成一个普遍必然的伦理要求就是专制主义。与此类似，假如 x+y=12 被规定为必须是 7+5=12，就是专制主义，数学就不存在了。我曾经试图找到"有内容"的绝对命令，以便超越康德的形式化绝对命令，后来发现这是错误的努力。事实上，哪怕是看起来明显正确的规范，比如"不许杀人"，也不是普遍必然的规范。

无论什么样的规范都是伦理学的反思对象而不是既定标准，否则伦理学就没有资格成为一种哲学而变成意识形态。古希腊人早就明白，规范（nomos）是人造产品，不是自然天成，不属于必须接受的自然存在（physis）。古希腊人的这个区分已经暗含了后来休谟对实然和应然的区分。这其中有个令人迷惑的分类问题：德性（arete/virtue）是属于人性的"physis"还是属于社会的"nomos"？假如属于人为之事，那么人皆可被教育成为"舜尧"，这显然不可能。古希腊人早已争论过这个问题，在此不论。先秦人同样知道，制度和礼法（相当于nomos）是圣王所作，并非自然天成。这个历史事实必须被解读为：先有人做出了对文明意义重大的"作"，然后这个文明作者才有资格成为圣王，而不是反过来，先有王而后把伟大之作都归于王，就是说，无"作"就无以称"王"。这两种最早的洞察都揭示了，存在需要秩序，而秩序来自创作。那么，什么是创作秩序的根据？这个问题直达人类思想的边界，那里已经没有标准答案了，在那里，人面对的是超越性。如果伦理学不是关于超越性的反思，就是无根的，就会蜕变为意识形态或市场化的宣传，令人失望的是，当代伦理学有此倾向。

伦理学如果不同时成为形而上学，就不可能触及生活的根本。涉及超越性的问题，包括人的概念、生命的意义、生死、善恶、秩序的本质、自由意志等，才是伦理学的根本问题。然而，超越性的问题正在不断远去，精神性不断淡化已是当代的显著现象。最经常被讨论的当代伦理学问题大多数在实质上属于政治学或社会学问题，也被称为应用伦理学。权利平等、机会平等、结果平等、利益公平分配、生态环境、气候变化、贫困和弱势群体、人权、动物权利以及文化权利、素食主义、同性婚姻、网络伦理、人工智能伦理和基因伦理等等，这些政治化的伦理问题本身并不构成思想上的困惑，只不过是政治立场、经济利益和文化偏好的分歧而已，有的时候甚至只是实践性的争议，即关于可行性、技术性或优先性的争议。这种把一切问题变成政治问题的后现代现象，其实扎根于把一切问题理解为经济问题的现代性——当一切问题都变成经济问题，迟早都变成政治问题。以政治之名掩盖利益之争是当代流行的欺骗性策略。

现代社会秩序主要基于明确界定利益和权利分配的法律、契约、政治制度以及管理规则，可以简略地理解为，现代秩序是明确定义和量化的算账制度。利益和权利的明确定义和量化使得现代秩序比古代秩序更具有确定性，但与此同时也导致了伦理精神的大幅度消退，伦理已经退缩为现代秩序的辅助性功能，不再是社会秩序的主体或根基。形而上或精神性的问题都不可能算账，当现代的算账制度成为秩序的基础，伦理就必然逐步退场。远离了形而上问题而失去精神性的伦理学也就再也不可能为文明建构一个稳定的社会基础和普遍精神，也就必然蜕变为政治和意识形态的附庸。在今天，伦理学的性质和地位变成了伦理学的一个基本困惑：我们不能断定未来伦理学的对象是什么，或者是否还需要伦理学。

4 伦理基于存在论的运气

政治哲学、经济学和社会学"抢占"伦理学问题对伦理学的挤压超过了分析哲学曾经对伦理学命题的质疑。即使伦理学不愿意承认这个困境也无济于事，因为政治哲学和经济学确实在许多问题上有着更强的解释力。伦理学要捍卫自身，就需要重新探明伦理道德的存在条件，以便确认伦理学的空间。

伦理道德是人类文明的伟大奇迹。这不仅仅是一句颂词，更是一个警示。如果肯定伦理道德是奇迹，就等于承认伦理道德的存在并非必然，而是基于人类的运气。不过，这里要讨论的伦理道德的"存在运气"与流行的"道德运气"概念（如伯纳德·威廉斯）有所不同，并不是同一个问题。[1] 由于情境性和偶然性，一个行为有可能遭遇到影响其价值效果的道德运气，甚至有可能出现事与愿违的悲剧性或悖论性，如果再考虑到成王败寇的历史书写，行为结局更是压倒了行为动机。然而，无论多么令人尴尬的道德运气都不可能动摇伦理道德的一般性质以及人们的道德信念，这意味着，个人遭遇的道德运气不至于动摇社会性的伦理道德。在这个意义上，道德运气只是一个局部性的问题。但是，如果伦理道德的存在本身就是一种运气，更准确地说，如果伦理道德的存在基于人类的一种特殊运气，这就提示了一个真正严重的问题。

伦理道德的奇迹性意味着，对于一个文明或社会来说，伦理道德并不必然出现，也不能保证总是存在，而

---

[1] "道德运气"的概念来自威廉斯的名著《道德运气》，徐向东译，上海译文出版社2007年版。

需要存在论上的某种偶然运气。一个社会需要秩序，这是一定之事。几乎可以肯定，就一个社会必不可少的秩序而言，法律必然要出现，政治制度也必然要出现，然而，假如缺乏伦理道德，一个社会仍然可能存在并且能够运行，就是说，一个无道德的可能世界不仅在逻辑上而且在实践上都是可能的。尽管我们非常厌恶这样的世界，但问题是，它是可能的。正是在这个意义上说，伦理道德作为一个精神化的人际制度是文明的奇迹，是一个千辛万苦的人文成就，并不具有永远如是的必然性。因此，令人不安的是，伦理道德本身是脆弱的，自保能力不足，因为精神与物质利益相比往往是脆弱的。人类社会虽然幸而享有伦理道德，但此种幸运却无永恒的保证。在此可以更清楚地看出，"道德运气"的概念与"作为运气的道德"的概念之间的问题间距：道德运气属于个人行为的运气，无论好运气还是坏运气，文明整体的存在都在为道德原则作保，而作为运气的道德已经是文明的基础，文明整体只能尽力维护自身，却不再有为之作保的更高系统。因此，作为运气的道德不是一种道德运气（moral luck），而是一种存在论的运气（ontological luck），即人类有幸生活在一种能够产生伦理的存在状态中，但这种存在论运气却没有永久的保险性。

伦理之所以能够在人类社会中产生并得以维持，就在于人类享有一个"存在论运气"，即每个人都是弱者，并且大多数人在涉及利益的事情上是理性的。于是，伦理来自弱者之间的博弈均衡，这个事实否定了伦理来自人的"神性"的神话，比如良知或无条件的自律。当然，在人类之中确实存在少数具有神性或高尚无私的人，其原因至今无法解释，但无论如何，神秘的道德现象并不是人类产生伦理的原因，也不足以维持一个社会整体的伦理，反过来也一样，伦理也不是产生道德的原因，伦理和道德是互相不可还原也不能互相解释的两个事实。简单地说，道德的来源至今未明，伦理的产生基于人人是弱者的存在论运气。

荀子和霍布斯都提示过"人人都是弱者"的事实，然而并未被重视。更为知名的是霍布斯"人人之间的战争"的惊悚论点或荀子的"礼起源于分配"的经济学论点。然而更重要的是，人人之间求生存求利益的战争之所以成为伦理和政治的起点而不是一直战斗到底，就在于这种战争是在作为弱者的人人之间展开的。毫无疑问，人有强弱之分，但强者也有致命弱点，因此没有人能够绝对安全，在这个意义上，人人都是弱者。假如有的人是绝对强者，拥有绝对安全和绝对优势，有能力胜者通吃而无后顾之忧，人人之间的战争就决不可能产生理性的结果，因为理性反而变成多余的甚至是愚蠢的。幸亏事实与此相反，人类中的强者不仅没有绝对优势，而且还需要依赖他人才得以生存，所以说，共在是存在的必要条件。这就是人类的存在论运气，也是伦理的基础。

我们无法如实复原伦理产生的历史过程，只能设定某种模拟性的博弈状态来加以分析,以便获得"似真"结果。通常假定,人类的初始状态是无道德状态。从生物学或人类学来看,历史上恐怕不存在如此单纯的状态,但仍然是一个有效的理论出发点,即一个最有利于分析如何"无中生有"地产生伦理的理论假设。这个初始状态与罗尔斯的"无知之幕"无关,因为契约意识已经属于成熟社会,不能用于描述前规则的初始状态。人类学家格雷伯发现,在契约社会之前很长时间里,人们处于与共产主义有几分相似的礼物社会,不会清楚明确地算账。[1]在这里,我们选择"荀子-霍布斯混合状态",不仅在理论上足够初始,而且也略接近于真实历史。这个混合状态假定:(1)人类初始状态属于纳什定义的非合作博弈;(2)而且是无道德无规则的博弈;(3)至少绝大多数人是自私的;(4)人人都是缺乏绝对安全保证的弱者;(5)至少大多数人是理性的;(6)每个人都从属于某个基本群体。于是,一般问题是:根据以上条件,是否存在着从冲突状态生成合作状态的必然演化?具体到伦理问题:是否存在着从无道德状态生成伦理的必然演化?如果能够解释这个问题,就等于理解了伦理的基本性质。根据博弈论可以推知:

(1)如果伦理(礼法或nomos)是演化博弈的结果,

---

[1] 格雷伯:《债:第一个5000年》,孙碳、董子云译,中信出版社2012年版,第92—123页。

那么必定是对人际冲突的一个理性解。在长期多轮博弈中，人人都是弱者的事实注定了理性合作对于每个人都是占优的长期策略。也许很难证明这个占优策略同时等于最优策略，因为在某些特殊的博弈中（比如生死相搏），铤而走险可能是最优策略，但对于长期策略而言，偶然的冒险不构成稳定的影响，因而忽略不计。可以肯定，理性合作是摆脱普遍冲突困境的长期有效策略，在理论上说也是每个人的占优策略。尽管不排除存在少量非理性行为，但少量非理性行为对社会总体倾向的影响有限，而且，长期来看，少量非理性行为总会被多数理性行为所挫败。根据艾克斯罗德的理论[1]，多数人的行为会形成压倒性的集体优势，多数人的选择同时也就是每个人的占优策略，于是，大多数人的大多数行为在最后能够形成集体理性，这是伦理得以形成的基础。需要注意的是，集体理性主要是发生于初始状态的奇迹，并非任何时期都可以随时重复的奇迹（那样也就不是奇迹了）。礼崩乐坏是可能发生的，集体道德沦丧也是可能的。既令人失望也令人不解的是，在初始集体理性成功完成了文明秩序的建构之后，就似乎功成身退，除了遭遇集体性的挑战（比如外部侵略），就少见集体理性行动，反而经常可见集体非理性行为，甚至个人理性的加

---

[1] 参见罗伯特·艾克斯罗德：《合作的进化》，吴坚忠译，上海人民出版社2007年版；《合作的复杂性》，梁捷等译，上海人民出版社2008年版。

总也经常难以形成集体理性。

（2）一个群体对内倾向于形成荀子状态，即合作的集体选择，对外则非常可能形成霍布斯状态。荀子和霍布斯分别看到了初始状态的一半问题。荀子相信，内部合作虽是生存之本，但由于人性自私，必定会出现利益分配不公而导致冲突，所以人们才发明了伦理（礼），而伦理的根本意义就在于合理分配利益。这是深刻的见解。霍布斯相信，人虽然自私，但有理性，残酷的人人战争终将使人意识到，秩序是每个人的安全和利益的基础，于是人们发明了政治。这也是深刻的见解。荀子和霍布斯分别发现了伦理和政治的根源。事实上文明早期的秩序是多功能的一体秩序，尚未分化为政治、法律和伦理，但伦理、法律和政治的可分化性预示了，当法律和政治制度发展为更有效力也更为稳定可信的秩序，伦理的空间就必定退缩。

（3）伦理的发生过程虽不可复制，但在理论上可以还原为长期多轮博弈的讨价还价解，总有某种讨价还价解在最后达到了博弈的稳定均衡而被普遍接受，也就成为普遍默认的伦理，而被普遍默认的伦理建立了稳定的人心"聚点"（focal points）[1]，形成人同此心的效果。可以推知，伦理的基本性质必定是中庸之道，即不偏不倚

---

[1] focal points是托马斯·谢林的概念。谢林：《冲突的战略》，赵华等译，华夏出版社2011年版，第51页。

的均衡或对称关系，应该是公正、公平、互惠等价值的原型。但伦理并不意味着高尚，因为伦理只是集体理性认可的共同规则，其功能在于保证互相安全、互相合适的利益分配和互惠的合作，其可持续性和普遍性在于稳定的相互性，所以与单向给予或自我牺牲的高尚道德无关。伦理虽是为世俗利益分配立法，却具有超越一时一事得失的普遍理性。化为伦理的博弈均衡需要有理性的长期眼光，有着对长期共在的理性预期。理性的长期预期意味着对时间、未来、生命以及对无抵押的信任的形而上理解，因此，世俗的伦理却是形而上思维的成就。传说中的三皇、五帝、尧、舜、禹、汤、周公都是伦理学大师，他们都具有"垂衣裳而天下治"的理性意识，即能够意识到，对于建立长期稳定有效的秩序，制度的力量胜过暴力；人人互相有利的制度才是对每个人的安全和利益的可信保证，而只有人人互相有利的制度才能够形成人民自愿自治的效果，从而达到制度效率的最优化，即一种制度的治理能力最大化、自动运行和隐形化。"垂衣裳"的隐喻深意在此。

（4）就博弈的存在论条件而言，对等弱者的关系显然是最大的运气；对等强者的关系虽然也具有均衡性，但又比较危险。人类的理性能力和知识都有限，在某些情景中难免铤而走险，比如历史上多次出现的列强大战。更危险的是存在着技术"级差"的强弱关系。现实例子是人类与动物的关系，人类可以轻而易举地屠杀动物；

科幻的例子是,外星更高级的文明可以"与你无干"地摧毁人类文明。不过技术"级差"还不是最危险的关系,尽管高级文明可以任意摧毁低级文明,但通常无此必要;最危险的关系是技术"代差",即属于同技术级别而发展程度不同,比如强国和弱国,拥有相对技术优势的强国大概率地选择帝国主义行为以实现自身的利益最大化。可以看出,在对等弱者的关系中,行为的冒险性最低,所以,对等弱者关系是存在论上的最大运气,也是伦理的可信基础。直白地说,如果互相伤害的行为对各方都是冒险行为,几乎必然导致自己不愿意承受的后果,那么最有可能产生伦理。

以上推论似乎解构了伦理的道德光辉,但以上推论不仅在博弈论条件下有效,而且与历史事实高度相似。传统伦理学赋予伦理的道德光辉是一种错位想象,与事实的相似度很低。尽管伦理和道德在现象上十分接近,似乎有着亲缘关系,但实际上各有不同来源,并无相同的基因。从社会功能上看,伦理处理的是利益问题(荀子的洞察是对的),所以伦理能够在博弈论中得到解释。道德却是个人的高尚精神,其来源目前尚无足够可信的解释,或许与宗教或美学追求有某种关系。需要说明的是,ethics和moral的所指都是伦理,含义并无实质差别,只是词源不同而已(希腊文和拉丁文)。与道德概念更为接近的是arete或virtue,即具有优越性的德性。道德是个人单方面的自我要求,并不蕴含对别人的要求或众人的互相要求。道德意味着一个人为自己选择一个超越利益限制的人的概念，为自己设定了高于自身生命的价值，为自己规定了某种高于自己的超越责任，相当于为自己设定了一种人格神学，所以能够做出人所不及的高尚牺牲，也由此完全区别于伦理的社会性。神秘之处在于，道德精神的吸引力高于物质诱惑是如何可能的？超越的精神通常被归因于宗教，但宗教其实不足以解释所有超越性的精神现象。宗教是外加于人的集体性信仰，也是一种社会化的规训，而道德必须是个人的自律选择，所以只能是个人的神学。

对道德概念的误解很可能与语言形式有关。通常，伦理语句和道德语句都不加区分地归为"应然"句式（ought）。伦理语句确实属于应然句式，但道德语句在实质上却是立意句式，就是说，伦理句式是"I ought to be…"，而道德句式是"I will be…"。把立意（will）归入应然（ought）是一种范畴谬误，因为两者之间不存在还原关系。to be 或 ought to be 的休谟式分类不够细致，未能显示道德概念的特性。康德明白这一点，所以绝对命令句式是由 will 来定义的。但康德又试图证明"I will"和"I ought"两者的一致性，以便由自律的立意能够推出普遍的应然。这个理想主义创意虽有非凡的想象力，可惜与事实不符，而且，在逻辑上说，意志也无法必然推出应该，就是说，意志无法"必然蕴涵"（entail）应该，意志至多在真值上蕴涵（imply）应该，即单纯计算真值的

"实质蕴涵"，可是实质蕴涵过于宽泛，只约等于"相关性"而缺乏必然的强制性。因此必须承认，立意命题和应然命题之间不存在互相还原关系，不存在合并同类项的条件。

伦理学遇到的致命挑战可以归结为："应然"在实力上弱于"实然"，因此，"应然"对行为的支配力弱于"实然"。没有一条伦理规范的约束力能够胜过权力或金钱的诱惑力，没有一种伦理能够胜过弱肉强食或强权即真理的行为法则。幸亏人人都是弱者，这个存在论运气使得伦理得以存在。在现代可以观察到，科学技术的助力能够造就战无不胜的强者，这是现代对伦理所依靠的存在论运气的严重打击。不过，尽管现实有着太多不可逆的悲剧，但在理论上说，在长期博弈中，技术也会走向某种博弈均衡。可参考我论证的"模仿定理"：每个人都会模仿并习得对手更具优势的博弈策略，而策略创新的速度远远落后于模仿的速度，因此，长期不断的互相模仿终将导致水平对等的均衡，使得任何策略都无利可图。当然，在现实中不可能达到每个人之间的策略均衡，但策略模仿一定会产生至少两个以上的实力相当的对手（比如冷战模式或列强模式），这种策略对等模式可以维持博弈的理性关系。然而问题是，不断缩水的伦理即使得以残存，也不足以保护社会。现代伦理学甚至被逼到试图守住"最低伦理"，但最低伦理意味着伦理已经所剩无几而无济于事。根本问题在于伦理本身缺乏诱惑力，所以说，伦理没有能力捍卫自身，应然弱于实然也就不足为奇了。

至此可以大概看到伦理存活力的谜底了，即应然必须与实然达成一致。这个说法过于抽象，可以更清楚地表达为：应然的行为必须能够获得等于或大于自然行为的有益回报。这个伦理存活原则的要点在于，把被康德驱逐出去的"条件语句"或称"假言命题"重新请回伦理学之内。在社会条件下，这个原则意味着：除非一种社会制度能够保证有德与有利的一致性，否则利益必定打倒道德。宾默尔在批评康德的绝对命令时已经论证过与此等价的原理。[1] 因此，伦理确保自身意义的最低条件是保持与利益不矛盾。假如伦理行为总是等于损失利益，恐怕就难以自证合理性了，而且也难以为继。现代社会普遍存在着反伦理事实，以"囚徒困境""搭便车""公地悲剧""反公地悲剧"为代表，它们都意味着实然压倒应然的困境。

演化博弈论发现，如果把好人和坏人理解为不同种群，那么可以观察到一条种群人口的演化规律：好人或坏人的人口增长或减少是对行为的回报所做出的回应。如果某种行为总是获得丰厚的利益回报，这种行为就被

---

[1] 肯·宾默尔：《自然正义》，李晋译，上海财经大学出版社2010年版，第66—70页。宾默尔指出，只有假言命令才是有现实意义的。他认为休谟早已解释清楚了这个问题，而康德的绝对命令是一个逻辑错误。

识别为"榜样"，比如说，好人有好报，选择成为好人的人口就会增加；坏人有好报，人们就纷纷变成坏人。既然绝大多数人都通过"算账"来决定行为选择，利益的榜样就必定胜过道德榜样。孔子"德风德草"之论可能是最早的榜样理论，孔子相信君子的行为就是榜样，人民必定效仿君子。在利益、权力和地位都天生给定的贵族社会里，利益、权力和地位无法模仿，因此不是榜样，唯有行为和审美趣味可以学习，于是平民学习君子的道德风貌就在情在理，所以孔子敢说德草"必偃"。但在贵族社会之外的其他社会里，利益、权力和地位都可以通过竞争而获取，这些物质利益的诱惑力大于精神。君子"德风"仍然会是被赞美的对象，却未必会成为行为的榜样，可见孔子理论缺乏普遍性。更具普遍有效性的榜样理论来自商鞅-韩非定理：无论何种行为的利益回报是优厚且可信的，人们都必定模仿此种行为。这个似乎平平无奇的理论实际上包含一个惊心动魄的秘密：即使一种行为是荒谬的或可能产生危险的后果，只要这种行为有着稳定可信的优厚回报，那么必定成为榜样。我们也可以使用"榜样反推法"来发现制度安排的得失（市场也是一种制度）：从大多数人自动选择的榜样可以得知哪些行为是低成本且高回报的。假如在某个社会里，欺骗和作假是高回报的，而科学、知识和劳动是低回报的，这个社会就一定倾向于反道德。

5 硬制度与软制度

与政治、法律、税收、交通规则、度量衡和日历等硬制度不同，伦理是软制度。硬制度多为约定，软制度多为俗成。在文明初期，初始制度是尚未分化的综合制度，其基本性质是伦理性的，同时也是宗教性的、政治性的和法律性的。随着制度的细化，大部分能够明确定义的规则逐步分化为政治、法律以及各种实用规则，剩下难以明确定义的规则就是狭义的伦理。

任何制度都默认了某种价值。制度与价值虽密切相关，却是两种事物，并非同一。制度是技术性的，而价值是精神性的，所以制度不等于价值，而是价值的技术性落实方式。一种价值可以落实为多种制度，比如，法律要表达的价值是公正，但除了法律，公正还有多种表现方式；民主要表达的价值是平等，但除了民主，平等也有多种表现方式。同样，伦理是制度，道德是价值，但伦理只是表达了道德的最低标准。按照孔子理论，仁（道德）需要表现在礼（伦理）之中。习礼有助于仁的自我意识生发，但有礼并不一定就有仁心，可见仁不能还原为礼，或者说，精神不能还原为社会规则。康德深知这一点，所以认为绝对命令区别于与之有些貌似的《圣经》"金规则"。这意味着，精神不是规则的产物，道德不是伦理的产物。道德的基本性质是自我牺牲，而伦理的基本性质是普遍的合理性，两者的关系是：道德高于并且不低于伦理。如前所论，道德另有尚未被破解的神秘来源。康德从自由立意（will）中推出绝对命令，是破解道德之谜的重要一步，但仍然不充分。目前尚无破解道德之谜的方法，甚至未能充分理解什么是道德。

与大多数制度不同，伦理的生长方式十分特殊，其创立期即高峰期，度过创立期之后就逐步而缓慢地进入不断退化的阶段，一开始的退化非常缓慢，几乎不可察——以上是推测，下面是事实——但随着经济、政治和法律的发展，伦理的退化逐渐加速，到了现代社会，伦理进入崩溃阶段。按照马克思的理解，现代的一切事情都变成唯利是图的交易。伦理显然经不起万事变成交易的挑战。孔子最早发现伦理的退化问题，所谓"礼崩乐坏"。礼崩乐坏的意义不在于批评了新秩序取代贵族旧秩序的时代性无序状态，而在于提示了一个普遍的理论问题。可以想象，假如孔子看到的只是伦理的更新换代而不是道德水平的下降，即使看不惯也不会痛心疾首，或许还会去研究新伦理的意义。比如说，如果季氏违制之事不是"八佾舞于庭"，而是跳华尔兹，智慧如孔子者，决不至于"不可忍"，至多觉得伤风败俗（其实也未必，可考虑"子见南子"故事）。孔子不可忍的理由是，八佾之舞代表着伦理秩序，而破坏秩序就触及了伦理的本质。显然，如果只是伦理更新而不是道德退化，就不是值得忧虑的问题。孔子不是古板的守旧者，从来没有拒绝合理化的移风易俗，孔子虽是殷人之后，却在文化上"从周"。不可变革的是事关价值的秩序，如"亲亲"，而正朔、服色、礼仪之类的技术性表现方式，都可以与时俱进。[1] 所以，礼崩乐坏不在于失去了过去，而在于失去未来。

伦理的生存基础在于共同体，在于自组织的社会。当社会发展为国家时，国家建立的秩序比自发的社会秩序更强有力，尤其是国家对暴力的垄断以及法律的成熟，使社会或民间伦理的权威性和报复能力大幅度萎缩，而失去暴力报复能力的伦理关系也就失去了威慑力和约束力。因此，政治和法律的成熟正是导致伦理萎缩的首要原因。失去了暴力威慑的伦理就不再是全功能的规则，而退化为"声誉规则"，即伦理不再具有强制服从的权威功能，只剩下声誉功能，而原来的权威功能都化归为法律和政治制度。由此演化可以推知，不能被归化的声誉正是伦理最后无法被解构的本质。

一个人的声誉决定了别人是否愿意与之合作。社会需要建立共同有益的博弈，所谓合作博弈，类似于"建群"来开展某种游戏。一个人可以特立独行，不与他人合作，相当于拒绝"入群"或"退群"，别人也可以因为他无法合作而将他"踢出群"。远早于网络社会，维特根斯坦就通过游戏概念反思了伦理学的核心问题，相当于一个理论化的"入群–退群"问题。维特根斯坦的例子是

───────

[1] 参见《礼记·大传第十六》。

打球。[1]除了不许作弊耍赖之类的硬规则，打球也有软规则，比如说，人们默认：要玩就好好玩，否则就没意思。假如有人故意瞎打，于是我们会说，别瞎打，这样不好玩。可那个人说，我就乐意瞎打，我自己觉得好玩。我们没有办法要求他必须认真打球，只好不和他玩了。维特根斯坦接着提出了严重的问题：在伦理问题上，我们是否可以说"随你便，你想怎么做就怎么做"？显然不能，因为伦理涉及绝对的价值判断，但维特根斯坦并没有给出最后答案。我想，伦理问题在此有着复杂性：一方面，伦理是全社会甚至全人类的公共游戏，没有自由退出机制，任何人都没有合法权利退出伦理群，也不能声称自己有权定义伦理。这意味着，伦理不是一种个人权利，而是一种普遍义务，因此，违反伦理的行为即使够不上法律惩罚，行为者也必须承担后果。另一方面，人可以自由选择行为，有的人就愿意造谣或忘恩负义。在传统社会，此类行为会受到惩罚；但在现代社会，惩罚权已经交给了法律，反伦理行为的后果仅限于声誉消散（dissipation），甚至行为者的社会资本被清零。由此可见，在现代条件下，虽然伦理失去了强制性的力量，但仍然意味着集体生活或公共生活的准入资格，而集体或公共生活对于每个人都是一种诱惑。如果一个人背叛伦理，就会被集体

---

[1] 维特根斯坦：《关于伦理学的讲演以及其他》，《维特根斯坦全集》第12卷，江怡译，河北教育出版社2003年版，第3页。

抛弃，成为边缘人，因此，现代伦理的存在条件是人们加入游戏的需要，或对被踢出游戏的恐惧。

作为软制度，伦理的脆弱性在于无力抵抗社会中淘汰伦理的力量，事实如此，"应该的空间"在不断萎缩，或许最后会消失也未可知。如前所述，伦理抗不过个人利益，有利益就有对伦理的背叛。在传统社会，个人利益严重依赖集体利益，所以伦理水平显得比较高，见利忘义是见不得人的事情。现代社会强调个人权利和自由市场，个人权利是私欲私利的合法化，自由市场则把一切事物和人际关系定义为交易，个人利益对集体利益的依存度大幅度降低，于是，见利忘义成了常态。追求自私利益最大化被定义为个人理性，这是淘汰伦理的第一种机制。当代的后现代社会进一步发展了淘汰伦理的第二种机制，通常被概括为"权利高于善"，权利因此不断膨胀、扩张和增殖，而且借助政治正确的概念来加倍压缩伦理空间。权利的单方面增殖打破了权利和责任的对称性和平衡，而打击责任就是打击伦理。淘汰伦理的第二种机制更为严重，任何自私欲望都能够申请为权利而获得合法性，因而势不可挡。

淘汰伦理的社会灾难恐怕并不遥远。以"政治正确"为名的权利诉求在逻辑上蕴涵着一个灾难性的悖论：如果某一种特殊诉求有合法理由成为特权，那么任何一种特殊诉求都有等价的理由成为特权。比如说，假定确认某些"接近有意识的"动物应该有类似人权的动物权利，以类似理由推之，很快就应该确认所有动物的权利，进而还应该确认植物乃至所有生命的权利，最后的结论是，人类不能吃任何东西。这个推论当然是不讲理的，可是，认为人们喜爱的某些动物必须有动物权利而其他动物却没有资格，这个规定更不讲理。不讲理的规定必然得出不讲理的推论。事实上没有必然理由规定野生动物的生命高于人工饲养动物的生命，更没有理由证明狗的权利高于猪牛羊。本来人类对动物有着"自然正确"的态度，一旦把属于人的政治概念滥用于动物，以"政治正确"代替"自然正确"，必定产生无法自圆其说的种种范畴错误。在人的问题上也存在类似问题，人类本来对人的优点（arete）有着"自然正确"的理解，如果以"政治正确"的标准来取消自然差异而认为天才和白痴、贤良和愚昧、健康和残废等等在价值上等价，也就取消了善的概念。如果"政治正确"或"权利高于善"成为普遍有效的命题，就意味着伦理学的终结，这两个原则完全废掉了伦理学。"政治正确"不仅导致理论性的悖论，而且也必定产生实践上的悖论：（1）既然每个群体的每种政治诉求都有理由成为特权，就无法确定何者的特权应该优先，而且众多群体的诉求往往互相矛盾，社会必定陷入选择的困境；（2）如果所有特权都必须得到满足，社会、政治和经济必定一起崩溃，因为人类的资源和能力根本供养不起那么多的特权。不考虑存在论条件的政治都是反政治，也是反伦理。

"政治正确"源于追求平等的反歧视运动。追求平等本来是伦理正当的，但被"政治正确"扩大化为一切事情的平等，就使应然主张脱离了实然基础，因而很可能导致无法承担的后果。平等是善，而绝对平等则是恶。从逻辑上说，如果无歧视也就不存在价值。任何价值都在于排序，而排序意味着歧视，一旦取消了价值排序，价值就消失了，就是说，价值的存在论基础就是不平等，如果一切平等，价值就失去了立足之地。其中道理类似于，如果每个数目都等值于1，就不存在数量了。"政治正确"取消了价值的立足之地，也就否定了伦理学的地位。在实践上看，事情就更严重，假如真的出现了一个取消一切不平等的社会，那将是文明的"热寂"之死。取消了价值就没有任何事情需要努力了，文明将难以为继。取消一切不平等是反自然的努力，可是，违背自然需要一个天大的理由。

经过现代算账制度和"政治正确"意识形态对伦理的双重淘汰，伦理学所剩的空间已经非常狭小。按照推想（未必为真），超级人工智能和基因技术将重新定义人的概念，将创造在能力上和生命上远超人类的"新人"。在生物学上，这可能将是人类的存在论升级，意味着人类重新进入一种全新的初始状态，但那很可能是文明的重新野蛮化（re-barbarization）。一个不祥的预兆是，无论从经济学还是政治学的原则去看，人类升级都不可能是包括每一个人的普遍升级，也不可能是包括大多数人的集体升级，而大概率会是保证少数人利益的精英升级，而那些变成绝对强者的"精英"很可能不再需要伦理或道德，伦理将成为超级文明的无用甚至有害的冗余。如果对伦理的最后一击真的来临，也并非令人诧异之事，因为伦理现在就已经名存实亡。

6　伦理学的机会

伦理是最接近理性本身的行为规则。康德的绝对命令是最纯洁的伦理，是实践理性的完美表现，但并没有达到道德的概念。道德高于伦理，因为道德是对完美人格的追求，是卓越精神。尽管尚无关于道德的可信解释，但可以确信的是，正因为存在着道德的精神维度和道德的人，所以人类有动人的故事，所以生活才有奇迹。道德虽高于伦理，但伦理却是保证道德得以持续存在的社会环境。如果没有伦理所提供的制度性和社会性的保护机制，道德就只是偶然发生而难以持续的个体现象。关键在于，道德自身无法成为制度而只是一种意识现象，而只有制度性的存在才有稳定的保证，因此，道德必须依靠伦理的制度性和社会性才得以存在。

伦理是隐形制度，政治、法律和经济制度是显形制度。隐形制度对于文明的重要性在于，只有隐形的制度才有可能深入人心而化为内在制度，即化制度为精神。伦理的退化意味着制度精神性的退化，人类的制度正在失去精神性——或者已经失去精神性——而变成单纯技术性的制度，有效率而无意义。这是伦理和道德的危机。如果一个文明足以赋予生命以意义，能够解释行为的价值，这个文明本身就必须成为一个神话，即能够在形而上的维度为生活赋予精神性。以维特根斯坦的概念来说，"不可说的"是"可说的"的意义保证。道德伦理也许不是人类的最大成就，却是最大的奇迹。道德伦理是维持人类文明神话性的保证。

如果伦理学还有机会重新成为哲学的反思，首先必须承认当代伦理学已经失去为伦理进行解释和辩护的能力，当代对伦理的解释和辩护几乎无法避免地成为"政治正确"的宣传而失去自身的反思性，而失去反思性就失去了哲学性；然后，伦理学需要转向——或回归——伦理学的形而上问题，去反思任何价值，或反思任何秩序、制度和游戏规则的合理性，从而发现重建人类精神性的机会。如果伦理学不敢"起义"，不敢反抗"政治正确"的思想专制主义，就终将被剥夺思想性，就不可能在人的概念、善恶概念、人的责任、生死问题、生命意义等问题的当代废墟之上重新建立文明的精神性。毫无疑问，这些形而上的问题仍然没有答案，也许永远没有答案，而正是因为没有答案才得见精神的无穷性。精神只有路标，没有终点。

对任何一种价值观的反思才是伦理学永远不会被剥夺的问题领域。

（原载《道德与文明》2020年第3期）

{三}

普遍价值必须同时是必要价值

1 普遍价值如何成为政治问题?

1.1 历史背景

每一种文化都相信普遍价值,都以自身文化去理解普遍价值。尽管各种文化所理解的普遍价值有所不同,但在出现所谓文明冲突之前,对普遍价值的理解差异从来不构成问题,人们从来都"各美其美"(费孝通语),都认为自己所理解的价值是真正普遍的和更好的,而且也不操心别的文化在价值观上是否有缺陷,因为别人的错误应该由别人自己负责,事不关己。在古代,人们只想管好自己社会的事情。现代社会的全球化运动导致了所谓的文明冲突,制造了文化间的竞争关系,使文化关系成为一种政治,于是,何种价值有资格成为普遍价值,或者,谁有资格规定哪些是普遍价值,就成为一个根本性的政治问题。

西方的普遍价值观念主要有两个古代来源：罗马万民法和基督教。罗马帝国最重要的发明是"万民法"，即一切人的通用法。法律一开始都是当地的习惯法，罗马帝国征服了许多民族，各地的习惯法多有差异，造成管理上的麻烦，于是罗马人产生了为世界建立通用法律的雄心。他们以一般的"人"为思考单位，以"人都是人"作为思想原则创造了通用的万民法。这表达了西方最早的普遍价值。万民法只是法律，是一种游戏规则，并没有全面表达关于整个生活和社会安排的完整价值观。万民法表达的普遍价值主要是公正（justice）和公平（fairness），不过，公正和公平却不能说是罗马的独特发明，而是几乎每一种文化"自古以来"都承认的普遍价值。因此，公正作为普遍价值从来都不存在争议——需要一个注解：古代人理解的古典公正是"行为与行为"或"行为与责任"的对称性，不同于当代把公正替换为平等和程序正确的同等性。

为西方建立全面完整的普遍价值观是基督教的成就。基督教源于犹太教，但有一个根本区别，基督教把作为地方特殊宗教的犹太教变成了普遍宗教。犹太教的上帝本来只照顾犹太人这种"选民"，不准备一视同仁地惠及别的民族。基督教则声称上帝不是犹太人独占的，而属于世上所有愿意成为信徒的人，这就颠覆了犹太人的特殊"选民"概念。成为上帝子民的理由不再需要犹太人的特殊肉身，而只需要向所有人开放的普遍精神信仰，这就把被上帝"选中"（chosen to be）的被动概念变成了自愿"选择"（choose to be）皈依的主动概念。基督教把上帝说成了普世中的最高存在和最高价值所在，本来只是地方文本的《圣经》中的价值观就被说成是普遍价值，而既然上帝是唯一的，那么，基督教的普遍价值也就被定义为唯一"合法"的价值观。这种唯一化蕴含了西方普遍价值观念的单边主义、排他性和推广欲望，它不仅要普遍地推广自身，而且要否定异己的普遍价值，拒绝与其他普遍价值兼容。这就已经暗含了后来被称为文明冲突的问题，而文明冲突的激化则是由于现代化和全球化把世界各处紧密联系到一起，使文明冲突变成一个无法回避、没有退路的问题。

在文明冲突的条件下，普遍价值成为一个文化政治或精神政治问题，各种文化被卷入到思想之争中去，人们不得不思考，生活和社会必须由什么观念说了算？谁的观念说了算？谁搞谁的"灵魂革命"？这是关于精神意识支配权的政治斗争。这种精神之争又被约瑟夫·奈定义为软实力之争。

1.2 现代的定位

经过启蒙的转向，现代西方对普遍价值有了新的理解，主要是因为现代发明了"个人"这项奇妙的政治产品，于是，现代的普遍价值主要以"个人"作为基本单位和标准去定义。在传统社会里，每个人虽有独立的肉体存在，但只是自然产物，不是政治概念上的个人，不是政治产品。每个人虽有自由独立的意志，却没有自由独立的权利，没有属于自己的主权，就是说，每个人都没有支配自己的全权。每个人的行为、生活、价值观和命运甚至生命都在某种程度上属于某个共同体或社会组织。作为政治产品的个人导致了价值观的彻底变革，从以"共同体"为准的传统价值观变成了以"个人"为准的现代价值观。

基督教为发明个人做了重要的准备工作。只要拥有了信徒的身份，每个人和上帝之间就是等距的。这种身份平等导致了一个奇怪的后果：你的父亲也是你的兄弟，你的儿子也是你的兄弟，这种等距的平等关系解构了自然关系的权威性。于是，在理论上说，每个人都不再属于任何他人，每个人相对于他人都是绝对独立的，任何关系都不再有绝对意义，绝对意义都归上帝，每个人只属于上帝而不属于任何他人，每个人的精神只受上帝支配而不受他人支配。这样，虽然每个人还没有完全独立（仍然属于上帝），但已经在精神上独立于他人和社会，这是走向"个人"这个产品的重要一步。一直到现代在精神上杀死了上帝，彻底自主的个人才完工。完全独立的个人就只为自己说话，个人成为第一优先的存在，在这个背景下，人权终于成为替代上帝的新宗教。

现代西方甚至为建立完整的个人概念构造了理论基础。霍布斯和洛克等人力证作为自然权利的个人权利。

个人权利是个人概念最重要的成分,可以说,并非因为存在着个人,所以要有个人权利,而是相反,正是个人权利创造了个人,先有了个人权利,才有了个人。个人权利赋予个人一种政治身份,使个人在政治上获得独立自主,个人成了一个主权单位。个人权利首先保证了个人是自由的,因此,自由成为现代制造的最重要的普遍价值。既然人人都成为个人,个人的天然自私就被定义为合法的。自私的合法化是一项后患无穷的现代工程,原本有着自然限度的自私一旦被合法化就演变成为无限欲求的贪婪,而贪婪其实就是所谓个人排他利益的最大化,这是现代一切灾难的根源。在个人权利的保证下,作为经济人和原子人的个人就顺理成章地成为一切价值的计算单位,于是,基于个人概念的各种价值,特别是自由、人权、平等、民主等等,就被说成是普遍价值。

1.3 普遍价值的问题所在

一个问题总有其特别的追问。知识问题追问真假,道德问题追问善恶,法律问题追问公正和不公正,如此等等。普遍价值虽然大概可以定位为一个政治问题,但它是一个有些特殊的政治问题。政治问题的性质本来就比较复杂,中国古代政治追问治乱的秘密以及统治的正逆,西方古典政治追问正当或不正当,现代政治追问权力和权利,而卡尔·施米特则意味深长地指出,政治是个关于敌友的问题,这些关于政治问题的定位都还不足以充分表达普遍价值的政治性质。问题在于，普遍价值虽是个政治问题，原本却是文化问题，因此，普遍价值是一个在"自己－异己"（Self/Other）关系中被定位的特殊政治问题。

普遍价值所暗含的"自己－异己"问题结构注定了普遍价值问题的特别意味。从学理上看，普遍价值成为政治的必争之地有些奇怪，不合常理，因为普遍价值就其本身而言，顾名思义，应该是一个中立或"政治无涉的"（politically innocent），甚至有些枯燥的单纯理论问题，那些作为被讨论对象的普遍价值传统项目一直都是无争议的，就是人们一直普遍默认的那些基本价值，诸如真、善、美、爱、正义、智慧、友善、公平、诚信、勇敢、理性节制等等，可以简单地概括为人人向往的真善美，尽管对这些价值的理解可以有纯理论的分歧。奇怪的是，今天人们在谈论普遍价值时，似乎有意无意地遗忘了包括真善美在内的那些天经地义的普遍价值，这是值得反思的事情。真善美是所有文化共同承认的基本价值，因此也就缺乏政治性，无法构成对异己文化的政治质疑。可以看出，普遍价值本来不成问题（并无根本性的争议），所以成问题，是因为文化演变成了政治的一个部分。

如果像古代社会那样，各种文化对内各美其美，对外入乡随俗，文化差异就不至于导致政治冲突，但相安无事的文化关系在现代和全球化时代已经不可能，文化间的冲突不可避免，人们试图争夺精神领地。不过，亨廷顿的文明冲突概念虽有强烈的问题意识，却又是对文化问题的一种危险的误导。文化冲突在实质上超出了国家冲突概念，因此文化之争并不能在战争概念的隐喻中去分析。对于亨廷顿来说，文化冲突是一个在物质利益之外导致国家冲突的深刻原因。这种理解在某种程度上是对的，但也是对文化的狭隘理解，其基本思路仍然是基督教与异教的战争模式，这是一种缺乏想象力而且没有善意出路的想法。假如文化冲突被理解为正教与异教的战争，那就是你死我活的战争，以消灭或取消他者为目的。这种理解不仅会诱导文化冲突暴力化，也是对文化冲突的无效解决。试图建立意识形态的大一统是徒劳的，而且是破坏世界文明生态的自杀行为。

文化冲突的有效解决方式不是如何消灭他者，而是如何安置他者，如何与他者合作而创造最优的文化生态，于是，文化政治的问题就是何者为普遍、何者为地方的问题，也就是让什么样的观念成为普遍通用的、并且让什么样的观念成为特殊和地方性的问题。要解决这个问题不可能依靠基督教模式，因为那正是导致文化冲突的危险模式。天下模式以及罗马的万民法模式都是更好的方案。天下模式和罗马模式各有妙处，天下模式是对各种文化兼收并蓄，兼备他者的优势而达到与他者兼容，或者说使自身包含他者文化而生成普遍兼容性；罗马模式则是使各地都兼有通用的"罗马性"，但并不否定各地的特殊性。天下模式的普遍观念是一个混合兼容配方，而罗马模式的普遍观念是一个单纯通用配方。这两种模式都可能成功，但有个问题值得思考：是兼容性还是通用性更能够塑造最好的普遍性？

2　什么是普遍性？

2.1　两个维度：事实与价值

人们在两个维度上要求普遍性：事实维度（to be）和价值维度（ought to be）。这两个维度的普遍性有着不同的标准。

在事实维度中，真理的普遍有效性是有一定伸缩度的，按照莱布尼茨的标准：（1）如果一条真理对于任何一个可能世界都必然有效，那么，这样的真理是绝对普遍的真理，它在任何情况下都为真。能够满足如此严格标准的普遍真理似乎只有逻辑和数学，这样的真理无懈可击，可惜太少了，远远无法满足说明世界和生活的需要，因此还需要要求稍低的其他真理。（2）如果一条真理对于至少某个可能世界必然有效，那么也是一个合格的真理。这种真理的普遍有效范围小了许多，但数量较多，能够满足更多的知识要求。经验科学包括物理学、化学、生物学等就属于这种真理，它对于某个真实世界（我们所及的自然世界）普遍有效，但未必可以用到其他世界上去（比如幻想的世界或未知的可能世界）。

相比之下，价值维度的普遍性要求就明显更低一些，或更宽松一些。按照一般默认的标准，价值只涉及人类生活（但此观点存在质疑的声音，比如有的观点认为应该扩大到动物生活）。对于价值的普遍性，我愿意选择这样一种标准：既然价值没有客观事实作为证明和对比尺度，因此其普遍性缺乏客观性，那么只需要满足普遍传递性就令人满意了，即价值无须与物理事实进行对照，价值的普遍有效性并不落实在观念与事实的必然对应关系上，而是落实在人与人之间的普遍传递关系上。于是，价值的普遍性仅仅要求：如果一种价值对任意某人有效，就必须对每个人都有效，或者说，对一个人有效就对所有人自动生效。只要一种价值满足了"无人被排挤"的普遍传递性，就获得了普遍正当性。

还需要进一步考虑一个问题：能够满足普遍传递关系的普遍价值很多，并非寥寥几种，那么，其中哪些是最重要或最根本的价值？或者说，我们必须能够确定各种价值的地位和优先次序。这个问题所以特别重要，是因为各种价值之间存在着冲突或者不兼容的情况，如果无法确定各种价值的优先次序，就必定导致混乱冲突的生活和社会。

2.2 两种价值：普遍价值和必要价值

在思考价值问题时，人们往往只考虑一种价值是不是普遍的，这种思考不足以充分理解价值问题。一种价值如果仅仅是普遍的，它未必是重要或根本的，或者说，价值的普遍性不够证明一种价值是足够好或是足够重要的。如果仅仅因为一种价值是普遍的就将其看作是重要的，有可能导致严重后果。

更值得重视而又往往被忽视的关键问题是必要价值。显而易见，必要价值一定是更为重要的普遍价值，否则就不必要了，可有可无的事物是不重要的。可见，只有必要性才能说明重要性。如果一种价值对于生活和社会是必不可少的，无疑就是重要的价值，否则就是相对次要的价值。必要价值显然是研究价值问题的一个不可或缺的向度。如果一种普遍价值同时是必要价值，那么它才是人们所寻求的真正重要的普遍价值，也就是普遍必要价值，这才是价值问题的关键所在，因此必须引入必要价值这一维度。可以看出，普遍价值这一概念是关于普遍价值问题的一个过于粗糙笼统而有误导性的表达，严格地说，值得寻求和讨论的是普遍必要价值，而不能仅仅是普遍价值。

2.3 两种分析单位：个人与关系

价值的普遍必要性至少有两种求解方式：一种以个人为分析单位和分析条件，求解适用于每个人的普遍必要价值；另一种以关系为分析单位和分析条件，求解适用于任何关系的普遍必要价值。一般地说，以个人为分析单位的求解方式属于现代西方思路，而以关系为分析单位的求解方式属于中国传统思路。这两种求解方式的求解能力和求解效果颇为不同，可以大致分析如下。

如果采用以个人为分析单位的求解方式，那么，要证明一种价值是普遍必要的，就必须考虑每个人的偏好。可以考察这样一些可能情况：

（1）普遍愿意，相当于每个人都愿意的事情。这不是证明普遍必要价值的必然理由，甚至是个坏的理由。显然，每个人都想要x，这不能保证x可以成为普遍价值，而只能证明x是一种普遍追求的利益。既然存在着利益分配上的冲突，就并非每个人都愿意其他人也都得到x。可以想象，在许多情况下，每个人想要x，只是希望自己拥有x而不愿意别人也拥有x。即使是自由这样重要的价值，也并非每个人都愿意别人都拥有自由。因此，普遍愿意无法定义普遍必要价值。

（2）同意普遍，意味着任意某人同意每个人都如何如何。经典的表达是康德原则"我愿意这样做，并且同意每个人都这样做"或者"如果我承认原则x，那么我同意x对每个人有效"。康德式的普遍原则看上去很有道理（康德原则确实说服了大多数人），它能够堵住"普遍愿意"原则的漏洞，但遗憾的是，它无法对付多元方案的冲突问题。比如说，我同意每个人都吃辣椒，这个方案就恐怕不能被普遍通过；或者，有人同意每个人都做基督徒，这也显然不可能被普遍通过；甚至，有人同意每个人都吸毒、都成为恐怖分子、都成为同性恋，这显然万万不能被普遍通过。可见，同意普遍并不能保证普遍同意，所以，康德原则看上去很美却无效。其中的关键是，康德原则只在人同此心的某个共同体中有效，而在人心各异的状态中就失效了。在存在多元方案的情况下，任何被假定为具有优先特权的方案都几乎不可能被普遍同意。

（3）普遍同意，也称一致同意，这是一个强有力的理由，许多人比如罗尔斯和布坎南等都认可这个原则，但可惜仍然并非充分有效。众心一致只能证明x被普遍承认，却不能证明x是理性正确的，也不能证明x确实好过其他选择y，尤其不能证明x对人们普遍有益，因为所有人一起犯错误并非不可能，或者所有人碰巧集体堕落也是可能的。既然众心一致有可能是集体错误，所有人有可能一致同意做某种坏事，比如人们曾经集体默认以预支未来的方式使用自然资源，以超出实际需要的方式享受生活，诸如此类，可见，普遍同意也不是普遍必要价值的充分理由。为了进一步堵死漏洞，也许还可以想象一种加强型的普遍同意，把未来人的利益考虑在内，变成一种可持久的普遍同意。在理论上说，可持久的普遍同意尽管仍然不能必然地证明所同意的事情是好的，但大致可以接受（其保险系数大大增加了）。不过问题是，我们没有能力预知未来的情况，也没有能力预知未来人的偏好，更无权按照我们的偏好代替未来人投票，未来人很可能看不上我们今天的愚蠢选择，何况人们未必能够大公无私地考虑未来人利益。因此，加强型的普遍同意也不是普遍必要价值的必然理由。

可以看出，以个人作为分析单位不可能完全有效地证明或定义普遍必要价值，因此需要考虑效果更好的分析方式。如果采取以关系为分析单位的求解方式，那么，要证明一种价值的普遍必要性，考虑的就不再是每个人的偏好，而是任何人之间的相互策略或者说任何人之间的可接受关系，关系分析模式的优势是能够消除个人分析模式力所不能及的问题死角。由以上分析可知，一致同意的事情是否是好事情，个人分析模式解决不了这个问题，而这个问题却有望通过使众人普遍满意的相互关系去获得明确判断。可以考虑以下可能情况：

（1）普遍受惠。如果一种关系能够形成普遍受惠，每个人都会满意。普遍受惠排除了普遍同意所蕴含的最坏情况（集体不受益），因此优于普遍同意。事实上，普遍受惠总是蕴含普遍同意，而普遍同意未必蕴含普遍受惠，可见普遍受惠是一个更为可靠的标准。另外，如前所论，普遍同意很难成功地强化为持久普遍同意，因为无法预先决定未来人们的偏好，而普遍受惠的关系则有可能强化为持久普遍受惠，因为一种普遍关系所计算的不是在场的所有人，而是理论上的所有人，既然在 xRy 中考虑的是作为任意变元的人，普遍受惠的关系在理论上就已经把未来人考虑在内了。以人际关系作为分析单位的最大优势是把主观偏好加总的问题转变为客观可能效果的排序筛选问题，这样更符合理性标准。人们在主观偏好上有可能自欺欺人，而在实在利益上更可能实事求是。

（2）普遍兼容。如果一种关系能够保证每个人的利益和价值的独立性而形成互相兼容的合作，那么每个人都会满意。普遍兼容的关系能够有效解决多元方案的冲突问题，因为普遍兼容关系不允许任何一种偏心方案具有特权，而仅仅承认那些能够形成合作的相互关系的优先性，这种关系并没有优先任何一方，而是对等地或对称地惠及各方，就是说，优先的是兼容的共同关系而不是某一方。

普遍兼容原则与普遍受惠原则的精神实质相同，都选择了关系优先于个人，考虑的都是各种可能关系的效果排序而不是主观偏好的加总。按照理性标准来看，对于普遍必要价值，基于关系的求解方式明显优于基于个人的求解方式，最重要的理由是，可能关系的排序筛选存在着客观标准，而基于个人的求解方式并不符合理性标准。偏好都是主观的，偏好加总的结果也很可疑，试图由个人理性合成集体理性，这已经被证明是一种非常不可靠的做法。因此，只有关系标准才能最有效地发现和确定什么是普遍必要价值。

2.4 两种验证标准

现在还需要明确关于普遍必要价值的验证标准，以便能够证明我们所寻找到的确实是普遍必要价值。至少有两种比较有用的验证标准：

（1）价值排序。价值排序比通常的利益偏好排序更为稳定可靠，一般地说，理想化的偏好排序是线性单峰的，在偏爱程度上有着不可改变的传递性，比如a＞b＞c＞d＞……最优先的偏好就是人们最喜欢的。不过，在许多时候，偏好是策略性的，由于选择条件的形势不确定，作为谋利策略的偏好也随之不稳定，就不可能是线性传递和单峰的，很可能出现循环和多峰的情况，这样就很难确定什么是人们真正喜欢的东西。幸亏作为生活和文化一般原则的价值观比较稳定，比如人们认为公正是好的，即使人们在破坏公正去谋私利时，也不会因此把不公正说成好的，而会千方百计编造借口把不公正的行为说成是公正的，这是原则与策略的区别。但由于生活是多面的，因此存在多种平行的几乎同等重要的价值，一个足够丰富的价值观系统实际上很难形成严格的线性排序，总有一些价值难分高下。比如说，很难有充分理由能够证明自由主义的价值排序（个人自由绝对第一）就比别的价值排序方式更正确（尽管自由肯定是并列最重要的价值之一）。并列重要的价值在很多情况下会形成"不能两全"的两难选择，这是人类的老难题。两难问题恐怕不能通过强行排序去解决，倘若强制宣布自由是第一价值，那也变成反自由的专制了。

价值排序虽然不能充分说明人们关于普遍价值的偏好，但它能够有效否定一种所谓"公分母"的臆想标准。一些寻求全球共同伦理的人相信，不同文化中所共同承认的那些伦理原则就像公分母一样是普遍价值共识。表面上看似乎不错，但这种"公分母"标准的隐蔽错误在于，要从不同的文化中挑出一些相似甚至相同的准则并非难事，可是那些相似的准则在不同文化中的价值地位排序却可能非常不同。比如说，所有文化都承认价值A、B、C、D，但这些价值在一种文化中的地位排序为1、2、3、4；而在另一种文化中，它们的地位排序也许是3、8、2、9，其价值系统的结构就有天壤之别了。优先次序决定了一切关键的选择，决定在什么情况下将放弃什么，因此，仅仅找出一些"公分母"几乎没有什么意义。只有当某种价值x在所有文化中的地位都是最优先的，这样的结果才比较有意义。不过，即使如此，也仍然不足以严格断定x就是最好的，这与普遍同意的难题是同构的。这意味着，任何统计性的结果都不足以证明何种价值是最优的，我们还需要更严格的理论分析。

（2）普遍模仿测试。价值不可能是单纯的道德幻想，它必须能够同时带来生存优势，如果一种价值虽有道德优势却有生存劣势，那么通常会被淘汰——尽管有例外，比如自我牺牲是最高道德，并且永远有自我牺牲的人。但这与上面的断言并不矛盾，自我牺牲是个人美德，不可能成为所有人的普遍选择。能够被所有人（至少绝大多数人）接受的普遍价值必须能够给所有人带来普遍好处，能够加强所有人的生存优势，否则将失去普遍意义。按照现代理论的假设，人都是追求自身利益最大化的"经济人"（这个假设虽不能全面反映人性，但仍然是很有用的假设，它至少反映了大多数人的通常状态），于是，人人都追求成功策略。尽管人的能力有大小，但都有足够的学习能力，人人都能够在博弈过程中学习和模仿别人更成功的策略。能力更强的人不断推出更高明的策略使自己利益占优，但领先总是暂时的，高明的策略很快变成公开知识而被大家所模仿，而模仿的速度超过创新的速度，于是所有可能的成功策略都会被普遍模仿，终于大家拥有饱和的共同知识或对称知识（对称的知己知彼），这时将出现"集体黔驴技穷"现象。人人都学会了被证明为最成功的策略，于是达到普遍的策略均衡。此种广为接受的成功策略就意味着一种通用的价值观。

这里存在一个关键问题。虽然人人都将模仿成功策略（效果上类似于普遍同意），但这不意味着成功策略都是好策略。一个被普遍模仿的成功策略有可能是人人受益的好策略，也有可能是人人利益受损的坏策略。于是，还必须进一步确定什么是普遍好的普遍策略。效果最明显的检验标准是"无报应性"：如果一个成功策略被众人普遍模仿而不会形成作法自毙的反身报应，或者说，当一个策略被别人所模仿而不会反过来伤害自身，不会害人反害己，那么，这个策略就是经得起普遍模仿的策略，它就成功通过了普遍模仿的检验。反过来，假如一个策略被普遍模仿，别人的模仿形成了以其人之道还治其人之身的报应而导致始作俑者自取其祸，这一策略就被证明是个坏策略。能够通得过"无报应"检验的价值才有资格成为普遍必要价值。据此容易看出,自私自利、见利忘义、见死不救、忘恩负义、"搭便车"、"公地悲剧"行为、"反公地悲剧"行为之类的行为就显然经不起普遍模仿,这类行为一旦被普遍模仿,将导致两败俱伤,每个人都将利益受损,始于害人终于害己,而和谐、和平、自由、公正、公平、互惠等将被证明为普遍必要价值。

在我能够想象的标准中,普遍模仿的无报应性可能是最好的标准了。可以把普遍模仿标准与负有盛名的康德先验标准略作比较。康德相信,从理性出发,任意一个人都会同意这样一个价值标准:我愿意这样做,并且同意每个人都这样做,或,如果我承认原则x,那么我同意x对每个人普遍有效。康德标准足以成功地证明一种价值的普遍性,但无法证明一种价值的必要性,无法保证人们选中的那些普遍价值确实是普遍好的,这个缺点也就是人们所批评的康德形式主义:形式好不等于内容好。与此相比,普遍模仿的检验标准显然能够有效控制价值的可能后果,能够确保一种普遍价值确实是普遍好的价值,只有普遍好的后果才能够真正保证一种价值的普遍必要性。普遍模仿检验标准所以能够控制策略的可能效果,关键在于它以普遍"关系"为定位,关系属于任何双方,而不属于个人,因此排除了单边主义产生的不良后果。这一点再次说明了以关系作为分析单位优于以个人作为分析单位。

3 由关系所定位的普遍必要价值

3.1 关系原则的哲学基础

普遍价值的意义在于，它有利于每个人追求和获得最大的可能幸福。普遍价值既然是普遍有效的，它所考虑的就是一切人与任何人的普遍关系。每个人的幸福都取决于他人，幸福和痛苦，都是他人给的，幸福是一个关系问题，因此，普遍价值必须落实为一种能够促进每个人幸福的合作关系，普遍价值同时也就是与他人共享幸福的原则。为此，我们需要构造一种能够解释普遍合作条件的"共在存在论"（ontology of coexistence）。

共在存在论以"共在"（coexistence）而不是以"存在"（existence）作为存在论的基本问题，因此与以"存在"为基本问题的存在论有着完全不同的问题结构和线索。共在存在论相信：（1）共在先于存在，并且，共在规定存在。无物能够因其自身而存在，他物永远是某物的存在条件，某物按照与他物的共存关系而形成其存在性质，因此，关系决定存在以及存在状况，给定什么样的关系，就形成什么样的存在。共在决定了任何存在都是某种相互存在。（2）既然共在决定存在，那么，存在就不是存在论的问题，共在才是。存在是关于某物问题的结束，当能够说出"某物存在"，就能够说出"某物如此这般地存在"，这不是对某物存在的提问，而是对某物存在的报告：某物是如此这般的。所以，当有理由说某物存在时，关于存在的问题就已经结束了。只有共在才是一个始终开放并且需要追问和解决的问题，共在是动态关系，只有人能够故意创造和选择这样而不是那样的共在关系，而故意选择了某种共在关系就是故意制造了一个问题。因此，共在存在论只与人有关，而与一般存在无关，也与自然事物的相互关系无关，自然事物的关系其实也是给定的存在状态。不能故意选择的关系不构成问题。因此（3）共在存在论是关于"事情"的哲学（philosophy of facts）而不是关于"事物"的哲学（philosophy of things）。事情是人造的，是行为结果（中国古典哲学称为"事"而区别于"物"，与西文factum之意相通）。所有事情都涉及他人，涉及他人的关系就是意义，他人正是事情的意义之源。

根据共在存在论，一种良好的共在关系必须是普遍受惠的关系，一种普遍价值必定是一种普遍受惠关系所能够定义的必要价值，于是，一种普遍有效的普遍主义就不可能是单边普遍主义，而只能是兼容普遍主义。普遍价值必须满足"无人被排挤"原则，这样才有资格成为普遍价值。

3.2 最重要的普遍必要价值

普遍受惠关系能够定义的普遍必要价值很多，其中最重要的至少有：公正、自由、和谐和仁义——这个组合当然是我的偏见，但我还是试图论证这个偏见是有道理的。公正是古今四海众望所归的基本价值，自由是源自西方文化的最重要价值，和谐和仁义则是源自中国文化的最重要价值。这些价值所以特别重要，是因为它们都是关于人类生活的元定理，是解释其他各种价值所需的基准价值。

公正意味着理性正确的相互对等性——我的这个理解与古典公正一致，但与现代对公正的理解不太一致。公正在古代中国被称为天理，西方称之为自然正确原则，其中的道理相通，都意味着，既然事物天然各有不同（不齐），那么每种事物都必须被不同地正确对待，使一切事物各得其所、各得所值、各得所应得。公正原则在不同问题上有各种具体表现，比如惩恶的对称报应原则，一视同仁原则，这都是法律的根据；付出与收益的对称原则，这是利益分配原则；公平竞争原则和程序公正原则，这是社会游戏的规则；公正原则还特别表现为行为总原则的"金规则"，即一切人之间互相对待的一般原则。

传统的金规则的各种版本都存在一个严重的局限性而不能充分表达公正。基督教的金规则"你若不愿意别人对你这样做，你就不应当对别人这样做"或与之等价的孔子原则"己所不欲，勿施于人"，虽然充满善意，但其"由己及人"的方法论隐藏着主体观点的霸权，其思维出发点是"自己"，只考虑到我不想要的东西不要强加于人，却没有考虑他人真正想要的是什么，这意味着，只有我才有权利判断什么东西是普遍可欲的和什么事情是应该做的,我的理性和意志可以单方面决定普遍价值,这就是主体性的霸权。取消他人的价值决定权违反了普遍价值的"无人被排挤"原则,是所有他人不可接受的,而别人不接受的原则就是无效原则。当把他人观点考虑在内并且理解为与我的观点对等的观点,金规则就必须修改为"人所不欲勿施于人"。这个新版金规则把"由己及人"的方法论转换为"由人至人"的方法论,效果完全不同了:在"由己及人"的方法论中,"我"的眼界是唯一眼界,而"由人至人"的方法论则包含了逻辑上所有可能的眼界,这样才能够尊重每个人而满足"无人被排挤"原则。关于新版金规则"人所不欲勿施于人",我早有更详细的论证[1],在此不述。

自由意味着对每个人的个人权利的尊重,重要性不言而喻。自由是个人权利的实质,而个人权利是对自由的落实。在这里,自由大致指的是贡斯当所说的与"古代人的自由"不同的"现代人的自由"。[2]伯林把贡斯当的两种自由进一步改造成"消极自由"和"积极自由"。[3]伯林的两种自由十分著名,但区分得有些生硬,反而产

---

[1] 参见赵汀阳:《论道德金规则的最佳可能方案》,载于《中国社会科学》2005年第3期。
[2] 参见贡斯当:《古代人的自由与现代人的自由》,阎克文、刘满贵译,商务印书馆1999年版,第26页。
[3] 参见伯林:《自由论》,胡传胜译,译林出版社2003年版,第200页。

生误导。这里所理解的自由基本上采用更为周全的麦卡伦自由公式：某人x摆脱了妨碍性条件y而可以做他想做的事情z。[1]正如麦卡伦表明的，自由其实是不可分的，硬切分为积极自由和消极自由并不恰当。真实情况是，消极自由是积极自由的必要条件，没有消极自由就不可能有积极自由，而积极自由正是消极自由的一个用处，消极自由必须包含积极自由，否则消极自由无以致用，自由也就无意义了。从逻辑上说，自由的完整意义可以表达为这样的结构：({x做某事z}是免于约束y的)，可以看出，消极自由（免于约束y）必定内置地包含积极自由{x做某事z}，否则自由的意义不完整，因此就没有单纯的消极自由。不过，伯林着重强调消极自由在于"免于被强制"，这一点很重要。因此，综合麦卡伦和伯林观点的优势，可以把自由定义为：({x做某事z}是免于他人或权力机构的强制y的)。这个改进版的自由公式应该比较清楚地表明了自由的含义。

表面上看，自由是从个人角度去定义的事情，似乎考虑的是：对于一个人来说，如果他是自由的，那么他就免于被强制而可以做想做的事情。在仅仅考虑个人时，自由当然多多益善，以个人为准的自由没有边界，但是当他人在场，自由的形势就发生根本变化，他人的存在

---

[1] MacCallum: "Negative and positive freedom", *Philosophical Review*, Vol. 76, 1967, pp.312-334.

是自由的约束，他人的自由就是我的自由的边界，因此，实际上的自由不可能最大化，必须通过制度把自由转换为权利才能获得实质的自由。在这个意义上，权利就是我与他人共同定义和承认的有边界的自由空间，或者说，人们的相互关系所定义的有限自由就是权利。尽管自由属于个人，但由于每个人的自由与他人的自由是冲突的，因此，个人自由的兑现形式却是关系性的，自由作为普遍价值的合法性终究无法在个人身上获得证明，而只能通过相互关系被证明。这说明，即使是自由这样的个人化的普遍价值归根到底还是只能由关系去定义和证明。

和谐是最优化的合作。和谐很容易被曲解为一种消极和平主义原则，无非是弱化冲突、避免冲突或回避冲突的策略。和谐当然包含了避免冲突的和平主义，但这只是和谐的一种比较次要的含义。根本上说，和谐是一种积极价值，意味着积极解决矛盾和冲突的合作原则，如果不是这样的话，和谐就没有重要意义了。很明显，避免冲突只不过是消极地回避矛盾而不是解决矛盾，而矛盾和冲突是不可能通过回避去解决的，甚至往往无法回避，因此，对和谐的消极理解会导致把和谐歪曲为掩盖矛盾的策略。先秦的"和同"之辩就是关于和谐到底是消极策略还是积极策略的最早争论，不喜欢不同意见的君主试图把和谐解释为"同"，就是试图把和谐变成掩盖矛盾和冲突的方式，对此，当时的学者就进行了拨乱反正的反驳，清楚地把和谐定义为不同事物之间的积极合作方式。[1]令人遗憾的是，至今仍然有人试图假借和谐之名去掩盖矛盾和冲突，以为屏蔽了不同意见就是和谐，这是非常有害的。

这里我想重申关于古典和谐原则的一种当代理解。和谐原则的关键是：（1）事物的多样性是每个事物能够生存的必要条件。一种事物单靠自身不可能生存，而必须与另一些事物互相配合而共存，于是，共存（co-existence）先于存在（existence），共存是存在的先决条件。（2）各种事物只有互相配合才能使每个事物达到其最优状态，同样，人之间的互惠关系将使每个人的利益都获得改善。和谐的基本精神就是兼容合作。于是，和谐策略意味着：某一方X要获得利益改进x+，当且仅当，另一方Y必定同时获得利益改进y+，反之亦然。于是，促成x+的出现是Y的优选策略，因为Y为了达到y+就不得不承认并促成x+，反之亦然。由此，和谐策略可以理解为一个普遍而强化的帕累托改善，它能够解决一般的帕累托改善所无法解决的问题，所以和谐是普遍最优的合作，只有和谐策略才能产生人人满意的普遍受惠的利益改进。我愿意将和谐策略称为"孔子改善"以纪念孔子的一个简练而优美的表述。[2]

仁义是关于义务的价值。虽然仁义的概念众所周知，

---

〔1〕参见《左传·昭公二十年》《晏子春秋·外篇第五》《国语·郑语》。
〔2〕孔子的原始表述是："己欲立而立人，己欲达而达人。"见《论语·雍也》。

但其实一直没有精确的学术定义。从直接的意义看，仁意味着任意两人之间普遍有效的良好关系。根据古典儒家如孔孟等的用法可知，仁属于人心概念，因此，仁的比较完整的意义是：任意两人的人心之间普遍有效的良好关系，或者说，仁是良好的心心关系。同样根据孔孟，仁是人所以为人的人性，以至于如果"不仁"就在道德概念上不是人而归入禽兽，由此可知孔子关于仁者"爱人"以及"唯仁者能好人能恶人"[1]的深刻含义。仁的本质在于能够把人当人，并且仁者只爱那些能够把人当人的人，而把人当人的人就是愿意与人共建良好关系的人。这其中存在一个互动结构：互相把人当人的关系就是人成为人的条件。孔子正是以仁的概念所蕴含的循环意义制造了人对人的绝对价值的证明，以人之间的最好关系证明了人的至尊性，而无须借助人之外的条件，这或许是儒家思想不需要神的一个原因。

由仁的概念可以看出，正是人互相把人当人的关系创造了人的绝对价值。但作为心心关系的仁需要事实证明，仁的实证方式就是义，没有落实为义举的仁就没有意义。义就是以实际行动与他人共命运，每个人的命运都掌握在他人手里，他人就是我们的命运，他人就是我的存在条件。任何人的命运都是由人之间的关系所定义的，每个人都需要他人的帮助和成全，对人以仁的他人

---

[1]《论语·颜渊》《论语·里仁》。

就是恩人，在他人之外无拯救，在人间之外无拯救，只有人能够救人。互相帮助的唯一可能性，或者说互相拯救的可能性的唯一性，表明了互相拯救的先验义务——唯一性就具有先验性，所以人对他人就负有义不容辞的做人责任，这意味着，当他人遇到无法克服的困难，我们就有先验义务去帮助他人，这是义的概念要说明的一般做人义务。这种具有形而上学性质的人类一般义务是义的第一含义。

另外，义还意味着一种特殊的语境义务，属于后验义务，可以表达为：如果a无条件地帮助了b，并且如果b自愿接受了a的帮助，那么，b就因此有了在a需要的情况下帮助a的义务。人们在生活中判断一个人是否有情有义或是否"仗义"，通常就是根据这一标准。由特定关系所定义的特殊义务是义的第二含义，虽然是后验的，但也是必然义务，违背这个义务就是不仗义。

从理论上看，仁义价值对于构造一个全面的普遍价值观极其重要，仁义强调的是人对人的义务，包括人的先验义务和后验义务，即人义（human duties）。人义与人权（human rights）形成了结构-价值平衡。如果从根本上说，人义在逻辑上必然蕴含人权，而人权并不必然蕴含人义。其中的秘密在于，人义的生效单位是相互关系而人权的生效单位是个人，相互关系总是共轭的，因此，对他人的人义必定在逻辑上承诺了他人的人权，而个人存在是单子式的，尽管个人会承认每个人都有人权（单子有着相等的性质），但个人作为生效单位的存在论设定已经必然注定一个人自己的人权具有绝对优先性，因此并不必然蕴含对他人的人义。所以，虽然在价值上人义与人权是并列关系，但在形而上学或逻辑上，人义比人权更基本，人义是人权的真正逻辑基础。如果只有人权而没有人义，或如果权利优先于义务，这种价值失衡必定破坏公正，最终使权利和义务都得不到保证。

可以看出，没有自由，每个人就可能被迫害；没有仁义，每个人就可能无助。避免迫害和获得救助正是生活的两大需要。如果说自由试图解决"我的权利怎样才能得到保护"的问题，那么，仁义则试图解决"我将与他人共享什么"的问题。同样，就像自由与仁义的互相配合，公正与和谐也构成一种互相配合，公正保证每个人能够得到自己应得的利益，而和谐则保证冲突最小化和合作最大化。这就是公正、和谐、自由、仁义成为普遍必要四大价值的理由。

（原载《世界哲学》2009年第6期）

{ 四 }

有轨电车的道德分叉

1 共同生活

伦理两难困境常见于忠义或忠孝、情义或情理"不能两全"的种种传统故事,那些故事与其说塑造了悲壮的榜样,不如说留下了悲壮的问题。两难困局也是古希腊悲剧的主题之一,古希腊悲剧研究的是压倒人的命运,而两难困局最具命运感,在其中,人无法对抗必然性也无法处理偶然性。伦理两难也是哲学反复争论的焦点,许多哲学家试图解决这个难题而至今未果,更多的哲学家把它看成难以破解的存档疑案,虽无可奈何却始终耿耿于怀。人类思想包含许多悖论或自相矛盾的疑惑,在诸多悖论类的问题之中,伦理两难困局的难度并非最大(逻辑和数学的悖论可能在技术上是难度最大的),却后果严重,它总是涉及生死存亡或者直接危及生活的意义。对于其他类型的悖论,比如逻辑悖论或语义悖论,在思想无法找到出路时，我们可以启动"不思"的思想自我保护功能，将悖论加以悬隔，不理它就混过去了。可是伦理两难却混不过去，无论我们是否给予回应，都将直接破坏生活的意义，就是说，回避问题在此无效，只此一点就足够严重了。

在此重审此案的目的不敢说是为了破案（必须承认，有些疑案是永远破不了的），而是试图通过重新分析此案去说明，伦理学发展到了现代是如何作茧自缚的，以至于把一些并非悖论的问题自我强化为悖论。伦理学如此发展为一种精神的自我折磨，恐非伦理学的本意。伦理学试图思考如何"与他人共同生活"的问题，这是一切生活的基本条件。共同生活这个既定事实已经给定了伦理行为的互动性，可是现代伦理学却又把个人看作价值自决的绝对主体，即康德推崇的具有自觉自决性（autonomy）的道德立法主体，于是，个人不仅要对私人生活做出价值判断，还要借助理性为共同生活做出价值判断，目标虽然宏伟，可问题是，理性至多能够消除思想分歧，却不可能消除精神分歧，而道德困惑正是由精神分歧所导致，在理性上很无助。现代性形成了现代伦理学自身的精神障碍，而使许多本来只是难解的困境好像变成了无解的悖论。我们不期望能够解决伦理悖论，仅仅试图从作茧自缚的困境中脱困。

伦理学的全部意义基于其存在论前提：共同生活或共在状态。这一点预先决定了伦理空间是关系性的：一致性、共享性和互动性。在私人生活中,如果一个人说"我认为我的生活方式是好的",无论他的生活方式看起来多么奇怪,他的自决判断都不是精神障碍,而且,如果他的生活方式没有干涉他人的生活,那么,其他人可以反感他的古怪生活,却在伦理学上无权加以谴责。不过,什么行为算是对他人生活形成"干涉",这是个缺乏共识而难以界定的概念(比如说,吸毒看起来属于私人生活,但同时也干涉了共同生活)。这意味着,伦理学难以建立一种封闭边界,在其模糊边界上始终存在着许多开放性而有争议余地的问题。尽管伦理学缺乏清晰边界,但并非每一种越界行为都能够得到辩护,至少可以肯定,在未经集体同意的情况下试图把自己的主观意志推广为普遍伦理就是一种专制,哪怕他试图推广的是"自由",就是说,如果一个人认为"我的生活方式必须成为每个人的生活方式",这就无法接受了。严格地说,私人生活里的自由意志不构成伦理问题,在不涉及他人命运的情况下,私人生活的选择不需要他人同意,其中,个人意见与生活选择完全一致,自由意志与行为完全一致,"我意愿如此"与"如此是好的"在私人生活里是一致的。所有伦理问题都出现在共同生活中,都是关于如何共在的问题。即使我的伦理信念是理性的,试图从"我意愿如此"推论出"人人都应该如此"却是非理性的,落实在实践上就是伦理专制主义。

不难认出,"以我去推论人人"的伦理专制主义正是康德式启蒙哲学的普遍主义理想。如果这一点还不太令人吃惊的话，我愿意进一步说，这种启蒙伦理学是人的神学。反神学的启蒙运动其实并没有推翻神学，而是以人的神学替换了上帝的神学。人的神学是上帝神学的变异后裔，虽相貌不同，却遗传了一神论的思维方式和普遍主义的基因。现代几乎人人都喜欢人的神学，想到每个人都被认证为价值的全权主体，这可是皆大欢喜的事情。但随之而来的问题是，每个人的精神有所不同，信念有所不同，每个人的信念都是自己的神学，每个人的神学都与另一种神学同样神圣，那么，我们到底应该听谁的呢？假如每个人都只听从自己，公共生活就或变成废弃之地，或变成是非之地，而破坏公共生活对于人人都是一种无法承担的灾难。对于每个人来说，他人的信念和行为选择是个危险的坏消息，然而还有更坏的消息：个人拥有自决的价值选择，这个神圣的权利很快就会变成不堪重负的精神负担，个人自己会陷入各种伦理困局或悖论。如果一种生活有着足够丰富的内容，生活所需之诸种善就难免在某些情况下导致无法调和的冲突，这是伦理两难的根源。在传统的伦理语境里，两难选择虽然痛苦但尚有共识聊以安慰，而在现代的伦理语境里，两难选择不仅痛苦而且茫然，甚至关于善的概念都不再有共识。

既然生活失去了共识，任何伦理观点就成为需要被审问的问题，而不再是判断的依据。正是分歧的伦理观点导致了伦理问题，所以，在伦理问题上无法使用伦理观点去解决问题——此种自相关是无效的——而必须将伦理观点加以悬隔，让问题暴露得更加彻底，更加单纯清楚。共同生活在实质上是一个存在论问题，而生存先于伦理，因此，只有能够满足人的共在需要的理性原则才能够成为共同生活的价值原则，或者说，道德的依据只能来自存在论的行为逻辑。当意识到我们的行为是在选择共同的命运，就必须追问：这样做，行吗？这样做，别人同意吗？其中的存在论逻辑是，如果存在的意义"分析地"蕴含于存在本身之中，那么，存在就是为了继续存在，因此，为了能够有效地继续存在，存在就必须善在（to be is to be good）。既然存在总是必须与他人共在，因此，善在就只能与他人一起善在，这意味着，共在是存在的先验条件。[1]由此可以推知：如果一种伦理选择能够成为一个普遍原则，它必须有利于共同生活；假如一个伦理选择包含某种不得已的错误，那么，至少必须保证其维护共同生活的作用大于破坏共同生活的副作用。于是，在分析伦理两难时，必须考虑的不仅仅是个人的不得已选择给自己造成的道德感创伤，更需要考虑的是一个不得已的选择对于共同生活的预后效果，特别是一个不得已的选择是否会对共同生活原则的信任造成严重创伤。文明的创伤比个人心理创伤更严重。

---

[1] 赵汀阳：《第一哲学的支点》，生活·读书·新知三联书店2013年版，第三部分第3节、第5节。

2 伦理两难

关于伦理两难,我曾在《论可能生活》中论证说:只要一种生活需要两个以上的道德原则,而生活的可能情景无穷多,那么必定存在足以导致道德无法两全的可能性。也可以更准确地说,生活所需之诸多道德原则中,如果至少有两个原则无法形成线性价值排序,而是并列重要的或循环的,那么伦理两难就无法避免。伦理两难对道德原则的挑战在于它说明了道德原则终究难以自洽地解释生活。正如伊格尔顿所言:"在某些情形下,人不可能全身而退。只要情况足够极端,每一种道德原则都将在接缝处解体。"[1]道德原则真的会因极端情况而解体吗?恐怕难以抽象断定,确实要看情况是否"足够极端",而且也因人而异。从长时段的事实来看,尽管生活的恶劣情景不断摧残道德原则,但人类仍然信任千疮百孔的道德原则——尽管未必信任人性。不相信人而仍然相信文明,这个顽强的事实意味深长。"足够极端"的情况确实是道德处理不了的问题,但存在着道德无力应对的情况并不必然导致道德原则的崩溃。虽然道德系统包含内在矛盾,可生活同样充满冲突,两者之间反倒有着呼应。正因为道德系统内部存在着道德分叉路径而具有弹性,才得以应付多变的生活。

---

[1] 伊格尔顿:《人生的意义》,朱新伟译,译林出版社2012年版,第10页。

伦理的分叉首先是因为存在着时间的分叉。每个"此时"前面都是分叉的时间，是由多种可能性构成的未来，人在每个时间单位里只能选择一种可能性而无法同时选择两种及以上的可能性，因此，选择某种未来，或者说，对多种可能性的取舍，就成为存在论的根本问题，这个存在论的条件是伦理学问题的基础，正是因为存在着多种可能性，才得以产生贪婪、无私、公正、公平、牺牲、卑鄙、高尚等超自然现象。在别无选择的自然状态下，自私即自然，一切道德概念都无所指。在共同生活的存在状态里，每个人的选择都直接或间接地干涉到他人的未来，于是，时间的分叉变成了道德的分叉。如果遇到极端情况，假如人们没有因此退化为自然状态，伦理两难就不可避免。当事人必须进行选择，必须有一个不得已的"解决"。为了比较清楚地分析伦理两难的可能解决方式，我们需要明确以下条件：

（1）对于伦理两难，不做选择也是一种选择，听天由命不是有效遁词。

（2）不存在奇迹（文学作品在解决伦理两难时往往让奇迹发生而消除了两难处境，这等于取消了问题，所以不考虑奇迹）。

（3）至少涉及在价值上几乎不相上下的两个道德原则而形成价值排序的明显困难。

（4）当事人没有条件以自我牺牲为伦理两难解困。在自己和他人生命之间进行选择虽是极端难题，却不是两难。舍生取义是极致高尚，比两难的任何选择都高尚得多，但它不是伦理两难的答案。

可以先分析一个非标准的伦理两难案例：赵氏孤儿的故事。晋大夫屠岸贾杀戮赵氏一门，赵氏门客公孙杵臼与赵氏挚友程婴合谋拯救赵氏孤儿，公孙杵臼牺牲自己的生命，程婴以调包计牺牲了自己的儿子。这个青史留名的高尚故事其实并没有构成标准的伦理两难，因为在古代社会，自己的儿子至少被看作半属于自己的生命，牺牲儿子也就半属于自我牺牲。按照上述的严格标准，只有在自我牺牲之外的两难处境才是标准的伦理两难。

这里准备讨论一个流行的伦理两难：有轨电车困境（The Trolley Problem）。这个伦理两难的最早版本来自富特[1]，后来汤姆森和桑德尔等人又增加了几个变种版本，但那些变种版本的严肃性都不及原版[2]，因此，这里我们采用更具困境精神的原始版本：一辆有轨电车刹车失灵，直行轨道上有5个不知情的工人，岔道上有1个工人，那

---

[1] Philippa Foot: *Virtues and vices and other essays in moral philosophy*, Oxford: Blackwell, 1978, p. 19.
[2] 桑德尔：《公正：该如何做是好？》，朱慧玲译，中信出版社2012年版，第22—24页。其中有一个颇为著名的有轨电车困境变种版本，里面增加了一个假设：有个旁观者发现了有轨电车已经失控，于是紧张地思考是否应该把旁边的一个陌生人从高处推下去挡住失控的电车而拯救5个工人。这个改编的版本不仅缺乏道德困境的严肃性，而且在场面设计上很幼稚。假如有人当真思考把旁人推下去阻挡电车，我们恐怕首先会怀疑他的精神状态是否正常而不是他的道德考虑是否正当。

么，司机应该如何选择？是听天由命按照原定的直行路线压死5个工人还是改道压死1个工人？产生争议的焦点是，改道压死1个人以拯救5个人的"功利主义选择"是否真的更好？功利主义选择其实也是多数人的自然选择，甚至是不假思索的本能反应，并非听说了功利主义之后才习得的准则。记不清何时何地，有个类似情景的新闻报道：刹车失控的汽车选择了撞向道路人少的一边，诸如此类。这似乎意味着，在伦理两难面前，更多的人会自然而然地采取功利主义的"数学算法"去做出不得已的选择。

除了数量比较的数学算法，还有另一些与文化观念有关的价值算法，比如让妇女儿童优先生存。这也是一种共识，尽管并非每个人都同意。据说泰坦尼克号事件就采用了这个标准，但如果在一个重男轻女的社会里，也可能男孩优先——电影《唐山大地震》中对伦理两难就做出了如此选择。违背数量算法的价值选择在当代更被推崇，例如电影《拯救大兵瑞恩》就选择了让许多人战死去拯救一个人。在道德无法两全的情况下，人们就会去想象某种算法，寻找在伦理之外的某种加分理由，比如政治的理由，宗教的理由，或者美学的理由，诸如此类。尽管这些理由未必经得起推敲和质问，但在真实情景里，人们没有时间也没有必要去层层追问什么才是无懈可击的理由，而仅仅需要一个在特定语境里相对合理的理由。这个有缺陷的事实并不意味着道德失效，相反，人们永远保持着对道德的敬意。人做出不得已的选择，只是因为不选择往往是更差的选择。

每个人都是具体的存在，人的具体性包含着大量意义和信息，在伦理两难的真实情景中，人的具体性是人做出判断和选择的决定性理由，而且，基于人的具体性的选择理由并不一定是私心杂念，而往往代表着某种久经考验的文化传统。只有当屏蔽了人的具体性，一切社会关系和文化负荷都消于无形，人被简化为一个数目，才只好进行抽象计算。有轨电车困境正是屏蔽了人的具体性，不知男女老少，不知远近亲疏，只剩下抽象的人，或数字化的人，也就没有理由可以抱怨"一般人"采用功利主义的数量比较算法。假如司机选择牺牲1人而拯救5人，恐怕仅仅是想到这个"功利的"选择在数学上比较合算，因为实在没有别的指标可以参考。在数字化的条件下，数学化的解决方案就是合乎理性的，相反的选择才是难以置信的。当然，问题没完。

3 算法问题与哲学的矫情

据说始于苏格拉底的哲学追问方式因其穷追不舍而令人厌烦，且有破坏信念和共识之弊，但哲学追问并非没有思想上的道理，在很多情况下，人们确实不知道自己相信的是什么。不过，在进行哲学分析之前，我们最好注意到两个对哲学不利的情况：（1）即使哲学成功地论证了哪个理由在道德上更有道理，而且人们也知道了这个论证，但在实际选择的时候，人们却未必听从伦理学论证，这并非因为人们不讲理，而是因为生活的理由远远不止有哲学的，政治的、宗教的、美学的理由同样强劲有力。即使在理论上，也难以证明哲学的理由总是高于其他理由。事实上，一个选择就是整个生活全部选择的缩影，选择一种行为意味着选择一种生活，而生活的理由必定是复合的理由，很少是单纯的伦理理由。（2）即使单就伦理而言，哲学的彻底追问也未必能够找到无懈可击的最终理由。人们在每个哲学问题上争论不休，这个事实证明了哲学尚未找到或从来没有找到过一个真正普遍必然的理由。我深深地疑心，伦理两难的困境是一种哲学的矫情，是生造出来的问题。生活中有许多痛苦的选择，但恐怕很少是严格的两难，而且，即便存在着严格的两难，争论也未必有意义。任何一个高尚或值得尊敬的道德原则，无论它是否足以解决问题，都比矫情的争论更有意义——这算是对苏格拉底的一个质疑。

没有算法就无以选择，这本来是个生活事实，但哲学有多种办法搞乱思维的任何一种算法。仅就伦理两难的问题而言，搞乱算法的主要表现是取消事物之间的不等式。绝大多数事物都是不相等的，任何选择都基于不等式，如果不存在不等式，就无法比较、衡量和取舍。在这个意义上，有轨电车困境并非一个严格的伦理两难——这个案例成为争论焦点很是奇怪，它既不动人，也不符合严格两难的标准。真正无法抉择的两难选项必须具有对等性，至少是主观感觉上的对等性，但不是相同性，不是让布里丹之驴不知所措的两堆"同样的"草料，而是鱼和熊掌那样难以取舍的对等性。假如有轨电车困境里的两条轨道上各有1人，就变成严格两难了。有轨电车困境被设计成一个缺乏对等性的状态，必定另有深意，也许它试图说明，有些不等式并不能构成抉择的理由。这倒是一个有趣的问题。

事物越具体，可比较的不等式就越多。假如有轨电车困境的人物是具体的，比如岔道上的那个人是儿童或年轻姑娘，而直行道上的5个人都是老男人，有些人的选择就会变得较为犹豫；假如岔道上是自己的亲友，恐怕多数人就亲情为上了。当然，数量的比例对选择也并非没有影响，假如直行轨道上不是5人而是15人，多数人恐怕就义无反顾了。人的实际选择总是具体地综合计算了方方面面的不等式，即使没有一个选择是好的，但仍然存在着某种权宜算法，这与正当性无关，而与合理性相关。

对功利主义的"经济学"选择，有批评者认为，拯救5人的正当性不能证明牺牲1人的正当性。这个观点虽然正确，却文不对题，因为功利主义不可能认为牺牲1人比牺牲5人更为正当，而是认为，无论牺牲5人还是1人都是不正当的，但牺牲1人去拯救5人是合算的，也就是"两害相权取其轻"的算法。虽然这种经济学的选择缺乏道德价值，但假如排斥经济学的选择，其结果却更可能是一个伦理学灾难。当哲学实验取消了事物的具体性，所有人都是无面目、无关系的抽象人，人被还原为数目，只剩下经济学情景，也就只剩下数量算法这一途了，数量不等式就是唯一的参考指标。在这种给定条件下，去批评功利主义的经济学算法就是哲学的矫情。显然，既然数量不等式是唯一的参考，也就不存在所谓的两难了，除非有一种离奇的算术能够证明5=1。

令人吃惊的是，确实有一种价值算法能够证明5=1。只要引入无条件的人权概念就可以创造5=1的算法。假定每个人的生命都绝对至上，有着绝对优先性，超过一切其他价值而且不可比较，个人的价值大于或等于集体和国家，甚至大于或等于社会、文明和人类，这种现代人的神学就能够创造5=1的算法。至上的绝对性在"算法"里约等于无穷大，于是，5乘以无穷大就等于1乘以无穷大，两难就被制造出来了。人权的本意是肯定人的尊严和人的价值，开始时并非神学，但被绝对化的人权却被赋予了超出人的概念的神格，人权就变成了人的神学。无限性、绝对性和至上性的位格只属于一个能够与之相配的至高存在（神），如果一个有限的存在觊觎无限的位格，就是僭越和幻觉。显然，个人的有限性事实配不上无限性的概念，因此，人的神学是一个存在论谬误，它混淆了不同量级的存在。只有神的存在才是绝对至上超越一切的，而人的存在不得不依存于他人，因此，人的价值也无法超越与他人的关系而被定义，个人的价值里必定包含着与他人相关的价值，更准确地说，个人的价值至少部分地属于人类的概念而并不单纯属于个体。人的神学或许能够使人产生一种夜郎自大的满足感，却无力解决现实困境，反而平添许多思想困境。比如说，一旦相信了人权算法的5=1，思想就陷入不可救药的混乱。哲学的一种典型的矫情就是试图以人的想象代替人的真实性，或以某种人的概念代替人的存在论事实。

有轨电车困境还有一个被忽视然而非常重要的问题：哲学家们通常更关心司机是怎么想的，却相对忽视可能遇难的工人会怎么想。权且采用一种改写版的设想，假定工人们被恐怖分子绑在铁轨上无法脱身，进一步假定司机与工人之间能够沟通（有手机或者心有灵犀，请允许这种不太现实的假设），这样会遇到什么问题？会有什么结果？假定司机并非一个功利主义者，并不情愿把功利主义算法作为第一选择，但他毕竟是个理性主义者，因此也不排斥在不得已的情况下采取功利主义选择，于是，他非常可能想知道工人是怎么想的，以便在做出选择时有所参考。那么，他们之间的互动沟通会产生什么结果呢？

岔道的1个工人有两个选择：（1）自愿提出把希望留给直行道上的5人。这是一个明显的高尚选择。（2）要求救自己。这是求生本能，并非不道德，而是中性无辜。另一方面，假定直行道的5个工人心思一致，那么他们也同样有两个选择:(1)一致自愿把希望留给岔道上的1人。这个选择似乎过度高尚,反而不适合成为一个社会的普遍榜样,因为它蕴含不平等的混乱算法。(2)要求救自己。这是求生本能,中性无辜,外加功利主义多数原则的权重。

可以推想会有这样的互动结果:(1)假如两边工人都自愿把生存机会留给对方,那么,采取理性思维的司机最有可能选择拯救5人,因为除了多数原则,别无进行比较的理由。(2)假如两边工人都要求救自己,那么司机也只能选择救5人,理由同上。(3)1人要求救自己,5人自愿牺牲,那么,5人的高尚加上多数原则足以使司机义无反顾地选择救5人,因为,至少大多数人都默认一条道德元规则:道德选择不能用来损害更为高尚的人,就是说,好人应该加分,否则违背道德的意义。5人的高尚建议已经使其生命重如泰山。(4)5人要求被救,1人愿意牺牲自己。这是唯一可能令人纠结的情况,1个人重如泰山的高尚生命与5个人的多数生命之间形成令人犹豫的情形。我愿意相信,假如司机并无意识形态或价值观的先入之见,在瞬间电闪般地思考了各种哲学,到最后关头还是会选择拯救5人。在此,多数原则仍然是一个理由,但已经不是充分理由了,使天平倾斜的最后一个理由应该是另一条为多数人所默认的道德元规则:没有理由牺牲较多无辜的人去保护一个高尚的人。其中的要点是"无辜",显然,假如可以牺牲较多无辜的人去保护一个高尚的人，这种选择本身就反而变成不道德的，也违反了道德的本意，甚至违背高尚牺牲者本人的意愿。

根据以上分析，牺牲1人而拯救5人，这是一个相对合理的不得已选择，也是唯一有可能（并非必然）获得这个事件所有相关人一致同意的选择。但必须强调，这个不得已的选择的主要根据并非功利主义的"最大福利"算法，而是根据道德的"最少伤害"原则，这一点不可不察。因此，这个结果不能用来证明功利主义的正当性，只能反过来说，在这个特定情境里，功利主义的"最大福利"原则"碰巧"与"最少伤害"原则相吻合。

4　道德语法

许多伦理困局貌似难以决断，以至于被误以为是道德悖论，往往是因为我们只关注伦理规范之间的冲突状况，而没有进一步注意到在伦理规范背后还存在着道德语法，也就是前面所说的道德元规则，就是说，在伦理的"规范性"规则（normative rules）下面还存在着作为其深层结构的"语法性"规则（grammatical rules），那些语法性的规则就是用来对如何恰当使用伦理规范做出最后解释的元规则。比如，不许说谎、不许偷窃、不许杀人，等等，这些是针对行为的伦理规范，可是这些规范本身无法说明在什么条件下可以被运用或者不可被运用，或者说，伦理规范无力解释或证明自身的合理性。如何运用任何一条伦理规范都是有条件的,没有一条伦理规范可以无条件普遍适用,比如说,可以对杀人犯说谎以拯救无辜者的生命,可以偷窃杀人犯的枪使其无法杀人,可以打死杀人犯而阻止他的屠杀行为。如果在这些情景下仍然坚持无条件地使用伦理规范,这反而是反道德的,而且是典型的伪善,是教条主义的伪高尚。伦理规范既然本身无法自证,就必须由道德语法来具体灵活地解释。

伦理规范与道德语法的关系类似于法律的条文与法律元规则之间的关系。法律条款的内容因时而变,但法律无论如何不可违背作为元规则的正义原则。德沃金曾经深入讨论了构成法律本体的元规则问题,并且举出了一条堪称典范的元规则:任何人都不得从其错误行为中获得利益。[1]法律只涉及与犯罪有关的问题,而道德则涉及人类的整个共同生活,因此,道德语法必定包含着与人类的复杂生活同样复杂的元规则。也许难以清点罗列出构成完整道德语法的众多元规则(这需要大量的研究),或者说,我们尚未能够确定道德语法到底有多少条元规则(或许并非很多也未可知),但某些元规则几乎众所周知,例如孔子的两个纲领原则(己所不欲,勿施于人;己欲立而立人,己欲达而达人)、《圣经》的金规则、康德的绝对命令,等等,这些都是充当道德语法的元规

---

[1] 德沃金:《法律帝国》,李常青译,中国大百科全书出版社1996年版,第14—19页。

则。当然，并非每一条道德元规则都绝无漏洞，人们在设定元规则时总会受到特定社会背景的影响，未必会有超时空的洞见而创作出永远普遍有效的元规则，但这不属于此处讨论的问题（我在别处讨论过一些元规则的漏洞，比如金规则的漏洞，在此不论）。我们需要明确的是：伦理规范不是普遍有效的，它是否有效取决于情境；而一条规范具体适用于什么情境，是由道德语法确定的，这意味着，道德语法必须是普遍有效的。在道德语法中，也许最重要的是它的"构成性"规则，这种构成性规则可以用于判别任何一条道德元规则是否普遍有效。我论证过一条构成性规则：普遍模仿测试。[1]简单地说，如果一种行为被人们普遍模仿而普遍获得正面回报，那么意味着这是普遍有效的道德行为；如果一种行为被人们普遍模仿而普遍获得负面报复，那么意味着这是反道德行为。

从道德语法的维度去分析伦理学问题，可以看到身处伦理规范维度中所看不到的效果：许多发生在伦理规范层面的两难其实是可解的——但假如某个伦理两难发生在道德语法维度，就可能真的无解了（这个问题尚有待研究）。发生在伦理规范维度的两难之所以貌似无解，只是因为我们把每一条伦理规范刻板地理解为无条件的

---

[1] 参见赵汀阳：《第一哲学的支点》，生活·读书·新知三联书店2013年版，第247—261页；或者《天下的当代性》，中信出版社2016年版，第31—39页。

和普遍的，因而拒绝了灵活解释和有条件的运用，结果是自入其瓮，自我锁死。墨守规范本身（所谓墨守成规）正是道德语法的一种谬误，它把仅仅属于元规则的普遍性错位地赋予每一条规范，可是每条规范又不可能无条件地与其他规范形成相容关系，势必导致无数两难而使生活寸步难行。深层的道德语法并非新问题，无论苏格拉底、孔子还是老子，都早已发现了隐藏在规范背后的道德语法问题。

仅就有轨电车困境而言，如果把救人和不许杀人这两条规范看成是无条件的，当然就是无解的。这种作茧自缚的理解不仅无法避免两难处境导致的悲剧，反而还会导致人类生活、社会或文明的整体性灾难，它会诱导人们以无可变通的思维方式去"发现"无数两难困境而导致精神和生活秩序无法承担的混乱，进而走向崩溃。假如真的把任何一条伦理规范看成是绝对的和无条件的，那么，几乎所有的政治行为、经济制度、情感关系和美学观点都将变得不可接受，比如说，哪怕是保家卫国的正义战争也会被规范主义者看成是罪行。也许战争问题过于复杂和严重，那么可以考虑日常生活的情况，比如说，把"说真话"的规范理解为绝对的和无条件的，那么，说真话就会变成恐怖行为，你将经常听到别人对你说你的智商多么低或者你长得多么丑，而如果此种行为得到普遍模仿，每个人的生活都将变成灾难。还比如说，如果伦理规范被无条件地滥用，即使被现代人视为政治正当的民主也会被视为伦理不正当，因为民主所决定的许多利益分配方案都是"损人利己"而不是普惠的。

5　为什么有轨电车困境毫无动人之处？

有轨电车困境剥夺了人的具体性，因此无法构成一个得以反思命运的悲剧，而只是一个生硬又矫情的悲惨故事而已，它没有能够增进我们对命运的理解，对生活和精神毫无教益。现代哲学退化到讨论这样的问题，这是另一个悲哀的故事。不妨想想，为什么赵氏孤儿的故事或者泰坦尼克号的故事永远让人感叹？也许我们无法在理论上无懈可击地证明这些故事中的道德选择是最合理的，但它们都是令人心生敬意的选择，其中有着一种悲剧性的教益，包含着值得思考的命运问题和生活意义，因此这些故事也得以长久流传，即使时过境迁，它们仍然包含着一些不会流逝的"可分享经验"（本雅明语），而这些可分享的经验使人们在精神共享之中团结在一起，成为"我们"。与此不同，有轨电车困境以及诸如此类的伦理困局一旦被理解为不可解决的道德悖论，就等于拒绝了关于共同命运的思考，不仅无法因此产生可分享的经验，反而变成一种分裂的力量，使"我们"分裂为不同意识形态旗下的"我与他"。假如伦理学的产品就是面目可憎、政治正确的教条，那要伦理学来干什么？伦理学真正需要追问的并不是那些"应该的"答案——应该之事都由生活和文化给定了——而要去反思任何应该之事是否真的应该,去追问在应该之事背后存在着什么问题,去反思到底什么对生活有意义。

做出一个行为不仅仅意味着在遵循一种伦理规则,而且是在选择一种完整的生活,这才是问题的关键所在。如前所述,决定一个人的行为选择的价值理由未必是伦理的,既然生活不仅仅是个伦理事实,同时也是美学、政治、经济、宗教和情感的事实,也就还有美学、政治、经济、宗教和情感的标准。以泰坦尼克号事件为例,男人们把生存的机会让给妇女儿童,这可能事关做人的美学形象;也可能是考虑到妇女是母亲,而儿童有更多的未来;还可能考虑到男性的道德责任,等等,总之它不是一个单纯的悲情故事,而是一个具有精神性的悲剧。

孔子知道道德的谜底。孔子深知,道德是基于普遍人情的文明秩序,就是说,道德以自然人情为本,而把其中普遍有益的人情加以普遍化而化成文明秩序,所谓圣人以人情为田而耕之[1],这意味着,自然人情是道德的生效条件,而普遍有益的人情是道德的目的。有个案例可见孔子之深思。孔子坚持"父为子隐,子为父隐"[2]的典故向有争议,但此类争议恐因误读而来。其实孔子并非支持以私废公,而是指出,保护普遍有益的人情才是

---

[1]《礼记·礼运》。
[2]《论语·子路》。

最大的公义。表面上看，普遍有益的人情和法律都是公义，因此，两者的冲突就似乎形成了两难，但孔子显然不认为这是两难，他的解决方式说明了道德语法的深意。

父子之情是普遍人情，若父子互相背叛，不仅破坏了具体的人际关系（具体某个家庭的父子关系）的可信性，同时也破坏了普遍人情的可信性。如以父子互相背叛为公例而人皆模仿之，整个社会将失去信任。信任是社会的第一基石，信任的崩溃意味着生活秩序和生活意义的崩溃。假如以法律之名激励亲人反目为仇，就是以一种公义去反对另一种公义，道德就变成了反道德。而如果父子相隐，这种行为虽然降低了法律的效率，却不至于颠覆法律的权威性和可信性，至多只是说明了父子之间的证词不可采信。相比之下，父子互相背叛可能颠覆道德，而父子相隐不会颠覆法律；父子互相背叛是道德元规则层面的根本错误，父子相隐只是伦理规范层面的具体情境问题，那么两害相权取其轻，这就是孔子的选择。无论如何，由父子相隐的主张并不能推出孔子支持违背法律，孔子没有直接说出的完整意思应该是：父子互相揭发罪行是不正当的（估计孔子会把不可背叛的关系从至亲推到朋友），但父或子自觉其错误而自首则是正当的，外人揭发其罪行也是正当的，并且，罪行一旦被侦破就必须接受法律的制裁。

假如让孔子来解决有轨电车困境，我猜想，孔子会认为：既然困境中人皆为没有情感关系的陌生人，那么，拯救5人明显胜过拯救1人,因为拯救更多的生命是一种普遍人情。孔子可能还会补充说,有轨电车困境根本不是一个伦理两难,而是伪装成伦理两难的技术灾难,因此,这个问题缺乏伦理学意义。

6 结论或注脚

伦理两难可被理解为人类文明的一个必然的副产品。人类文明追求比自然生存多得多的价值,可是,人类发明的那些价值却未能达到自然协调,更不是先验协调的,因此,人类的价值系统必定存在着某种内在的不一致性。在人类发展出文明社会之前,与所有的自然生命一样,都只遵循一个原则:生存。正如前面所讨论的,这是一个存在论的先验原理:存在的唯一本真意图就是继续存在。显而易见,当一个价值系统只包含一种价值标准时,就不可能产生任何自相矛盾、悖论或者两难。人类文明固然是人类存在的自身超越,它为人类的生存发明了丰富的价值,使生存演化为生活,同时也因为价值系统包含了复杂多样的价值而使生活充满内在矛盾,伦理两难正是其中一种结果。

相对于自然生存的存在价值而言,在文明所发明的多种价值中,有不少价值都是超越性的,即超越了个体生命的生存价值。那些超越性的价值改变了人类的存在方式和意义,其中最具根本性的变化是:共在先于存在成为存在的自觉意识。这是一个存在论水平上的变化，于是，生命的目的超出生存而演化出生活的意义，甚至发展出难以解释的自我牺牲的高尚道德（动物也有为了集体的牺牲行为，但不是自觉的"自我牺牲"）。

人类终究智力有限，在创造文明时只能考虑到哪些价值是生活所需，却没有足够的能力将所需的众多价值加以协调安排。按照莱布尼茨的理解，把多种事物安排在"共可能的"（compossible）稳定秩序中，这可是属于上帝的能力。但人类也另有妙计，虽无力为生活创造"先定和谐"，却能够运作"动态共可能"的实践，相当于《易经》或老子主张的道之变通运作，尽管缺乏稳定性，却也是一种有效的操作。在实际效果上，通常表现为并列重要的各种价值之间的动态互相制约或互相让步，这意味着，没有一种价值能够被充分实现，而只能有条件地部分实现。正如所见的事实，公正、公平、仁义、平等、自由、民主、博爱等价值都因为互相限制而只能部分实现，然而重要的是，正因为这些价值在互相限制的实践中都大打折扣，才不至于在互相矛盾中崩溃。这就是人类消解两难选择的妙计。

所以，严格的伦理两难其实难得一见，只有"极端情况"才可能产生严格的伦理两难，即一个困境中的任何一种选择都必然导致同等的罪恶。比较常见的道德困境只是近似两难，通常表现为情义或情理之间的两难，此种困境中的任何一种选择也必然导致某种罪恶，但之所以只是"近似两难",就在于不同选择所导致的罪恶并非绝对不可比较,而只是令人痛苦的比较。另有一种非严肃的两难,典型模式是"鱼和熊掌"之不可兼得,此种两难所以是不严肃的,是因为它与任何牺牲都毫无关系,也不会导致任何罪恶,而只是使人在两种利益之间难以取舍、斤斤计较、患得患失,因此这种两难毫无伦理意义,甚至没有美学意义。最后还有一种伪装的两难,例如有轨电车困境,根据我们的讨论,它其实是一个灾难,并非两难。

(原载《哲学研究》2015年第5期)

{五}

无处幸免状态和苦难之问

这篇文章写于新冠疫情初期,新冠疫情事件虽已时过境迁,但这里涉及的问题并没有时过境迁,依然是问题,新冠疫情事件故而转化为一个隐喻。

1 突然的无处幸免

2020年的新冠病毒全球大流行,迅速使病毒时刻成为政治时刻、社会时刻、经济时刻和历史时刻,甚至被认为可能会成为历史的分水岭,如T.弗里德曼认为,历史可被分为"新冠前"和"新冠后"[1],见惯兴衰的基辛格也认为病毒"带来的政治与经济剧变可能持续几代人",

---

[1] 托马斯·弗里德曼:《新冠肺炎是新的历史分期的起点》,田好奇译,见"雅理读书"公众号:2020年3月20日。

甚至"永远改变世界秩序"。[1]此类预测流露了一种真实的心理预感，即世界要变天。罗伯特·席勒的看法另有一种历史社会学的视角："我将疫情视为一个故事、一种叙事。新冠病毒自身可以作为一个故事传播。""叙事也会像病毒一样具有传染性。如果一个故事主导舆论场好几年，就会像一场流行病一样改变许多东西。"[2]

但病毒时刻还尚未见分晓，仍在不确定性中演化，因为病毒时刻是否真的成为划时代的时刻，取决于世界的后继行动和态度。答案一半在病毒手里，另一半在人类手里，而病毒和人类行动都是难以预定的"无理数"。在这里暂且不追问答案，也无能力预知答案，还是先来分析病毒时刻提出的问题。

认为病毒时刻是"史诗级"的巨变或"历史分水岭"，这些文学形容需要明确的参照系才能够明辨。假如以最少争议的划时代事件作为参考尺度，或可进行量级比较。历史上最重大的事情无过于改变生活、生产或思想能力的发明与发现，比如文字、车轮、农业、工业、逻辑、微积分、相对论、量子力学、疫苗、抗生素、互联网、基因技术、人工智能等；或者精神的发明，比如大型宗教、古希腊哲学、先秦思想等；或者政治革命，如法国

---

[1] 基辛格：《新冠病毒大流行将永远改变世界秩序》，载于《华尔街日报》：2020年4月3日。田飞龙译，见"清音法思"公众号：2020年4月5日。
[2] 罗伯特·席勒：《担心把这次衰退想得过于严重》。见"澎湃新闻"网站：2020年4月13日。

大革命和十月革命；或者大规模战争，如第二次世界大战；或者经济巨变，如地理大发现、资本主义、全球化市场和美元体系。按照这个粗略的参照系来做比较，除非后续出现始料未及的政治或精神巨变，否则新冠病毒事件本身并不具备如此巨变的能量，但据经济学家估计，或许足以造成类似1929—1933年那样的经济大萧条。

还可以换个分析框架或历史标准来看病毒时刻。布罗代尔的三个时段标准是一个有说明力的选项。"事件"有着暂时性，相当于历史时间之流的短时段波浪，那么，什么样的波浪能够波及在历史时间中足以形成"大势"的中时段甚至触及稳定"结构"的长时段深水层？几乎可以肯定，新冠病毒大流行的影响力超过了短时段的事件，或有可能形成某种中时段的大势。如果真的能够决定数十年的大势，那就很令人惊悚了。假如新冠病毒大流行只是造成经济大萧条级别的后果，似乎仍然属于事件的范畴，尽管是特大事件，但还不足以形成大势；假如它导致了政治格局的改变，那就是大势了。这个大势出现的可能性虽然风雷隐隐，但尚未形成充分必然的理由，我们还需要考虑到来自长时段既定"结构"的阻力。文明、社会和思想的深层结构具有抵抗变化的稳定惰性。

从历史经验来看，意外事件冲击过后往往出现反弹，大多数事情会寻根式地恢复其路径依赖而恢复原样，所谓"好了伤疤忘了疼"。这种反弹不仅是心理性的，也是理性的，特别是在成本计算上是理性的。长时段形成的

五 无处幸免状态和苦难之问

"结构"凝聚了大量成本,不仅是时间成本、经济成本和技术成本,也是文化、思想和心理成本,这些成本的叠加形成了不值得改变的稳定性。破坏"结构"等于釜底抽薪,是危及存在条件的冒险,所以革命是极高成本的变革。成功的革命总是发生在旧结构已经完全失灵的时候,即旧结构失去精神活力、无法保证社会安全和秩序、无法维持经济水平的时候。可以注意到,1968年以来的世界发生了大量连续的"解构"运动,但主要是拆解了文明的一些表层结构,比如艺术的概念、性别的概念、社会身份和自我认同之类,尚未动摇经济、政治制度和思维方法论等深层结构。那些最激进的"解构"几乎只存在于文本里,难以化为现实。解构运动的历史力度相当于对结构的"装修":既然没有能力建造新房子,就只能以多种方式来装修。如果尚无能力在新维度上生成新结构的设想,尚无具备"建构力"的理念、原则和社会能量,"解构"就终究不可能化为革命,解构的行为反倒在不长的时间里就被吸收进旧的体制,成为旧结构的老树新花。

按照布罗代尔的理解,地理结构、经济结构、社会结构、思想结构或精神结构这些属于长时段的深层结构,因具有超强的稳定性而难以改变。正因如此,千年不遇的大变局一旦发生,比如现代性的形成,或资本主义的形成,就成为二百年来被不断反思的大问题,而百思未解的现代性却已在等待结构的"时代升维"了。不过,目前还看不出新冠病毒大流行是否能够触发一种新的结构，这仍是个未定问题。关于新冠病毒事件的结果，有一个颇有人气的最严重预测是全球化的终结。如果出现这个结果，就无疑达到了中时段的大势变局，甚至稍微触及了长时段的结构。

全球化是资本主义的一个结果，只要资本主义存在，资本就很难拒绝全球市场的诱惑。目前的全球化模式只是初级全球化，就经济层面而言，是"分工的全球化"。在分工链条中，参与其中的国家都在不同程度上受益。"分工的全球化"有可能被终结，但各地仍然需要全球市场来保证经济增长，而技术化和信息化的经济更需要最大程度的扩张，因此，就经济而言，全球化的终结在经济上、技术上和信息性上都不是一个非常积极的理性激励。当然不排除出现政治性的全球化终结，政治自有政治的动力，尽管政治野心通常会失败，但政治似乎总是决心前仆后继地寻找失败。无论如何，追求自主安全和排他利益的最大化确实将成为未来的一个突出问题，因此有可能出现全球化的转型，由"分工的全球化"转向"竞争的全球化"。如此的话，那就至少形成了中时段的大变局。

"竞争的全球化"意味着，全球市场继续存在，经济、技术和信息的全球化继续进行，但全球化的游戏性质发生了改变，原先全球化中的"合作博弈"比例大大减少，而"不合作博弈"的比例大大增加，甚至可能形成"不合博弈"明显压倒"合作博弈"的局面。其中的危险在于，"竞争的全球化"有可能激化而导致全球化的价值消散，从而使全球化本身演化成一个进退两难的困境，退出无利可图，不退出也无利可图。当然，这是一种极端可能性，而更大概率的可能性是，当不合作博弈导致无利可图的时候，合作博弈就会重新成为诱惑——至少按照艾克斯罗德的演化博弈模型来看是这样的。历史经验也表明，人类总是陷入困境，但也总能够想出办法脱困。

新冠病毒大流行的"问题链"会有多远多深，是否会触及并动摇人类思想的深层概念，即哲学层次的概念，这一点将决定新冠病毒是否有着长时段的影响力。我们不可能穿越到未来去提前查看病毒大流行的结果，但目前可以看得见"提醒物"。提醒物未必指示结果，但暗示问题。

在提醒物中，我们首先看到的是在长时间欢乐中被遗忘的"无处幸免状态"。世界上有许多地区在经常性并且无处不在的"嘉年华状态"中遗忘了灾难的无处幸免状态。无论是假日旅游、演唱会、体育比赛、产品发布会、首映式、电视节目、公司年会、销售活动、购物中心或艺术展览，都可以做成嘉年华，以至于嘉年华不仅占据了时间，而且变成了空间本身。时间性的存在占有空间的时间足够长，就改变了空间的性质，即使时间性的活动结束了，空间也已经感染了难以消退的嘉年华性质。终于，无论是生活空间（外空间）还是心理空间（内空间）

都感染了嘉年华的性质，即一种饮鸩止渴的空洞欢乐。

新冠病毒以事实说话，其高强度的传染性使得世界无处幸免，压倒了嘉年华的感染力。本来，作为极端可能性的"无处幸免状态"从未在理论里缺席，可是理论却缺席了，欢乐不需要理论，因此理论被遗忘了。无处幸免状态并非抽象的可能性，它有着许多具体意象，比如说，全球核大战、星体撞击地球、不友好的外星文明入侵之类，此类可能性据说概率很低，而且一旦发生就是人类的终结，也就不值得思考了，人类死了算了，反正也没有办法，因此，无处幸免状态不被认为是一个问题，而是一个提前预告的结论，或者是问题的终结。无处幸免状态在问题清单上消失了，转而在心理上被识别为恐怖传说或科幻故事，与现实有着安全距离，可以安全地看待，于是大毁灭的故事反倒具有了娱乐性和超现实的现实感。然而，无处幸免状态并非没有历史先例，恐龙灭绝虽然是恐龙的灾难，其所蕴含的可能性对于人类同样有效；各地历史都流传着灭绝性的大洪水故事；中世纪的黑死病；西班牙大流感；冷战期间险些发生的核大战，诸如此类，但这些历史都化为被时间隔开的老故事而遮蔽了问题。新冠病毒未必有以上历史事例那么致命（看来不太致命），却因现代交通和全球化而形成迅雷效果，直接把无处幸免状态变成现实，至少变成一种现实感，从而暴露了需要面对的相关问题，也把原本不成问题的事情重新变回了问题。这种"问题化"意味着原本可信任的社会系统、制度和观念在意外条件下可以突变为问题。人类的社会系统经得起慢慢的巨变，但经不起突变。严重的不仅是病毒，更是病毒时刻——全球化的流通能量超过了每个地方承受风险能力的当代时刻。

大规模传染病并非全球化的独特现象，而是个古老问题。在全球化之前，病毒通过"慢慢地"传播，最终也能传遍世界，假如不是由于某种运气被终结在某处的话。虽说太阳之下无新事，但新冠病毒把老问题推至新的条件下，就转化成了新问题。新冠病毒在当代交往与交通条件下的高速传播形成了类似"闪电战"的效果，使各地的医疗系统、社会管理系统、经济运作和相关物质资源系统猝不及防而陷入困境，使传染病由单纯的疾病问题变成了社会、政治和经济互相叠加的总体问题，直接造成了两个效果：一个问题即所有问题，这是政治最棘手的情况；并且，一个地方即所有地方，这是社会最难应对的情况。这种连锁反应如不可控制的溃堤穿透了脆弱的社会系统而叩问了人类生活的基本结构和基本概念，如果因此部分地改变了文明的基本概念，新冠病毒事件就可能具有长时段的意义。

2 形而下问题暴露了形而上问题

新冠病毒大流行粗鲁而直接提出的是一个形而下的问题，即现代社会系统的脆弱性，或按照博弈论的说法，现代系统缺乏"鲁棒性"（robustness）[1]。现代社会结构的所有方面都几乎完成了系统化。环环相扣的系统化意味着高效率，也意味着脆弱性。现代系统不断追求最小成本与最大收益，因此通常缺乏缓冲余量而加重了系统的脆弱性。为了达到利益最大化，现代社会的资金、物资、装备、生产、运输和供应系统都环环相扣而全马力运行，在能力上不仅缺乏余量，甚至预支了未来，总是处于能力透支的临界点。事实上，很多系统都处于赤字状态，所以难以应对突变事件。塔勒布早就以其"黑天鹅"理论解释了现代系统的脆弱性。现代社会中唯一有着庞大余量的系统恐怕只有军备，比如可以毁灭全球若干次的核武器，而最大程度预支了未来的大概是金融体系。金融是现代社会运行的基础，因此，"预支未来"就成为当代性的一个主要特征。当代系统的基本意向是厌恶不确定性，可是不确定性却无法避免。就事实状态而言，或就存在论而言，不确定性才是真实事态，而"确定性"其实是一个概念，是逻辑和数学的发明，并不存在于现实之中。

新冠病毒大流行对于现代系统是正中要害的精准打击，这个要害就是人，或者说生命。现代系统本身的脆

---

[1] 这个通译是音译，无法直接理解其含义。最接近的对应说法是北方方言里的"皮实"，可惜过于口语化。这个概念的意思是，像自然系统那样有着自身调节能力和恢复平衡的弹性，或像青年的生命一样茁壮，经得起多变的考验。

弱性只是隐患，在大多数情况下，即使遇到不确定性甚至严重挑战，往往最终仍然能够脱困，原因在于，系统的关键因素是人，是人在解决问题。人是具有灵活性的生命，人的思维和行动能力都具有天然的"鲁棒性"，所以，有人的系统就有活力。可是新冠病毒打击的对象就是人，当人的生命普遍受到威胁，现代系统能够指望什么力量使其脱困？

能够瘫痪现代系统的要命打击，或直接威胁人的生命，或威胁人类生存的基本需要（例如粮食）而危及人的生命。无论当代技术多么发达，乃至于人们很多时间都生活在科幻效果或虚拟世界里，但只要人类仍然是碳基生命，那么，就存在论的顺序而言，人类的生命需要就优先于政治需要、经济需要、价值需要、享乐需要和文化需要。更准确地说，生命的基本需要就是最大的政治、经济和社会问题。虽然未能肯定新冠病毒是否是一个"史诗级"的挑战，但肯定是一个范例式的挑战，它准确地踩在现代体系的神经上：生命问题。这是现代系统的阿喀琉斯之踵。

长时间以来，关于世界性危机的讨论更多聚焦于金融泡沫、气候变暖、大数据和人工智能对自由的威胁、动物保护或冰川融化等议题。这些危机固然严重，但远非新冠病毒这样覆巢无完卵的危机。甚至其中有些议题，比如气候变暖，在科学界尚有争议。但这不是要点，问题是，那些议题被中产阶级化之后，掩盖了更致命的危机，忘记了农民、工人和医生才是生存的依靠。新冠病毒大流行所以如此触动人们神经，就在于它是一个突然出现的提醒物，再次提醒了人类集体的安全问题，再次提醒了"去死还是活"（to be or not to be）的问题永远有着现实性。

危机总是从形而下的脆弱性开始。对于许多经济学家，新冠病毒大流行意味着正在发生的百年不遇的经济灾难，实体经济的萧条加上金融体系的崩溃。这比金融泡沫所致的金融危机影响要深重得多，因为实体经济大萧条必定加重金融危机，而金融危机又反过来打击实体经济的复苏，这样就会形成一种循环的衰退。与此相关，政治学家更关心新冠经济危机可能导致的政治后果。有政治学家认为——不知是担心还是庆幸——全球化会因新冠病毒大流行而终结。终结某种运动（包括全球化）有可能是新的开始，也可能会自陷困境，这取决于是否存在着更好的出路。对某种事情不满意不等于能自动产生更好的选项。全球化从来不是一个皆大欢喜的合作运动，任何合作都会遇到如何分利的难题，完美的合作只存在于哲学理论中，就像"完全自由市场"从来只存在于经济学文本里。正如荀子在两千多年前就发现的，哪里有合作，哪里就有不平和不满，就有冲突和斗争。我们甚至可以说，合作总是埋下冲突的种子，总会创造出合作的破坏者。

然而，全球化在存在论上改变了世界的概念。在传统的世界概念里，任何实体之间的合作都没有达到可能利益的极限，在理论上总是存在更好的机会，而全球化把利益最大化的空间尺度推到了世界尺度，为利益最大化建立了极限标准，于是占有世界市场就成为利益最大化的最大尺度，因为不存在另一个世界。世界是博弈策略的存在论界限。在此可以看到存在论如何限制了逻辑：逻辑无穷大，在"逻辑时间"里存在着无穷多可能性，但那些无穷多的可能性并不真实存在，而一旦进入真实存在，可能性就受制于特定的存在状态，只剩下"多乎哉"的寥寥选项了。这意味着，想要无穷性，就只能不存在；想要存在，就只能屈服于有限性。两百年来全球化的"存在论"后果是把全球化变成了谋求利益最大化的"占优策略"。由此来看，全球化的博弈会有冲突或策略性的倒退，如前面所分析的可能性，由"分工的全球化"转向"竞争的全球化"，一旦竞争激化就可能造成无利可图的进退两难状况。因此，从中－长时段来看，世界可能会谋求全球化的升级以谋取稳定的利益。目前的全球化是低水平的全球化，是在无政府状态的世界中进行的粗放运动，有动力，有能量，但是无秩序，无制度，就是说，低水平的全球化尚未具有稳定的全球性（globality）。按照古希腊人的说法，无秩序的混沌整体（chaos）尚未变成有秩序的整体世界（cosmos）。可以说，新冠病毒大流行未必是预告全球化终结的句号，而或是以一个感叹号提示了还存在一个全球性的建构问题。

任何存在的改变都需要概念层次上的改变，否则只是表面化的变形。因此，形而下的严重问题就会引出形而上的问题。新冠病毒带来的提醒是，如果要修正当代社会的形而下系统的脆弱性，恐怕就需要修正其形而上的观念假设和思维方式。哲学并非纯粹观念，而是隐藏着的"病毒"。加布里埃尔（Markus Gabriel）相信，在新冠病毒大流行过后，人类需要"一场形而上的大流行"（pandemic）[1]。这是一个有想象力的建议，我们的确需要一场像流行病一样有力量的形而上反思，让思想获得集体免疫，这需要找到一个突破性的"升维"条件，即发现或创造比现代思维空间高出一个维度的思想空间，才能够摆脱现代思维空间的限制。如果没有思想维度的突破，对现代思想的反思也受限于现有空间内部而奔波在解释学循环中，即使其解释角度越来越丰富深入，但因为只是在内部循环，就不足以摆脱现代思想的向心力，也就不可能超越现状。

加布里埃尔很正确地批评了现代的科学压倒了道德，可是他呼唤的人文道德却仍然属于现代性内部的观念，比如平等和同情。这里有个难以摆脱的困境：如果现代科学压倒了道德，那么就证明了目前的道德观念明显弱于现代科学，也就没有能量定义生活、社会和规则。

---

[1] Markus Gabriel: Wir Brauchen eine Metaphysische Pandemie. 曹忠来译，见"海德格尔与现象学"公众号：2020年3月23日。

可以发现，真正需要被反思的对象正是"我们的"道德观念系统。我们更需要的是一种维特根斯坦式的"无情"反思，从伦理学的外部来反思伦理学，否则其结果无非不断地自我肯定，即事先就肯定了我们希望肯定的价值观。[1]

现代的主流思维模式强调并且追求普遍必然性，它象征着完美性和力量。后现代思想对此多有批判，但没有触动现代在存在论上的结构，只要一个问题超出了话语而落实到实践，就仍然只有现代方案而没有后现代方案。现代性如此根深蒂固，根本在于它塑造了最受欢迎的人的神话。人类试图掌握自己的命运，试图按照人的价值观来建立普遍必然性（普遍必然性的荣耀本来归于神或宇宙），这是现代人为自己创造的形而上神话。后现代在批判现代性时尤其批判了科学的神话，其实，现代神话不是科学，而是人的人文概念。人的神话假设了人的完美概念，抄袭了许多属于神的性质，包括人要成为自然的主人，人要成为按照自己的意志创立规则的主权者，每个人要成为自由的主权者，以至于"人"的概念几乎变成了神的缩影。然而人的神话缺乏存在论根据，人并无能力以主体性定义普遍必然性，也无能力把"应然"必然地变成"实然"。现代人确实试图借助科学来为

---

[1] 请参见赵汀阳：《伦理的困惑与伦理学的困惑》，载于《道德与文明》2020年第3期。

人的世界建立普遍必然性，但这是一个人文信念，并非科学本身的意图。事实上，科学从来都承认偶然性和复杂性，始终在思考动态变量（从函数到微积分到相对论和量子力学），反而是人文信念在制造普遍价值、绝不改变的规范或神圣不可侵犯的权利的幻想。不能忽视的是，这不是知识论的信念，而是政治信念。莱布尼茨早就证明了，要具备定义普遍必然性或无条件性的能力，就需要能够"全览"逻辑上的所有可能世界，相当于无穷大的能力。人显然不具备这种能力。

无论选取哪些价值观作为一个社会的基本原则，如果将其设定为"无条件的"或在任何情况下都普遍有效，就会缺乏应变性和弹性，在实际情景中容易导致悖论。一成不变不是任何生活的特征。假如规则是死的，人就死了。如果允许给出一个"数学式的"描述，我愿意说，生活形式都具有"拓扑"性质，其好的本质可以维持不变，类似于拓扑的连续性，而其具体表现则如同拓扑的可塑性，根据具体情况和具体需要而被塑形。虽然黑格尔的命题"现实的就是合理的"容易被误解，但问题是，如果一个观念在现实中不可行，就只能说明这个观念是可疑的，而不能证明这个现实不应该存在。休谟认为，不可能从事实推论价值（从 to be 推论 ought to be），这在大多数情况下是正确的。另一方面，似乎还可以说，从价值推论事实（从 ought to be 推论 to be）也很困难。

哲学苦苦寻求的普遍必然性在生活世界里难有见证，

它只存在于数学世界中。数学的世界是由数学系统定义并建构出来的，并非现实世界的镜像。数学系统中的存在物，或因定义而存在，或因"能行构造"而存在，所谓"存在就是被构造"（直觉主义数学的表述），所以数学中的存在物是数学系统的一个内部事实，因此能够依照逻辑而建立普遍必然性。与之对比，人文观念要解释的问题和事物都具有外在性，由不可控制的事物、实践和变化组成，人文观念只能在变化的世界中去寻找合适的落脚点。如同容易受到环境影响而易挥发、易溶解或易氧化的物质一样，用于解释生活的概念也缺乏稳定性。在平静无事的时段里，人文观念也平静无事，但在多事之秋，就会被问题化。

大多数的人文观念都有自圆其说的道理，所以很少见到在辩论中被驳倒的人文观念或者"主义"（除非被禁言）。然而人文观念很容易被现实驳倒，所以概念最怕落实为行动，最怕具体化或情境化，一旦具体化就问题化，一旦问题化就被现实所解构，尤其是那些宏大概念，比如幸福、自由、平等、双赢、人民、共同体等。德里达用了很大力气去解构宏大概念、权威和中心，其实那些宏大概念在变化难测和自相矛盾的实践中从未真正存在过。

人类缺乏与大自然相匹配的无穷多维智力，尽管人类能够抽象地理解多维的世界，并且鄙视一维或线性的思维方式，但实践能力的局限性迫使人只能一维地做事，于是实践所要求的"排序"问题就难倒了人——尽管它看起来只相当于小学一年级的算术难度。一方面，事情是复杂且动态的，所以生活需要多种并列重要而且不可互相还原的价值才得以被解释；另一方面，实践迫使我们对价值做出排序，即优先选择。只要存在着排序难题，就很难在生活所需的多种事物或多种价值之间维持平衡，而失去平衡就等于每种事物或价值观都失去自身的稳定性，也失去互相支撑和作保的系统性，只要遇到严重危机，价值观和制度就陷入两难困境。这是秩序或制度从来没有能够解决的问题。这表明，不仅人造的社会系统有着脆弱性，而且指挥着行为的思想或价值观系统同样有着脆弱性，这正是文明的深层危机。

如果说，形而下的危机来自现实的"锐问题"，那么形而下的危机所触动的"深问题"就构成了形而上的危机。新冠病毒就是一个触动了"深问题"的"锐问题"。其中一个问题就是，现代所理解的政治概念本身就是一种隐藏的自杀性病毒，它在破坏政治的概念。无论是政府还是媒体或者新型权力，如果一种政治势力有权力指定价值观，它就是专制。价值观只能是人在长期实践中自然形成的集体选择，显然，人有着众多的群体，因此有着多种集体选择，也就存在着分歧和冲突。有能力保护文明的政治不是斗争，而是在文明冲突的丰富性和复杂性之中建立平衡的结构性艺术。如果政治只是斗争，就无非重复和强化了现实中已经存在的冲突，在斗争之上再加斗争，不是多余的就是加倍有害的。斗争是本能，不是政治。政治是创造合作的艺术——假如政治不能创造合作，又有何用？

因此，需要反思的形而上问题不是应该赞成和支持哪一种价值观——这只是形而下的斗争——而是作为人类共享资源的思想系统是否合理，是否足以应对生活中遇到的可能性。换句话说，思想观念的有效性和合理性的基础是什么？什么事情可以由人说了算？什么事情让人说了也不算？什么事情听从理想？什么事情必须尊重事实？在新冠疫情情景中，问题更为具体：什么事情必须听从科学？什么事情可以听人的？什么事情听病毒的？

3 危机：生存之道和游戏规则

理论之所以在自身的空间里可以自圆其说，而进入实际案例就可能崩塌，是因为理论和现实是两个空间。理论空间的法则是逻辑，而现实空间的法则是规律，两者不可互相还原，所以现实不听从理论。尽管理论可以部分地"映射"现实（通常说是"反映"现实，这个镜像比喻不准确），然而建构方式完全不同。只有当现实处于稳定、平静且确定的状态时，理论对现实的映射才是部分确定的，而只要现实进入动荡的"测不准"状态，理论概念就互相冲撞、互相妨碍乃至失灵。理论不怕认真，只怕现实的危机。既然现实不会自己走近理论，那么理论就需要走近现实。

如果说，预支未来是当代性的一个主要特征，那么当代性的另一个相关特征就是危机状态，事实上大量的危机正是预支未来所致。当代几乎所有系统都处于"紧绷神经"的状态，而危机形成了思想困境的临界条件。一个典型情况是，危机往往导致伦理学悖论，最常见的伦理学悖论就是优先拯救的困境（比如"有轨电车两难"）。新冠病毒大流行为优先救治难题提供了实例。医疗能力有着充分余量的国家，当然不存在这个困境，每个人都可以获得救治的机会。但有些国家的呼吸机不足，优先救治就成为难题。现实条件排除了理想的选择，而延迟选择也是罪。在此，想象力受到了挑战。实际上的可能选项大概只有如下几种：（1）按照先来后到。这是平等标准。（2）按照轻重缓急。这是医疗标准。（3）按照支付能力。这是商业标准。（4）优先妇女儿童。这是一种伦理标准。（5）优先年轻人，无论男女。这也是一种伦理标准。其中，除了（3）是可疑的，其他标准都有各自在理性上竞争的理由。如果考虑知识论的理由，那么（2）最有道理；如果考虑伦理学理由，那么（4）和（5）都更有道理。假设有的地方优先救治更有机会存活的年轻人（纯属假设），这个选择会受到质疑，可是这种选择已经是相对最优的选择之一，与（2）并列相对最优。没有一种选择是严格意义上最优的，都有某种缺陷。也许选项（2）的"负罪感"相对最低。尽管人们都希望一种能够拯救每个人的最优伦理，然而超出实践能力的最优理念只存在于图书馆。康德早就发现,"应该"不能超过"能够"。

千万不能把这种分析误解为反对最优的伦理设想。关键是,最优的伦理设想未必是一个最优理论。一个最优理论必须具有覆盖所有可能世界的充分理论能力,一方面把"最好可能世界"考虑在内——否则就没有理想的尺度去检查有缺陷的现实,另一方面把"最差可能世界"考虑在内——否则就没有能力去防止或应付严重危机。如果一种伦理学或政治哲学不考虑"最差可能世界",而假设了优越的社会条件,就是一种缺乏足够适应度而经受不起危机考验的脆弱理论。新冠病毒大流行迫使许多地方实行的"隔离"(quarantine)就成为一个争论焦点。其实,比起战争、大洪水、大饥荒或社会暴乱,隔离状态算不上最差情况。

"隔离"成为哲学争论焦点与阿甘本有关。阿甘本认为,以"无端的紧急状态"为借口的隔离是滥用权力[1],而滥用权力的诱惑很可能导致通过剥夺人民的自由以证明政府权力的"例外状态"变成常态。[2] 这个论点要提

---

[1] Giorgio Agamben: Lo stato d'eccezione provocato da un'emergenza immotivata. 见意大利ilmanifesto.it网站:2020年2月26日。中文译文见"WUXU"公众号:2020年2月27日。

[2] Giorgio Agamben: L'épidémie montre clairment que l'état d'exception est devenu la condition normale. 见法国《世界报》(*Le Monde*)网站:2020年3月24日。岛夷译,见"WUXU"公众号:2020年4月1日。

醒的是，权力在本性上倾向于专制，只是平时缺少机会和借口。这是个重要问题。但隔离的目的是否真的是政治性的，或是否没有比政治更紧要的考虑，这也是问题。人类生活的各种需求因其紧要程度有着存在论的顺序，生存通常位列第一。但阿甘本提问："一个仅仅相信幸存以外不再相信一切的社会又会怎样呢？"[1]这是个更深入的问题。假如活命只不过是苟活，那可能不如去死。然而这些问题似乎把新冠病毒的语境无节制地升级而导致了问题错位，新冠病毒的隔离是否达到了"不自由毋宁死"或"好死不如赖活"的极端抉择？阿甘本对隔离的理解未免"人性，太人性了"（尼采语）。以反对隔离来捍卫自由，这暗示了，其反面意见似乎就是支持滥用权力——但这是一个陷阱。与阿甘本真正相反的观点其实是，人只能承认生活有着无法回避的悖论。人类享有的自由、平等和物质生活是文明的成就，这些文明成就的立足基础是数万年的艰苦卓绝甚至残酷的经验，而这些文明成就并非一劳永逸地被享有，要捍卫文明就必然会经常发生吃苦的经验。正如经济学永远不可能清除"成本"的概念，任何文明成就也永远不可能排除"代价"的概念。代价是一个存在论概念，是存在得以存在的条件。

---

[1] Giorgio Agamben: L'épidémie montre clairement que l'état d'exception est devenu la condition normale. 见法国《世界报》（*Le Monde*）网站：2020年3月24日。岛夷译，见"WUXU"公众号：2020年4月1日。

有一个需要澄清的相关问题是：这隔离不是那隔离。对传染病实行隔离法是一个古老经验。秦汉时期已有局部隔离法，称为"疠所"，即麻风病隔离所。古罗马在查士丁尼大帝（527—565在位）时期也发明了麻风病隔离法。现代的"检疫隔离"概念来自中世纪对黑死病的隔离，这个概念意思是进行40天隔离。检疫隔离有别于"社会隔离"（isolation）。社会隔离通常具有政治性和歧视性，比如历史上欧洲对犹太人的隔离或美国对黑人的隔离。混同检疫隔离和社会隔离会误导对问题性质的判断。新冠隔离显然属于检疫隔离，不是社会隔离。虽然不能完全排除检疫隔离被权力所利用而同时变成社会隔离的可能性——确实有可能被政治利用——但就其本来性质而言检疫隔离并非政治性的。假定阿甘本仍然坚持对检疫隔离的政治化理解，把它归入当权者乐于使用的"例外状态"，那么还可以追问一个侦探式的问题：谁是检疫隔离的受益者？不难看出，危机时刻检疫隔离的受益者是全民。既然是全民，就很难归入政治性的例外状态，而应该属于社会性的应急状态。除了全民安全，检疫隔离还有效地保护了医疗系统的能力。如果医疗系统无法承载超大压力而崩溃，则全民的安全保障也随之崩溃，而如果社会秩序、医疗系统和经济一起崩溃，个人权利就只是无处兑现的废币，虽有票面价值，但失去使用价值，个人权利就变成不受保护的赤裸权利，而赤裸权利肯定无力拯救阿甘本关心的"赤裸生命"，到那个时候就恐怕真的变成政治问题了。

这个政治问题就是：到底是什么在保护个人权利？首先，宪法和法律是制度上的保证。进而，任何事情都必须落实为实践才真正生效，权利也必须落实为实践才真正兑现。实践涉及的变量太多，几乎涉及生活中的所有变量，已经超出了任何一个学科的分析能力，只能在一种超学科的概念里去理解。实践问题等价于维特根斯坦的游戏问题，因此可以借用维特根斯坦的游戏一般分析模型。按照维特根斯坦的游戏概念，一个游戏需要被共同承认才生效，同时，游戏参加者也就承认了游戏的规则，这一点已经默认了游戏的一个元规则，即任何一个游戏参加者都没有破坏规则的特权，或者说，都不是拥有特权的"例外者"，比如不可以拥有作弊耍赖或要求被特殊对待的特权。游戏概念有助于说明，如果社会是一个游戏，那么个人权利并不是一种私人权利，而是游戏所确定的平等权利，并不是一种由私人意愿所定义的特权。于是，在游戏中只有合法的（相当于合乎规则的）个人行为，但没有合法的私人行为。按照自由意志行事的私人行为只在私人时空里有效，如果私人行为入侵了游戏的公共时空或他人的私人时空，就不再合法了。其实这正是法律的基础。比如一个人在自己房间里饮弹自尽，这是私人行为，但如果在公共空间里引爆炸弹自尽而伤及他人，就不再是私人行为，而是破坏游戏规则的个人行为，即违法行为。同理可知，在检疫隔离的游戏中，如果一个人把可能伤害他人的行为理解为私人说了算的自由权利，就是把人权错误地理解为个人特权。就像不存在对一个人自己有效的私人语言（维特根斯坦定理），也不存在一种只属于自己的私人政治。政治和语言一样，都是公共系统。如果把个人权利定义为绝对和无条件有效的，就有着私人化的隐患，不仅在理论上会陷入自相矛盾，在现实中也必定遇到同样绝对无条件的他人权利而陷入自相矛盾。

但是当代的一个思想景观是，观念已经不怕逻辑矛盾，也不怕科学，转而凭借政治性获得权力。福柯的知识考古学发现，这种现象早就产生了，知识和权力的互动关系产生了"知识-权力"结构，其结果是，在社会知识领域，知识的立足根据不再是知识本身的理由，而变成了政治理由。这可以解释观念如何变成意识形态。当观念（ideas）试图以政治身份去支配现实，就变成了意识形态（ideologies）或支配性的"话语"。意识形态正是当代"后真相时代"的一个基础，另一个基础是全民发言的社交媒体。这两者的结合形成了"文化大革命"效果，可以说，后真相时代就是全球规模的当代"文化大革命"。在社会视域里，理论、理性分析和对话被边缘化甚至消失，几乎只剩下政治挂帅的大批判。实际上这并非真相消失，而是人的"眼睛"和"耳朵"没有能力走出后真相话语。后真相话语形成的意识壁垒又反过来加强了意识形态。在后真相时代，并非所有话语都是意识形态，而是每一种能够流行的话语都是意识形态。意识形态化是话语的在场条件，否则在话语平台上没有在场的机会。病毒只是自然危机，而关于病毒的意识形态叙事却可能成为次生灾害。

4 苦难的本源性

新冠病毒大流行在哲学上唤醒了关于"苦难"的问题。这是一个被长久遗忘的问题，可是苦难却一直存在，人们为什么要故意忘记苦难？

人的神话以及现代化的巨大成就促成了当代观念的傲慢。尽管激进思想家们一直在批判现代性，但却没有能力改变当代支配性的"知识型"（episteme）。当代社会——背后是商业和资本——倾向于以"好运"（fortune）的概念去替代"命运"（fate）的概念，因为只有"好运"能卖出好价钱，而人们也为"失败"焦虑却不愿意面对古希腊所发现的"悲剧"。突出积极性而拒绝承认消极性的进步论导致了思想失衡。其实平衡或对称不仅是数学现象，也是生存的存在论条件。当代思维发明了一种不平衡的逻辑，只专注于成功和幸福的故事，幻想福利可以无条件供给，权利可以无条件享有，自然可以无限被剥削，如此等等。这种幻想基于一个伦理学的理想化"应然"要求：成本或代价趋于无穷小而收益趋于无穷大。这种逻辑挑战了我们从亚里士多德、弗雷格和罗素那里学到的逻辑，而且也挑战了物理学，比如能量守恒定律或热力学第二定律。

就广泛流行的当代哲学而言（以传媒、教育体系和大流量网络平台的接受倾向为参照），如以福柯的知识考古学方法加以观察则可发现，众多流行哲学有着一个共通的"知识型"，即"幸福论"。最大限度地扩大每个人的幸福和福利，是幸福论的共同底色。幸福论倾向于主张每个人的主体性有着绝对"主权"，以便能够最大限度地扩大个人自由并将个人的私人偏好合法化，个人可以自主合法地定义自己的身份、性别、价值和生活方式，乃至于在极端化的语境中，"个人的"有可能被等同于"私人的"并且等价于正确。自我检讨地说，我在1994年出版的《论可能生活》也是一种幸福论。

幸福是人的理想，但幸福对于解释生活来说却远远不够，因为幸福论对可能发生的苦难无所解释，甚至掩盖了苦难问题。对于建立一个解释生活的坐标系来说，比如一个最简化的坐标系，幸福只是其中一个坐标，至少还需要苦难作为另一个坐标，才能够形成对生活的定位。在幸福-苦难的二元坐标系中，幸福是难得的幸运，它才真正是生活的例外状态。不过当代幸福论谈论的并不是作为至善的幸福，而是幸福的替代品，即快乐。现代系统能够生产在物质上或生理上的快乐，却不能生产作为至善的幸福，更缺乏抵挡苦难的能力。苦难问题之所以无法被省略也无法被回避，是因为苦难落在主体性的能力之外，就像物自体那样具有绝对的外在性，所以苦难是一个绝对的形而上学问题。

新冠病毒大流行提醒了苦难的问题，把思想拉回到生活之初的逆境。假如人类的初始状态是快乐的，没有苦难，就不可能产生文明。幸福的伊甸园就是"无文明"的隐喻，而人被放逐是一个存在论的事件，意味着苦难是文明的创始条件。苦难问题不仅解释着人类文明的起源，也很可能是人类的一个永久的问题，因为只有磨难才能够保持起源的活力或"蛮力"。可以注意到，几乎所有宗教都基于苦难问题，这一点也佐证了苦难的基础性。如果回避了苦难问题，就几乎无法理解生活。宗教对苦难给出了神学的答案，但各种宗教给出的答案并不一致，而且每一种答案都无法被证明，这意味着，真正的答案就是没有答案。就思想而言，苦难只能是一个形而上学的问题。哲学问题永远开放，没有答案也不需要答案，而没有答案正是思想的生机。

苦难问题的形而上意义在于把思想带回存在的本源状态。苦难的"起源"和"持续"合为一体，这表明，本源从未消失，一旦起源就永远存在并且永远在场，所以苦难贯穿着整个历史时间，贯穿时间而始终在场的存在状态就是根本问题。在这个意义上，苦难问题无限接近文明的初始条件，必定保留有关于存在或起源的核心秘密。哲学和宗教都没能解密，但都在不断提醒着秘密的存在。在不可知的背景下，我们才能理解我们能够知道的事情。可以说，对苦难问题的反思意味着哲学和思维的初始化或"重启"。我相信苦难问题可能是"形而上学大流行"的一个更好的选择。套用刘慈欣的一个句型：失去享受幸福的能力，失去很多；失去战胜苦难的能力，失去一切。

（原载《文化纵横》2020年第3期）

第二部分

改良方案

往"问题的有效终点,如果不能互相接受,对话和互相理解又有什么用?可见,合作的充分理由不是互相理解,而是互相接受。既然互相接受的问题超出了知识论和理性所能够处理的范围,它就迫使知识论的"思之间"问题必须深化为价值论的"心之间"(人际)问题,如果扩大计算的单位,则成为"文明间"问题。

把"互相接受问题"计算在内,对话就变成了对待,事情就超出了"说"而进入"做",在对他人做什么的语境中,如列维纳斯指出的,伦理学就成为第一哲学[1];同时,政治哲学也成为第一哲学——施米特相信政治生活是最基本的生活形式,而政治问题就是区分敌友。[2] 伦理学和政治哲学的共同问题就是"如何对待他者"。列维纳斯论证了他人的绝对性,他人是一个无论如何无法被"我"的主观性所消化的外在绝对存在,主观性化不掉他者性,所以他人就是超越了"我"的主观性的绝对存在。他人会反抗,他人可以不合作,他人不听我的,所以超越了我,我拿他人没有办法,他人是我需要对待的最严肃问题。今天人们特别感兴趣的全球合作、全球共识、全球价值之类,在学理上都依赖着关于"他人"的理论。

对待他人的伦理总原则就是"金规则"。根据孔汉思

---

[1] Levinas: "Ethics as First Philosophy", *The Levinas Reader*, ed. by S. Hand, Oxford: Blackwell, 1989.
[2] Carl Schmitt: *The Concept of the Political*, Chicago: The University of Chicago Press, 1996.

和库舍尔的研究[1]，不仅在各种文化中都有等价于金规则的道德原理，这些在历史中各自独立自发生成，并以不同方式表述出来的金规则在含义上其实也"都惊人地相似"，几乎可以说其逻辑语义完全一致。于是他们相信，这种所见略同的一致性表明了金规则是放之四海皆准的普遍必然原则，因而也是永恒的原则，因此，金规则就是人们所寻找的全球伦理和普遍价值。不过事实似乎并不支持这个论点。假如金规则就是全球伦理和普遍价值，那就意味着普遍的价值共识已经存在，就不应该存在文明冲突了。看来金规则并不等于价值共识，其中有着古人未曾遭遇的问题。

传统金规则已经没有足够能力来应对今天的新问题，更直截了当地说，金规则需要升级换代。金规则在古代没有遇到质疑，是因为古代生活长期没有变化。当代社会展开的各种可能生活已经对金规则提出了新要求，不仅生活的基本单位发生了变化，而且诸多理想也存在分歧，人们在想要和不想要的事情上有着不可通约的需要和评价标准，于是，在"己所不欲勿施于人"的单边视野下的传统金规则已经没有能力处理文化与价值的冲突问题了，以现成的金规则去构造全球伦理恐怕不可能成功。全球伦理运动仅仅考虑到金规则在"空间"中的普

---

[1] 孔汉思、库舍尔：《全球伦理：世界宗教议会宣言》，何光沪译，四川人民出版社1997年版。

遍存在，而没有考虑到社会关系在"时间"中的变化。

2 人际共识和价值共识

金规则表达的是如何对待他人的人际共识。传统金规则的众多版本在基本精神上确实是一致的，其逻辑语义是等价的。传统金规则的有效性基于这样的假定：所有人（至少绝大多数人）具有价值共识，所谓"人同此心，心同此理"。与这个基本假定相配合，其方法论则是"推己及人"。可是问题就出在这里：传统金规则（比如"己所不欲勿施于人"的格式）的人际共识是普遍有效的，当且仅当，所有人具有一致的价值观，也就是人们具有关于"想要/不想要"的价值共识。就是说，人际共识与价值共识必须正好一致，否则传统金规则不可能成立。

传统金规则在古代社会没有遇到困难，也因此不需要反思。古代社会里的价值共识和人际共识就是一致的，个别例外情况不影响主流价值或权力话语，可以忽略不计。总之，在古代社会，很容易观察到"人同此心，心同此理"的普遍现象，"推己及人"的方法论也自然畅通无阻，金规则的古典版本就顺理成章了。传统金规则在当代遇到了困难，其原因正在于现代社会失去了价值共识，于是传统金规则失去了一个得以成立的必要条件，剩下的人际共识不仅独力难支，而且在当代价值观的冲击下也岌岌可危，因此，传统金规则不再普遍有效。

似乎悖谬的是，现代社会失去价值共识正是试图以启蒙理性为依据来建立新的普遍主义的结果，这个结果就是价值观冲突反而成为现代社会的显著现象。启蒙理性的原则，尤其是自由和平等的原则，正是互相冲突的价值观的通行证。这是现代性的一个深刻悖论：自由和平等的确是人人想要的好事，然而正是人人想要的自由和平等导致了价值观的多元化、分裂、冲突乃至失控，当代的某些价值观不仅在理性上难以理解，甚至在自然上也不可理喻（比如一些否认人的自然性或自然差异的价值观）。马克思最早意识到现代性在颠覆一切传统价值；尼采意识到"重估一切价值"的现代问题；列奥·施特劳斯发现现代性的基本精神是"青年反对老年"或者"今天反对古代"，而"古今之争"被认为是最大的价值观冲突。我更愿意相信，现代性的价值观其实不是某种固定原则，而是一个方向，一个向前发展的方向，或一个向前看的视域，方向取代了原则，于是，动态性的"进步/落后"技术指标替代了自然的"好/坏"人性标准，或者说，"新/旧"的时代指标替代了确定的"卓越/拙劣"的品质标准，因此，价值在于无法让永不停息的"推陈出新"止步。这在表面上是过不完的青春期，在实质上却失去了精神积累的能力而永远精神贫困。这就是现代性的价值风格。

这里的讨论不是对现代性的批判（这个问题太复杂），只是指出，现代性的"新/旧"和"进步/落后"的"方向性"价值指标必然导致各式各样价值观的大量产生和互相冲突，每种价值观都有理由以"新"和"进步"作为其方向性的合法根据，因此所有价值观都失去了权威性而不可能形成普遍一致的价值共识。价值多元导致价值贬值，现代的"价值消散"又形成了后现代的自身解构效果。一旦失去价值共识这个立足点，传统金规则就失去普遍有效性。其实不仅是传统金规则失效，几乎所有古典的标准都因为现代性以方向为准的价值运动而失去效力。金规则问题只是现代问题的一个典型案例，它表明，生活的基本原则不得不更新换代，以便人们在失去标准的时代里能够生活，并且去发现和重建某种真正不可能失效的普遍标准，这正是对金规则进行改造升级的理由。

3　对等性结构和互换性结构

如前所说，无论什么版本的金规则，都意味着伦理体系的一个元定理。我们知道，哥德尔证明了，任何一个规则系统，如果其内容足够丰富的话，就必定是不完备或不一致的。系统的完备性对于生活来说显然是一个不可能的荒谬要求，因为生活必须是开放的，可以乱七八糟，就是说，生活肯定选择系统的不一致性而拒绝完备性。服务于丰富生活的伦理规则系统的内容必定非常丰富，它漏洞百出就不足为奇了。按照我在《论可能生活》里的论证，一条伦理规则要应用的生活情景几乎无穷多，而生活情景不可能一个样，因此任何一条规则不得不根据具体情景被灵活解释，规则与实践的差距难免导致"标准失控"的难题。于是，要维持对伦理规则的有效解释——大体上的有效解释，就必须有一些普遍有效而且明确的元定理来对语境化的规则做出最后的解释和判断。比如"不许说谎"这个规则是含糊的，但这种含糊是必要的，如果明确规定为"无论何时何地对任何人都决不说谎"，虽然规则清楚了，但反而会遇到无法自圆其说的实践困难。因此，我们必须容忍伦理规则的含糊，而把因时因地因人而异的解释托付给能够应付"所有或任何情况"的元定理，它表达了能够"以不变应万变"的道德理念。

众望所归的基本道德理念一般包括幸福、自由、公正、公平、和平、和谐等，基本理念的列表总会有争议，这是另一个问题，在此不论。这里关心的是，道德的基本理念必须表述为一般实践原则而成为伦理体系的元定理，即对规则体系的总体性质进行反思并且做出最后解释的元定理。金规则主要表达了公正（justice）的理念（也连带涉及自由、公平、和谐等理念）。无论在理论上还是实践上，公正都是对"如何对待他人"这个问题的唯一理性回答，其"唯一性"的理由是，如果不公正，就根本没有人会同意。可见，公正原则是关于任何涉及与他人关系的理性解释，意味着能够获得普遍承认的人际共识。事实也是如此，在所知的所有伦理体系中，公正都是一个必不可少的基本理念，也是最重要的理念。

理念只是一个概念，必须具体化为一个实践定理才有明确的可行意义。表达着公正理念的金规则就是伦理体系中最重要的一个元定理。在传统金规则的各种版本中，最有名也最典型的版本是《圣经》的金规则和孔子原则。《圣经》金规则的积极表述是："你若愿意别人对你这样做，你就应当对别人也这样做。"其消极表述则是："你若不愿意别人对你这样做，你就不应当对别人这样做。"孔子原则的积极表述是："己欲立而立人，己欲达而达人。"其消极表述是："己所不欲，勿施于人。"通常认为，金规则的消极表述更为稳妥，因此被广为承认的金规则一般采用其消极表述。不过这种看法主要是针对基督教金规则，因为基督教金规则的积极表述过于生硬了，或出现歧义。但如果考虑的是孔子原则，则不存在歧义问题。孔子原则的积极表述甚至比其消极表述有着更深刻的意义，关于这一点，可参见我过去对于"孔子改善"的策略分析，在此不论。

哲学家对民间风格的金规则表述不太满意，认为金规则只是一种良好的道德直观，却不是严格的伦理学元定理，于是产生了一些学术版的表述，虽然更严格，但仍然等价于金规则，并没有实质修正。最著名的是康德版，即他的道德普遍律令或"绝对命令"："你只能按照你希望能够成为普遍规律的行为准则去行为。"[1]康德认为只有他给

---

[1] Kant: *Groundwork of the Metaphysics of Morals*, New York: Harper & Row, 1964, Section II.

出的这个伦理原则才是真正严格的定理，因为它不需要利用心理直观和实践经验，而仅仅通过理性本身即可获得，因此其普遍必然性如同理性一样有效，就是说，基于民间实践经验的金规则并不是错误的，但必须基于理性原则本身去重新理解。还有比康德版更细致的表述，例如西季维克版，但未必比康德版更高明——或许还是康德版更为老到精炼。西季维克指出，金规则的正面表述（积极表述）是错误的，因为人们完全可能愿意互相帮助做坏事（的确如此）。金规则的反面表述（消极表述）虽然大体不错，但不够准确，西季维克的修改版大概是这样的："对于任意两个不同的个体，A与B，如果各自情况的不同不足以成为在道德上对它们加以区别对待的根据，那么，如果A对B的行为不能反过来同时使B对A的同样行为也是正确的话，这一行为就不能被称为道德上的正确行为。"[1]这个版本确实足够清楚了。还有诸如此类的学术版金规则，但大同小异。尽管哲学家们相信学术版比民间版金规则要严格得多，但并无精神上的实质推进。可是真正的要害问题并不在于何种表述更为严格，而在于所有版本的金规则，无论民间版还是学术版，都有着同样的局限性，这才是需要反思之处。学术版虽然更严格，却严格地继承了民间版的局限性。比较而言，相对好的版本是孔子

---

[1] 参见 Henry Sidgwick: *The Methods of Ethics*, London: Macmillan and Co., 1922, p.380。

的积极表述，尽管积极表述的金规则比较冒险，容易出现漏洞，但孔子的积极表述指出了共轭受益的关系，这一点是重建金规则的关键。后面可以看到，这里将推出的金规则改进版与孔子的积极表述有着相容性。

无论什么样的表述，金规则的根本精神和基本结构是一致的，即强调互相对待的对等性（reciprocity）或互相关系的对称性（symmetry）。这个结构没有错，对等性或对称性结构正是对"我与他人"关系在理性上最合理的结构的表述。我愿意说，在理论上唯一无懈可击的公正概念（即古典公正）就是关系的对称性或对等性，其合理性等价于数学的相等或逻辑的互相蕴涵，所以无懈可击。有一点需要略加说明：在定义公正概念时，一部分哲学家主要强调内容或实质上的对等性或对称性，这是古典主义的公正；另一些哲学家则愿意突出规则或程序上的"公平性"（fairness），这是现代风格的公正。这两个标准都是众望所归，都是理性正确的，一个完整意义的公正概念必定包括对等性和公平性。但对等性或对称性显然是最根本的因素，有了对等性，公平性才有意义，而且，实质的对等性已经暗含了公平性。还有一些现代哲学家比如罗尔斯，试图改变公正概念的基本成分，把公正的配方改为自由加上平等，这比较可疑。自由和平等是另外的重要理念，与公正只是相关，但不等于公正，如用来替换公正的本义恐怕弄巧成拙。

公正意味着对等性（对称性），这是人类的直观。人们早就意识到公正是"恰如其分"的概念,意味着各得其所、各得所值、各得应得。无论对于人际关系还是事际关系,公正的对等性首先表现为"等价交换原则",即某人以某种方式对待他人,所以他人也以这种方式对他,或者某人以某种东西与他人交换等值的东西。这个原则虽然在直观上"清楚明白",就像笛卡儿所推崇的真理那样,但在实际应用上却有些复杂,因此,公正的对等性也需要表现为一些比较复杂的对等形式,例如"豫让原则",即某人以对待什么人的方式对待我,那么我就以什么人的方式回报他(如豫让所说"以国士遇臣,臣故国士报之");还有西季维克原则:给同样的事情以同样的待遇,给不同的事情以不同的待遇。这同时也是儒家的礼治原则:维齐非齐。万物不齐,所以要给不齐之万物以相应不齐的待遇,就是正确的礼,如果给不齐之万物以一律取齐的待遇,就反而不公了。可见儒家早就发现平等可能会破坏公正。总之,只有对等性才是公正。

对等性固然不错,但只是在形式上完全正确,我们还需要警惕另外可能被漏掉的重要因素,就是说,公正等于并且大于对等性。对等原则并不能完全解决需要公正处理的所有问题,具体地说,一般的等价交换原则,即A以X方式对B,因此B有理由以X方式对A,只能证明"B以X方式对A"这个继发行为是公正的,却无法证明"A以X方式对B"的起始行为是公正的。豫让原则也存在同样问题,即A以(B=X)的方式对B,因此B有理由以X的方式对A，也只能证明继发行为"B以X的方式对A"的公正性，却不能证明（B=X）这个起始理解是公正的。类似的，西季维克原则"按照标准X，A和B是同样的，所以给予A和B同样待遇"，也只能说明对于给定标准X来说，A和B得到同等待遇是公正的，却无法证明设定标准X是否公正，也无从知道A和B被看成同样的是否公正。这些情况的共同问题表明，在对等性结构中，至多只能必然地证明"后发行为"的公正性，却没有先验理由证明"始发行为"的公正性。这就是古典公正理论以及传统金规则无法处理的问题。

为了使一个相互关系得到共同普遍认可——排除迫于条件、压力和强迫的假认可——就必须使各方都认可"地位互换"原则：A以X方式对待B是公正的，当且仅当，A认可"当A处于B的地位而B处于A的地位，并且B以X方式对待A是公正的"。在地位互换关系中，如果无论把"我"代入A或B，"我"都认可其行为方式，那么这种行为方式就是公正的。地位互换原则在利益分配上同样有效，它表现为：A按照X标准把A和B看成是同等的，并且A和B得到同等的利益分配是公正的，当且仅当，A认可"当A处于B的位置而B处于A的位置并且B按照X标准把A和B看成是同等的，并且因此得到同等利益分配是公正的"。地位互换原则可以看作"将心比心"这一传统原则的改进版。传统的将心比心直观上虽然大体不错，但不够严格，因为无论是"我"还是"他人"

都似乎是同样抽象的人，其中暗含"既然都是人，那么就都应该如此这般"的认识，但这个假设并非在任何语境里都有效，事实上任何一个社会都存在着不同地位的关系，很难抽象对等。地位互换原则就是试图发现，当把地位差异考虑在内时能够产生什么公正关系。

现在可以比较完整地理解公正的意义了。首先，公正表现为对等性或对称性。这意味着允许假设某种标准X，然后根据X来要求对等。这样可以保证在给定标准的情况下的公正关系。其次，公正进一步表现为互换性。这意味着任何一个可能标准X，即使它能保证抽象对等，也必须被进一步证明在具体的互换关系中仍然普遍有效。这样可以消除在设立价值标准上的不公正。这样的公正概念基本上能够保证从形式到内容的公正。在这个比较合理的公正概念基础上，就可以更好地理解什么样的金规则才是真正普遍有效的。

4　想象一个最佳版本

我试图对金规则进行一个实质性的修改[1]，这里没有藐视传统智慧的意思，而是试图在新的问题框架中发展传统智慧。既然金规则的消极表述被普遍认为是比较稳妥的

---

[1] 我对金规则的修改方案最早见《我们和你们》(《哲学研究》2000年第2期)，这里是有更详细论证的更新方案。

格式，那么可以选取孔子的消极表述"己所不欲勿施于人"作为标准底本，这个选择应该比较合理，因为包括基督教金规则在内的各种消极表述的金规则版本的共同逻辑语义都可以完全表达在孔子版本中，而孔子的表述最为精炼。我们所需要的改动仅仅是把"己所不欲勿施于人"修改为"人所不欲勿施于人"。虽然只是一字之差，但其中的人际关系性质却发生了根本变化。我相信这是目前所能够想象的最优版本，至少在理论上或技术上具有两个优势：（1）以"人所不欲勿施于人"替代"己所不欲勿施于人"，这就规定了一种绝对无懈可击的人际共识，它不需要以价值共识作为必要条件而能够单独成立，而既然免除了价值共识这个苛刻要求，它就因此能够良好地适用于今天社会的价值多元情况，而且是克服价值多元所产生的文化冲突的一个有效原则。（2）从纯粹理论上看，"人所不欲勿施于人"原则能够满足严格意义上的普遍有效性要求，相比之下，"己所不欲勿施于人"原则只是在特定文化条件下才有效。以新版金规则取代传统金规则并没有完全否定传统金规则，而是将传统金规则变成新版金规则所蕴涵的一个特例，就是说，假如一个社会碰巧具有价值共识，在这个特殊条件下，"人所不欲勿施于人"与"己所不欲勿施于人"是等值的。但在其他可能世界里，尤其是价值多元的社会条件下，就只能是"人所不欲勿施于人"。这说明"人所不欲勿施于人"原则的有效范围大于并且在逻辑上包含"己所不欲勿施于人"原则。

5　无人被排挤

从思想语法上看，人们在思考"我与他人"的关系时通常使用的是主体观点，即以"我"（或特定群体"我们"）作为中心，作为"眼睛"，作为决定者，试图以"我"为准并且由"我"来定义知识、价值、规则和标准，按照"我"的知识话语、游戏规则和价值标准把"与我异者"改造并重新组织为"与我同者"。这种自我中心的态度可能是一种自然态度，与文化关系不大，即使是自古非常强调他人重要性的中国传统文化，也没有能够超越自我中心的理解方式。但有一点也是肯定的，现代性无疑以其主体性原则加倍强化了主体观点。

在列维纳斯看来，主体观点是对他人的不公。一切以"我"的观点为准，就是对他人精神的否定，这是一种无形的暴力，一种否定他人精神和思想的暴力，一种试图把自我精神强加于人的暴力，而没有任何他人会同意这种强加于人的主体性，因此，以主体观点为基础的道德是无效的，不可能是普遍有效的原则。主体观点把他人贬低为在"我"的标准和权力范围里被解释的对象，那么他人反过来也会把"我"当成他人，这种不良循环的对等关系只能产生互相否定和互相拆台。只要思维方式是主体观点，即使有互相尊重的良好意愿也无从实现。康德就希望以"善良意志"来推导道德原则，可是如果良好意愿只不过是自己意愿做个好人，而对他人并无落实的实质好处，只有意愿而没有行动，就只能证明意愿的落空。所以，列维纳斯"他人为尊"的观点在思想语法上非常重要，他建议要以尊称他人为"您"的他人观点来代替主体观点，只有以他人观点为准的理解才能尊重他人存在的"超越性"，即不会被"我"随便"化"掉的绝对性，才能避免试图把他人的超越性消灭在"我"的"万物一体化"的企图中，而尊重他人的超越性就是尊重他人不能被规划、不能被封闭起来的无限性。列维纳斯的观点无疑包含着宗教式的夸张，但也确实指出了主体原则的局限性。列维纳斯指出，"面对面"所形成的"我与你"关系才是平等的，而以主体观点为准把"你"漠视为他人的"我与他人"关系则是不平等的。

像列维纳斯这样强调他人观点的西方哲学家实在少见，但他人观点却是中国传统哲学特别是儒家所强调的。儒家的他人观点比较温和，没有列维纳斯那种宗教式的激情，不会把他人夸张为至尊的存在。儒家所理解的对他人的善意和义务不是宗教性的使命，与上帝无关，只是人与人之间的互动仁义关系，是在人情范围内能够解释的相互善意。从理论上说，儒家的他人观点是更为圆熟的理论，人际互动的仁义已经直接证明了他者的绝对重要性，不再需要宗教背景。宗教信念是文化偏好而不是理论所需，这反而造成更多需要解释的问题。无论是列维纳斯还是儒家都发现了只有从他人观点出发才能演绎出真正公正的相互关系。不过，无论是列维纳斯还是孔子都只是在伦理学意义上理解他人的概念而忽视了他人的政治学意义，因此没有考虑到在失去价值共识的情况下可能产生什么严重问题。

根据他人理论可以清楚地看出，金规则"己所不欲勿施于人"表面上表达的是对他人的伦理善意——确实是想对人好——但背后隐藏着主体观点的政治霸权，它的思维出发点是"己"，只考虑到我不想要的东西就不要强加于人，却没有去想他人真正想要的是什么。这意味着，只有我才有权利判断什么东西是普遍可欲的，什么事情才是应该做的，我的心灵才是有资格做决定的心灵，而他人的心灵根本不需要参与，我就可以单方面决定普遍价值的选择，可以单方面制定游戏规则。这就是主体性的政治霸权。

价值决定权以及游戏规则决定权是最严肃的政治问题，在生活中，在世界上，没有比价值决定权和游戏规则决定权更重要的事情了。因此这里存在着最深刻的权力-权利之争，它是精神和知识的权力-权利之争，即谁有权力/权利决定什么是合法的、权威的知识，谁有权力/权利决定什么是有价值的东西以及什么是正当的事情，简单地说，谁有权在精神上说了算，这是决定命运的最后问题。精神和知识权利不仅是政治权利，而且是最根本的政治权利。即使"己所不欲勿施于人"这样的金规则表达了善良意志，也不可能真正解决我与他人的公正关系问题。无论是康德式的善良意志还是孟子式的良心，都只是心理学的想象，而人们需要的是政治学的解决，即我与他人真的获得精神和知识上的对等政治权利。

主体观点可以是一种知识论观点，在"看"事物时，不需要征求事物的同意，我想怎么看就怎么看，事物也没有意见。在知识论里，主体性原则虽然不见得是最优的（有局限性），却是合法的。但在生活领域，主体观点失去了合法性。比如在交往中，我不可以想怎么就怎么随便"看"别人，如果他人不同意，我的看法就落空，于是，"看"他人的同时还需要"听"他人，我们不得不去听别人说什么，否则交往不成立。当进入"做"的问题，即共处或合作，做任何事情都需要他人的合作，主体观点就彻底不合法了，他人会不同意，甚至反抗，那是实实在在的否定。生活的根本问题是存在论而不是知识论，把知识论的原则推广到存在论中去是不合法的，他人不是对象而是本体，他人意味着我的精神所化不掉的外在精神，我要做任何事情都不得不与他人一起做（至少是间接地与他人一起做事情），这种存在论上的关系决定了他人原则必定替代主体原则而成为确定金规则的基础。

当把他人观点考虑在内，金规则的变量就有了根本变化。为了把他人观点包括在内，就需要把金规则修改为"人所不欲勿施于人"，同时，方法论也需要转换为"由人至人"。在由己及人的方法论中，可能眼界只有一个，即"我"的眼界，而由人至人的方法论则包含了所有的可能眼界，这样才有可能尊重每个人的精神。把每个人的精神权利考虑在内的原则可称为"无人被排挤"原则。这个原则在根本上改变了思考价值问题的思路和角度。金规则的升级版同时意味着一条对于任何伦理体系都有效的元定理，它蕴涵着彻底的公正，可以表示为：（1）以你同意的方式对待你，当且仅当，你以我同意的方式对待我。（2）任何一种文化都有建立自己的文化目标、生活目的和精神价值的权利，并且，如果文化间存在分歧，则以（1）为准。这是学术版的"人所不欲勿施于人"。

6　进一步的论辩

对于金规则修改版，有一个很有意义的批评来自王庆节先生。王庆节指出："赵汀阳以'他人观点'建构起来的道德金律固然可能帮助我们克服'主体观点'，但这种以'他人观点'为准的道德金律是否能胜任作为'普世伦理'的'元规则'呢？我想我们恐怕不能得出这一结论。为什么呢？让我们来看下面的例子。假设你我都是腐败的官员，而且你我都不以贿赂为耻，反而以之为荣。当我贿赂你时，我知道你想我以'贿赂'的方式对待你，并且假设你也会同意以同样的方式回报我。但是，我们知道，按这种方式进行的行为，无论是出于'主体观点'还是'他人观点'，都不能改变'贿赂'的不道德性。这也就是说，即便我对某一他人对我行为的所欲所求与此人想要得到的对待是相同的，遵循这一原则行事也不能保证永远是道德的。"[1]这个批评富有启发性,而且从某个方面来看是正确的,它指出任何可能被设想的一般道德原则的一个通病。类似的例子也曾经被用来批评康德的形式化"普遍律令",并证明康德的一般道德原则无法必然保证其内容上的正确性。这是人们长期深思而不得其解的一个问题。

王庆节的"贿赂"假想用于批评金规则的积极表述时比较有效,但对于金规则的消极表述则效力较差,而我们讨论的正是人所"不欲",属于消极命题。某人A想得到贿赂,这显然属于"欲"而非"不欲",那么,是否可以把命题"A想得到贿赂"替换成命题"A不想清廉"?或许这两个命题在真值上是逻辑等值的,但它们却并非意义等值。显然,"受贿"是个经过自我决定而做出的行为,而"清廉"却是个状态,是个还没有发生受贿事件的无为状态,是什么事情都没做的自然状态或本来状态,一个人在没有打算受贿的时候,他的本来状态就是清廉的,因此,只有"受贿"才是个欲望对象,而"清廉"这种本来状态却不是一个欲望对象。这有点像古希腊诡辩论者的例子,显然不能由我们"本来没有角"推论说我们"失去了角"。所以,"贿赂案例"只对金规则的积极表述构成挑战,却不太可能对金规则的消极表述形成真正的威胁。

虽然以上分析削弱了"贿赂案例"的挑战性,但仍

---

[1] 王庆节:《道德金律与普世伦理的可能性》,见《解释学、海德格尔与儒道今释》,中国人民大学出版社2004年版。

然必须承认，总还会有办法找到某些更具挑战性的方案，比如，可以假定有人偏偏喜欢战争、侵略和压迫，而和平、友好和尊重正是他所"不欲"的；又有人愿意吸毒、赌博加性变态，而认真工作和正常性爱是他所"不欲"的。诸如此类，事情就比较有趣了。不过，以上想象有些无法威胁到新版本金规则的消极表述，比如战争偏爱，这是强加于人的迫害，显然属于"人所不欲"，必定不能接受。吸毒的情况就比较难以解释，我们反对吸毒是根据美德以及间接连锁的社会危害之类的理由，这些理由超出了金规则的解释范围，但这一点并不是对金规则的有效挑战，只是说明任何一种金规则所能治理的伦理空间是有限的，总有"伦理荒地"留在外面。金规则的局限性提示了一个重要问题：一个充分有效的伦理体系所需要的元定理不止一条，而应该有多条元定理。金规则只是其中一个元定理。

康德很有可能意识到了这个问题，这也许就是康德为什么除了"普遍律令"之外又给出了另一条基本原则的理由。另一条原则就是甚至更为知名的"人是目的"，有时候被认为是普遍律令的另一种表述，但其实二者在着重点上有所不同。不过，"人是目的"这条原则要求太高，以至于更像是不切实际的空话。事实上任何人都做不到不在某些情况下把某些人当成"手段"，否则生活就无法进行了，更不可能产生社会、国家、政治、商业、市场诸如此类的文明事物。除了单纯美好的人际关系之外，人际关系更多表现为各谋其利的"事际关系"，所谓"手段"的问题必然出现。请允许我赤裸裸地说，如果不把某些人当成手段，就根本做不成任何事情，这是一个残酷的事实。美好的生活仅仅在于，对于我们，存在着少数人不是手段而是目的。尽管康德的要求太高，但他构造的道德原则的确比传统金规则要周到得多，但无论如何，康德式的形式原则是不充分的，显然还需要内容方面的约束原则，就是说，金规则不可能只是一条，而是至少需要两条以上。伦理系统到底需要几条元定理，目前还不知道，有待反思。

康德方案是优美的，但既不现实又有自相矛盾之处。假定"人是目的"原则普遍成立，那么就会有一个完美社会。假如真有完美社会，那么现在观察到的几乎所有社会规律、规则和制度以及人文社会科学知识就会失去意义，尤其是经济学、社会学和政治学的全部前提就不存在了。而且，理论上说，如果能够遵循"人是目的"原则，普遍律令就更加不在话下而成为多余的，或者说已经被完全蕴含了，在这个意义上，普遍律令和"人是目的"原则就似乎不是两条相区分的原则。可是普遍律令不能保证价值取向，因此，"人是目的"原则仍然是必要的。康德的思路是伟大的，但其内在构造并不妥当，两条原则其中一条局限于主体观点，另一条缺乏现实性。

要选择两条配合良好又足够覆盖伦理的各种问题的道德基本原则或者伦理元定理确实不容易。在《论可能生活》中，我采取的也是"两条原则"的模式，但与康德的选择有所不同。我的方案是：（1）幸福原则。如果一个人的某个行动自成目的（autotelic），那么这个行动必然产生个人幸福，而如果这个行动的目标也是一个自成目的的事情，那么这个行动就同时是一个能够促进人类幸福的行动。幸福既是人们的最大欲望，又是对己有益对人无害的行动，因此，"幸福的帕累托改善"具有全方位正面效果，就是说，某人的幸福改善不仅对自己有益，而且在任何意义上都对他人无损。相比之下，利益的帕累托改善（即经济学的帕累托改善）虽然也无损他人的物质利益，却非常可能损害他人的社会地位、政治影响力、话语权力、心理情感和精神世界以及文化价值。经济学不计算这些事情，伦理学却不可不考虑。（2）公正原则。也就是前面所论证的金规则改进版"人所不欲勿施于人"，也可以等价地表达为"无人被排挤"原则。再说一遍：（1）以你同意的方式对待你，当且仅当，你以我同意的方式对待我。（2）任何一种文化都有建立自己的文化目标、生活目的和精神价值的权利，并且，如果文化间存在分歧，则以（1）为准。

两条元定理估计也不够用，只构成一个伦理系统的最小底层结构，但我还不知道一个足够好的伦理系统到底需要多少元定理。

（原载《中国社会科学》2005年第3期）

{七}

预付人权[1]

1 人权的宗教性抑制了自身的理论性

人权已发展为一个虽无宗教之名但有宗教之实的西方新宗教。这标志着西方现代性的完成以及随之而来的终结（完成往往意味着终结）。以人的主体性为基本原则的现代性消解了神的权威，尽管基督教在今天仍然是个有实力的传统精神象征，但它主要已经转化为一种思想方法论，而不是首要意识形态。自由主义才是现代社会的主流意识形态，但不是能够一统世界的普遍意识形态。假如自由主义统一了精神世界，就将变性为专制主义。

---

[1] "预付人权"的初步构思见于我的《论可能生活》（1994），另有文章发表于《哲学研究》（1996年9月）。开始称为"有偿人权"，也称"预付人权"，现在统一为"预付人权"，与"天赋人权"的对比性更清楚一些。"预付人权"最初我译为conditional human rights，不够好，现在的credit human rights这个更好的翻译是黄平先生帮我确定的。

这意味着，自由主义必须允许多种不同的现代价值观系统，以保证自由主义的自由性，而这种状况同时也意味着价值观的分裂。现代的物质－技术世界远比其精神世界成熟得多，精神世界的混乱状态表明人文现代性远没有完成。在此背景下，人权观念巧妙消化了基督教和自由主义资源，从而成为最具普遍性的新宗教，人权观念在今天的地位几乎相当于基督教在中世纪的地位，人权观念实现了由思想向信仰的转变。

当人权变成拒绝质疑的信仰，它在思想上就死了，只剩下思想的尸体——信念。以人权为依据去批评任何事情就似乎是不证自明且正确的政治行为，而对人权的质疑都被识别为不正确的政治行为，这意味着人权的概念拒绝任何理性反思。如果任何人无权质疑人权的概念，那么，人权本身就变成了一个悖论，显然，如果禁言对人权的质疑，人权就背叛自身而变成了专制主义。人权的立意是要成为一个超越文化特殊性的普遍观念，但人权的学理性被其宗教性和政治性所掩盖，反而变成了一种属于西方的地方知识。在这里，我试图恢复人权概念的理论性，消解人权的知识政治学，使之纯化为一个理论问题。

人权概念源于西方的创作。对于一个公共化的共享概念，历史传统不意味着解释的特权。假如人权被认为是普遍的而不是专属的，另一方面却把人权的解释权看作西方专有的特权，就导致了自相矛盾。既然人权被认为是普遍有效的概念，就必须在理论上是开放的，在文化上不可设限。假如人权只能按照西方偏好和标准去定义，就永远只是一个西方的地方信念，也就不可能是普遍的。既然人权被设定为一个普遍概念，那么人权概念的意义就不是既定的，而是可以重新被解释和定义的公共概念。显然，人权在理论潜力上有着多种可能含义，只有找到人权的最优可能概念，才有资格使之成为普遍的概念，而"最好的"人权概念只能是理论最优的概念。这是重新确定普遍人权概念的唯一方法。

2 可疑的特殊价值论

要在理论上分析人权概念，就必须回到人权概念原本试图解决的问题，把人权重新理解为一个初始的未定概念，退回到理论起点重新进行反思。在进入重新初始化的分析之前，有必要先退出一个流行但不成功的反霸权策略，一般称作文化多元论或文化相对主义。为了反对西方的话语霸权，非西方国家往往以文化多元论或文化相对主义为理由去坚持自己的文化权利，例如亚洲有些国家曾经热烈地主张"亚洲价值"去反对普遍主义价值观，其论证策略主要是强调价值观从属于文化，而不同文化之间缺乏可通约性，于是只能各美其美。可问题是，人权设想的是普遍有效的权利，文化特殊论即使是正确的，对于普遍问题却是文不对题，答非所问。

H.罗斯蒙特的分析对于理解相对主义和多元论或有帮助：相对主义只是同一种文化/知识体系内部人们对问题的不同看法，而在不同文化/知识体系之间的不同看法则是多元论，不同的文化/知识体系甚至有完全不同的问题，这意味着，只有当问题不同，才可能真正形成多元。他举出的例子是，中国文化用来形成问题的词汇表就非常不同于西方，并没有讨论与西方同样的问题，而是讨论了另一些问题。[1]在同样的知识体系中对同样问题的不同看法之所以只是相对主义，是因为所利用的知识资源相同但偏好不同，于是相对主义的特性是"无可争辩"；多元论则是不同文化/知识体系各有各的问题，其特征是"不可通约"。

非西方国家在当代思想处境里实际上兼有多元论和相对主义的双重倾向，所以自然而然地既求助于多元论又求助于相对主义来回应西方的思想挑战，而文化不可通约论意味着没有能力回应全球共同或普遍的问题，于是发展出"亚洲价值"之类的特殊价值论。亚洲价值论从开始就受到质疑。首先，"亚洲价值"是一个虚假概括，正如阿马蒂尔·森指出的，想要概括亚洲丰富多样的文化是不可能的，而且是"极其粗鲁的"，把亚洲简单

---

[1] Henry Rosemont. Jr.: "Why Take Rights Seriously?" *Human Rights and the World's Religions*, ed. by Leroy S. Rouner, Notre Dame: University of Notre Dame Press, 1988, p.172.

地看成一个同质单位，这本身就是欧洲中心论的看法。[1]森认为，在"西方文明"、"亚洲价值"或者"非洲文化"之间人为想象各种差异往往会掩盖各种文化自身真正的意义。[2]"亚洲价值"的概念固然混乱，但多少是个有号召力的政治策略，虽然缺乏理论意义。可是"亚洲/西方"这一划分——确如森指出的——其实是个思想陷阱。以"亚洲"去反对西方，似乎是对话语霸权的解构，但消极解构的弱点是没有建构性，从历史长时段去看，地方主义或特殊主义在思想力上弱于普遍主义，因此终究无法抵抗。地方主义不准备为世界着想，更不能回答人类必须共同面对的普遍问题，因此缺乏普遍意义。哈贝马斯很清楚这一点，他指出人权要求的是超文化的普遍价值，"亚洲价值"只不过是个特殊对策而不是普遍规范，因此是文不对题的主张。[3]值得注意的是，文化多元论只说明文化是不同的，却不能逻辑地推出各种文化同样好，例如罗蒂虽然乐意承认文化多元论，但他仍然傲慢地认为，根本不需要去证明人权的普适性，推行人权的理由仅仅在于西方的"人权文化"在道德水平上"本

---

[1] Amartya Sen: "Human Rights and Asian Values: What Lee Kuan Yew and Le Peng don't understand about Asia", *The New Republic*, Vol. 217, July 14, 1997, n2-3.
[2] Amartya Sen: "Universal Truths: Human Rights and the Westernizing Illusion", *Harvard International Review*, Vol. 20, no.3, Summer, 1998, pp. 40-43.
[3] 哈贝马斯：《论人权的合法性》，见《后民族结构》，曹卫东译，上海人民出版社2002年版。

来就是更为优越的"。[1]这种文化种族主义虽然错误,倒也指出了一个致命问题:文化特殊价值论只是弱者有气无力的呐喊。

如果一种价值观不是普遍主义,就没有希望成为普遍规范,就没有资格对世界问题说话。普遍主义价值观未必总是对的,却有应对普遍问题的格局和设想,这就是普遍主义的"普遍性"资格。地方主义可以是一种文化保护主义策略,但与普遍问题无关,因此没有能力解构话语霸权,最多是对话语霸权的一种未必有效的设限,霸权还是霸权。要解构话语霸权,唯一有效的可能性就是创作出更好的普遍主义理论。文化多元差异是事实,但能够获得普遍认可并且能够解决共同问题的普遍价值体系尚未存在,它必须被构造出来。

3 现代人权观念作为西方地方知识

现代观念被认为是经过理性批判而建立的超文化观念,而超文化同时是超历史,现代思想试图成为理性的代表。以康德为典型代表的现代哲学家最理解理性的力量:只有理性才具有"普遍形式",因此能够把观念通过理性化而普遍化。但现代人权观念承载了太多西方文化

---

[1] R. Rorty: "Human Rights, Rationality and Sentimentality", *Truth and Progress*, Cambridge, UK: Cambridge University Press, p.170.

的特殊偏好（尤其是基督教信念），不是理性所能消化的，事实如此，现代人权观念并没有能够完成理性化，仍然是有着非理性内核的地方知识，尽管包装为普遍知识。

自从基督教取代古希腊哲学成为西方的精神主导，西方在价值观方面就再也没有越出宗教格式，人权就是西方的现代宗教。启蒙虽然导致了传统宗教的衰落，却继承了基督教的思想格式和许多假设，只不过把神的宗教变成了人的宗教。新教以来，基督教不仅肯定了在上帝面前人人平等，还肯定了每个人与上帝能直接沟通，这就把平等的信念落实为平等的权利。来自基督教的平等观念成为现代性的重要基础，它至少支持了这样几个现代信念：（1）每个人不依赖于他人的独立价值；（2）每个人的平等价值；（3）每个人的个体价值相对于他人的绝对地位。因此现代性可以追溯到基督教，至少到马丁·路德。正是基督教把"人"这个整体单位真正分化为政治–伦理性的个人。在此之前，虽有"个体"，但个体同时属于共同体，还没有完全独立的意义。基督教通过建立每个人与上帝的直接神圣关系而压倒了人与人的世俗关系，于是每个人都从他人和共同体那里独立出来成为"自我"。在"上帝之死"之后，独立于他人的个人甚至与上帝的关系也不再真实，人虽然孤零零，却升格为绝对价值。"个人"这一存在单位与"个人权利"的政治–伦理价值的结合完成了现代性基本结构的建构。个人的绝对价值正是现代人权的必要假设和根本意义。

从理论上说,"个人"是现代神学的一个存在论虚构,并不存在于真实生活中,而只存在于纯化的神学生活中。神学生活里只有单向度的灵魂关系,其实没有生活而只有精神生活,只有"自我与上帝"的单调关系(这里的单调不是贬义词),即个人仅以自我或孤立灵魂的单调身份与上帝交往。在世俗世界中,纯粹个人的"自我"身份过于单调,以至于无法表达丰富的生活内容和意义,每个人的生活意义都不得不在与他人的关系中被定义,或者说,多向度关系中的人不可能被还原为纯粹的个人灵魂,而必定世俗化。在生活里的个人概念必定失去纯粹精神性,肉体出卖了灵魂,堕落为追求自身利益最大化的利己者,而失去纯粹精神性的个人不再是理想化的自我,只是作为利益结算单位的个体。纯粹的精神性个人没有罪恶拖累,拥有无条件的人权便顺理成章,但不纯粹的利己个人背负罪恶,试图以个人之名移花接木地获得无条件人权,就非常可疑了。将神学的精神性个人嫁接到世俗政治的个人,这个不协调的转换使人权具有悖谬性的后遗症。

4　人权论证的有效策略

既然目前的人权概念并非普遍有效,就需要重新构思。要论证一个有普遍意义的人权概念,所采用的论证策略就必须把真实世界的所有可能生活考虑在内,在我看来，这样一组论证策略可能是合适的：

（1）要定义一个普遍有效的人权概念，就必须把所有可能生活考虑在内，即把所有人可能选择的行为策略考虑在内，而不能仅仅将某种地方生活作为代表。

（2）给定人权理论T，那么必须考虑T的担当能力，即T是否能够承担得起T可能导致的后果？T是否有能力应对T可能导致的各种问题？之所以不能忽视"理论担当能力"，是因为人们会对某种观念如此偏爱，以至于只看到好处而忽视其后果。这也可以看作一个博弈论问题：理论T相当于给出一个制度策略，必须把人们所有可能的反应策略考虑在内。

（3）理论T虽然是一个价值主张，但必须获得存在论的支持，否则无意义，即T所承诺的事情必须是真实世界能够支付的。这个"理论兑现"问题也很容易被忽视，人们往往只考虑到一个价值主张是不是好的，而没有考虑到所要求的事情是否超出了真实世界的支付能力。事实上，世界能够支付的"好事情"远没有人们希望的那么多，而且，人们各种要求之间互相矛盾或者互相消解，也削弱了世界的支付能力。

任何人权理论都必须把所有可能生活计算在内，不能只挑选最好的可能生活，因为最好的可能生活里根本不存在难题，也就没有理论意义。这样的"现实理性"论证策略显然要比传统的"概念理性"论证策略更为谨慎。仅仅在概念演绎中完成合法性论证的传统方法非常可疑，最典型同时也最有影响的是康德的伦理学论证，它是人权的纯正理论基础。康德相信通过对理性自身的分析就必然能够得出普遍道德原理，其主要成果是"绝对命令"和"人是目的"。康德的理论分析模式有着严重局限，至少有两个困难。

（1）理性人假设。这是现代思想的通用假设。假如不把理性原则看作唯一最高原则，就不可能得出康德式结论。理性人假设并不符合人的事实，仅仅表达了人的心智（mind），而没有表达人的心事（heart）。这个分析模式不仅把人切掉了一半，而且很可能切掉了更说明问题的一半，因为心事才表达了人们真正想要的事情。正因为拒绝了"心事问题"，康德才能够推出一种单调无矛盾的道德生活，而丰富多彩或乱七八糟的可能生活则被省略不计。理性主义论证所以显得干脆利索，就是因为省略了许多本来必须计算在内的因素，也就省略了许多本来不得不考虑的困难。回避了心事问题的理性用来理解人和生活恐怕是削足适履。而且，从理性人假设出发，康德的道德原则也并非唯一必然的逻辑结论，其实可以同样合理地推出两个以上不同或互相冲突的结论，就像一个方程有两个合法解。理性人不仅可以推出康德意义上的自律"道德人"，也同样可以推出亚当·斯密意义上追求个人利益最大化的"经济人"，甚至可以推出博弈论意义上只计算得失的"计算人"。把理性看作道德基础，既不可靠也不真实，理性出产的未必是道德的，理性可以有助于道德，也可以有助于不道德。

（2）个人全权自主原则和平等问题。康德理论所以对人权理论无比重要，在于它为人权提供了合法性论证（justification）。康德论证了个人的绝对主体性，其论据是个人全权自主性（autonomy，通常译为"自律"，有些片面。autonomy的核心意义是"自主权"，同时包含"自律"）。尽管康德的"绝对命令"充分表达了绝对主体性的个人全权自主性[1]，但其论证却建立在一些隐秘错误之上。康德论证的出发点是人皆有理性和自由意志，但从这个前提其实推不出"理性是唯一和最高原则"并且"自由意志必然服从理性"。能够满足"人皆有之"这个标准的人性除了心智（mind），还有心事（heart）、潜意识和本能，每一样都有巨大能量去左右人的选择，理性未必能够指挥自由意志，未必能够必然推出自主自律原则，尤其未必能够推出人权所需要的平等原则。由理性的普遍性原理只能或然地而不必然地推出平等原则，而且同样可以或然地推出许多反平等原则——康德的"绝对命令"的弱点就在于此——例如有人可以满足康德标准而同意让"弱肉强食""男尊女卑"或者吸毒、偷窃和贪污等行为成为普遍规范，这说明理性不可能控制人的行为局面。由理性普遍性原理不能必然推出平等原则，

---

[1] 康德的"绝对命令"是这样说的："Act only on that maxim through which you can at the same time will that it should become a universal law."

这样的后果很严重。如果没有平等原则去控制个人主体性的限度，个人自由就有可能失控，而过分扩张的个人自由必定转而否定每个人的自由。

罗尔斯对康德理论进行了重要的补救。罗尔斯没有挑明理性不能必然推出平等的难题，但从他的努力来看，他显然意识到了这个困难，因此想象了"无知之幕"下的博弈，这个虚构条件虽然事实上不可能（许多人批评这个不切实际的设想），但差一点就成功解决了康德问题。"无知之幕"使得没有一个理性人愿意冒险，于是就几乎"必然地"都愿意接受一个安全的平等原则，以保证即使自己碰巧是弱者也能获得相对平等的照顾。罗尔斯虽巧，但仍然没有能够拯救康德理论。即使以"无知之幕"作为博弈的初始条件，也同样存在着多个同样合理的理性解而绝非唯一解，选择"平均"或"公正"与选择"平等"是同等的理性解。更严重的挑战是，博弈总是多回合的，"无知之幕"只是第一回合，接下来的无数回合很快恢复到真实博弈。揭开幕帘之后真相大白，许多人就会不满意"无知之幕"的制度安排，就会利用制度不可避免的漏洞去解构这个制度，甚至利用政治手段去重新选择新的制度。这才是理性原则的必然后果：如果在"无知之幕"下人们的理性选择倾向于选择平等，那么，当真相大白，人们的理性选择就必定有所变化，理性总要根据博弈条件的变化去选择最合适的策略。理性为所有事情服务，无论好事坏事，试图让理性只用于好事而不用于坏事，完全是一种幻想。

现代哲学家们不断试图为人权理论提供哲学论证，但都没有超越康德/罗尔斯水平。例如A.格沃思，他试图以个人作为"理性行为者"推出人权的合法性，利用的还是理性的普遍原则，即在要求自己的权利时就不得不同时把个人权利普遍化。[1]这种论证策略无非重复了康德模式及其错误。现代哲学家总是倾向于忽视人性的丰富性，把太多的可能生活忽略不计，这样的理论无法应付各种可能的困难，且忽视了权利背后的利益，事实上权利表达的是人们的要求，而人的要求太多，世界根本无法支付那么多要求普遍化的权利，否则世界会被太多的权利压垮。

5 天赋人权的危险逻辑

在温和意义上，权利是对某些自由或利益的正当要求（justified claims）；在强硬意义上，权利意味着拥有某些自由或利益的正当资格（justified entitlements）。"要求"的目的无非达成"资格"，因此权利的最终意义是资格。无论哪种意义，权利都有着一个需要反思的问题，即权利的正当性（the rightness of rights）。

---

[1] 参见Alan Gewirth: *Human Rights: Essays on Justification and Applications*, Chicago: University of Chicago Press, 1982。

一种资格必须在某个"游戏"中被定义,否则其意义无法确定,因此资格总是有条件的。特定游戏规定了特定资格的限度,对资格的条件限制同时就是使资格成为资格的定义。因此,作为资格的权利r具有这样的逻辑结构:

p有做x的权利r,当且仅当,p做某事y;并且,p有做x的权利r,当且仅当,p不做某事z。

比如说,如果不付钱就不能获得商品;作弊就会被取消比赛或考试资格;犯法就会按法律判刑。在没有成文规则的日常生活中,也存在着自然约定或默认的游戏规则,比如有人品质很差,人们就没有兴趣与他合作,也就实际上把他排除在游戏之外,如此等等。

但是天赋人权理论相信,每个人生来就平等地拥有一系列权利(资格),这些权利终身无条件拥有,在任何情况下都不可剥夺并且不可让渡,并且,这些权利不是某种法律授予的,而是自然生命携带的,所以是人权。于是人权似乎是超越任何约定或法定游戏的权利,变成了无条件的特权。"人权高于一切"这一逻辑就意味着人权高于主权、高于法律、高于制度、高于文化,如此等等。无条件的至上性是非常危险的逻辑,因为无条件的权利是对任何价值标准的否定。

"权利为本"(rights-based)的现代性颠覆了"诸善为本"(virtues-based)的传统,把"善者优先"的秩序颠倒为"权利优先",这不是价值观的某种变化,而是对任何价值釜底抽薪的消解。自然权利（natural rights，即天赋人权）据说源于"自然法"（natural law）的"自然正当性"（natural right），然而由自然正当性变成自然权利是偷换性的颠覆，因为自然正当性是以"诸善为本"，与自然权利以"权利为本"恰好相反，自然权利反而才是"自然不正当"。列奥·施特劳斯认为，"权利优先"必定导致价值虚无主义，这是一个非常准确的判断，因为只要否定了诸善的优先地位就等于取消了所有价值。[1]价值本来由诸善所定义，如果权利优先于诸善，权利的正当性又能以什么为根据呢？它或者无根据，或是任意的根据，而通常的解释是以人的生命或人本身的事实作为根据——这相当于要求从"实然"推出"应然"，这个违背休谟定理的信念无法成立，也是人权产生自相矛盾的深度原因（下文将继续分析）。这里的问题是，当不再以诸善作为依据，就不再有任何正当性的依据了，因此我们面对这样一个惊人的事实：言之凿凿的人权根本没有价值上的依据。

既然权利优先于善也超越了善，这就必定蕴涵着一个关于权利的悖论（仿维特根斯坦的规则悖论）：假如对任意某种自由和利益的要求可以被定义为一种权利，那么任何并且所有对自由和利益的要求都可以按照同样的

---

[1] 列奥·施特劳斯：《自然权利与历史》，彭刚译，生活·读书·新知三联书店2003年版，第一章和第六章。

理由被定义为权利。因为，既然权利优先于任何一种善，就不存在任何价值理由去规定哪些要求能或不能被定义为权利。这个悖论是价值混乱和社会失控的根源，而且已经开始表现在人权的实际发展状况中。

通常认为，迄今已经发展出三代人权：第一代是政治权利和公民权利；第二代是社会和经济发展权利；第三代是各种文化和不同价值观的权利。权利的种类已经很多，而且越来越多，终将过满为患。权利背后是欲望，欲望无数而且互相冲突，因此权利也一定互相冲突，而没有一个世界能够支付其多无比的权利。权利反噬权利是个无法避免的问题，例如第二代人权会削弱或损害第一代人权，而第一代人权则会损害第二代和第三代人权，甚至第二代人权也会损害第三代人权。被认为比较保险的第一代人权之中也存在着许多冲突和矛盾，而且第一代人权的项目就已经发展得太多以至于社会难以承担。[1] 为什么会出现人权的膨胀和失控？究其原因，人权的注册条件太低，仅以人的生命的自然事实作为注册条件，等于无条件注册，那么，人的随便什么自由和利益要求都可以申报为人权。

问题远不止社会资源支付不起太多的权利。人权不仅注册条件太低，而且还承诺太高，它承诺了永不剥夺

---

[1] 参见霍尔姆斯和桑斯坦：《权利的成本：为什么自由依赖于税》，毕竞悦译，北京大学出版社2004年版。

的权利，承诺了成本惊人的权利，假如不予限制，长此以往，终将导致社会游戏的崩溃。想象一个游戏，无论怎么耍赖都不用出局，如此不公正的游戏肯定不可行。考虑人权的游戏情况：给定任意一个人无论做什么事情都永远保有不可剥夺的人权，于是，无条件的人权逻辑地蕴涵着"破坏他人人权的人仍然保有人权"。按照"破坏他人人权的人保有人权"的逻辑，某人为了私利去破坏他人的人权，他就等于获得了额外奖励，即"为自身利益去破坏他人人权而无损于自身人权"这个特权奖励。如此不正当的奖励不仅破坏了公正，而且破坏了平等，破坏了人们对善恶是非的理解，特别是破坏了人类生活所需的博弈环境、博弈条件和博弈秩序，它在逻辑上蕴涵着：（1）社会的博弈环境相对有利于坏人；（2）人权制度相对有利于破坏他人人权的人；（3）人权社会相对有利于不公正的行为，诸如此类。概括地说，无条件人权的逻辑结果就是反公正，所以，无条件人权的本质就是反对公正。显然，公正原则要求的行为与结果的对称关系（善有善报，恶有恶报）一旦被取消，做坏事被惩罚的风险就会降低，即使惩罚也相当轻微，就是说，做坏事的成本变小而收益变大，那么，通过做坏事而获利就变成优选策略。天赋人权所以是危险的，就在于它是一条反公正原则。

人权所追求的平等、尊重生命、个人自由等都是可取的价值，但必须以公正为前提才是可能的，一旦公正原则崩溃，所有其他价值就将如覆巢之卵。任何社会都必须以公正作为唯一最高原则，否则必定导致价值混乱和社会失控，就无法控制社会熵增了，乃至最后会崩溃。古人似乎直观到了熵增问题，乱世会破坏所有好事情，治世虽不能保证所有好事情，但至少有利于某些好事情。任何一种游戏，无论多么简单，都必以公正原则作为游戏的元定理，否则无法进行。即使简单如棋牌、球等娱乐，如果允许作弊、耍赖和违规，游戏马上崩溃。法律更是如此，公正原则是任何法律的正当性和有效性的依据。德沃金指出，法律必须以公正原则作为"立法意图"，而立法意图表现在法律的所有元定理中，例如"任何人都不得从其错误行为中获得利益"（参见德沃金对"埃尔默案件"的深入分析）[1]。现在的人权文化所以还没有导致社会崩溃，是因为法律、政治和经济还维持着许多以可行性为准的规则，以及某些幸存的公正规则，但它们已部分地受到人权的干涉。

可以考虑一下死刑的问题。人权理论认为，死刑是个法律错误，尽管法律"有权"处死罪不可赦的罪犯，但从理论上说是"错上加错"——据说杀坏人也同样是杀人。这种人权论据非常恐怖，相当于宣布：谋杀无辜者的罪行与处死谋杀犯的法律行为是等价的，其函数值

---

[1] 德沃金：《法律帝国》，李常青译，中国大百科全书出版社1996年版，第14—19页。

相等。这样的"数学"是恐怖主义，是彻底反公正的原则。其实，死刑确实可以取消，这只是一个技术性的规则而不是原则。死刑只是通过惩罚来实现公正的一种形式，而公正才是问题的实质。如果有更好的规则来实现公正，死刑当然可以取消。真正的问题是，我们必须有某种足够公正的惩罚使得犯罪成为得不偿失的行为，否则犯罪就会成为"合算的"优选策略。按照人权理论的想象，不仅死刑应该取消，其他的法律惩罚也应该大大削弱。假如全盘按照人权来制订法律，一定会产生一个坏社会。如果取消"罪与罚"的对等性，就破坏了公正，在社会中，坏人坏事就获得相对的博弈优势，无论按照自然选择还是博弈选择，结果必定是，更多的人选择犯罪。这样的人权社会就是在故意扶持坏人去破坏更多人的人权。

　　需要想一想，如果极其残暴的犯罪只得到轻微惩罚，又如何告慰受害人以及受害人亲属？实例是，北欧某国一个恐怖分子枪杀了78人而只被判处17年有期徒刑。也许热爱人权的欧洲人民觉得这样蛮不错，但无论如何，这种人权逻辑上蕴涵了非常恐怖的反公正，其潜在后果难以想象。甚至有人认为不仅应该取消死刑，而且应该大幅度轻判或大幅度减刑，以免罪犯受苦。如此伪善的宽恕主义实质上是冷酷的恐怖主义，完全没有考虑到被杀害的无辜者连生命和生活都没有了，而且受害人的亲人可能一生痛苦。需要问个最简单的问题：无辜者该死吗？活该吗？无辜者被谋杀不应该为之伸张正义吗？只要认为杀人犯仍然保有无条件的人权，或拥有不死或轻判的特权，在逻辑上就意味着，杀人犯的人权权重大于无辜受害者的人权，或者，任何坏人的人权权重大于好人的人权。这个逻辑很清楚：无辜受害者的人权损失得不到等值的"补偿"，而罪犯的人权没有因为剥夺他人的人权受到相应的损失，所以，无辜者或好人的人权权重小于罪犯的人权，通俗地说，无辜者的人权不如罪犯的人权那么值钱。要把如此伪善而实为恐怖主义的现代人权说成是"进步"和避免"错上加错"恐怕是困难的，至少是逻辑不通的。

另外，基于现代人权理论的现代法律是物质主义的，只看重生命和财产，在很大程度上忽视了命运、心理、情感和精神，因此在衡量对人的伤害上有大量失误，比如残害妇女儿童、拐卖儿童、毁容、制造假药以及有毒食品等，这些可能毁掉受害人一生的命运和幸福的罪行，由于没有"杀人"，罪犯往往只得到相对轻微的惩罚，好像只有"生命"才是重要的，而"一生"的痛苦却不值得计较。关心罪犯的痛苦超过关心受害人的痛苦是一种令人震惊的罪行，在此背后很可能是伪善的宽恕和仁慈的自我表现。可以设想一个"换位检验"：假如一个人自己或者他的至爱之人成为残酷罪行的受害人，他仍然同意人们必须关心罪犯的痛苦远远超过重视他自己作为受害人的痛苦，那么他才是真诚的。即使有人通得过这个"换位检验",人权理论仍然无效,因为更多的人不会同意。这里只需要反思一个简单问题:宽容罪犯对得起无辜受害人吗?或如何能够告知无辜受害人,无辜者人权的价值权重小于罪犯的人权?重视罪犯的人权超过重视无辜者的人权,无论如何都是一个最大的伦理学丑闻。如果一个社会的规则更有利于坏人,那么人们为什么要做好人呢?居然还有人试图为这种充满罪恶的无条件人权(天赋人权)辩护,这种人的良心要坏到什么程度?

无论如何,只要破坏公正原则,就是支持罪恶;只要在价值上取消被数学和逻辑证明为绝对真理的对等性或对称性,必定迟早导致社会价值崩溃和人心失衡。我不怀疑天赋人权理论有着人本主义的动机,但有理由认为它考虑不周,逻辑不通,错位的热情压倒了理性的谨慎。因此,我们需要重新建立一个符合理性和公正原则且真正普遍有效的新人权概念。

6 普遍人权的元理论问题

一种人权观念可以是一个因时因地的政治策略,但如果要成为普遍有效的价值观念就必须能够通过理论合法性的检查,这意味着,任何一种普遍人权理论都需要一个合理的元理论。为了反思和重新设计一个普遍人权理论,我们需要考虑以下几个基础性问题。

6.1 人权的存在论基础

如果没有他人,就根本不存在人权问题,可见人权的存在论基础是"关系"而不是"个人"。之所以需要人权,就是因为需要处理"我与他人"的关系,因此,"人际关系"而不是"个人",才是人权的存在论前提,人权问题必须落实在人际关系上去分析,因此必须选择关系存在论,即关系是存在论基本单位,并且,关系定义个体的性质。所有生活问题都只能在这个分析框架中去理解。

"个体"(individual)意味着"不可再分的单位",如果用来指示事物,应该是一个容易理解的存在论标志(但未必正确,量子力学表明,事物具有个体和关系的两重性),但如果用来指示人,却不能正确表达人的存在性质,而恐怕是对人的非法删节,因为人的性质也具有个体和关系的两重性,而且,关系更为基本也更具实质性。individual 比较适合表达人的身体存在,却不能表达人的精神存在。日常语言中可以说到"我的身体"和"我的情感",但其逻辑语义完全不同,"我的情感"必须是"及物的"才有意义,其中最重要的及物性表现为"涉及他人"。这意味着,"我的情感"并不是一个限制在 individual 之内的独立事实,而是属于人际互动空间的关系事实。孔子用仁(二人)来解释人之为人,其深意就是在关系中去理解人,或者说,人就是在关系中成为人,不在关系中的人其实只是一个身体,而人的身体不是人,只是身体。人是一个关系性的概念。

人之所以形成最深刻的存在论问题，就在于人突破了普通存在论而成为"例外存在"。普通存在论是以物理存在（the physical）作为基本存在形式的，所以存在论就成为"物理学之后"即形而上学（meta-physical）的主要问题。可是普通存在论不足以表达人的存在，人的存在是"生活"而不是生物学的"活着"，而生活的存在方式需要通过与他人的关系来建立意义，就是说，人的存在意义溢出了身体性或生物性，其例外性就在于其存在的意义是后验建构出来的"我"与他人的相互意义。假如不存在他人，则根本就没有生活，更没有意义。人的存在论状况意味着，关系先于个人，关系之外无个人，关系为实，个人为虚。他人对相互关系的一半决定权意味着"我"的所有权利永远必须经过他人的同意才生效，个人的自由意志没有能力也没有资格决定自己成为主体并且拥有何种权利，自由意志仅仅表达"我愿意如此这般"，却不能保证"我可以如此这般"，因为他人不见得允许"我"如此这般。所以，任何人的任何权利的本质在于"我"与他人对权利的共同承认和互相承认。现代理论把"人"的概念替换为"个人"概念，又进而把"个人"赋值为"主体"，这个"存在论偷换"制造了个人自由和个人权利的绝对地位幻觉，但这显然不如实，只要发现他人不同意甚至不允许，就证明自我的想象无效。主体/个人是人造的虚拟存在。如果要正确使用主体（subject）概念，就必须意识到"主体同时从属于他人"（to be a subject is to be subject to the others），这意味着，主体必定互为主体，否则不成立。这也是孔子或列维纳斯的问题意识。

以关系存在论为基础，可以看出，权利只能在相互关系中去解释。在与他人的关系之外，不存在权利。因此，人权在本质上要表达的不是个人自由，反而是人与人之间的关系对个人自由的正当限制，就是说，在逻辑上不可能先界定个人权利，后界定相互责任，而必须先界定相互责任，而后自动定义个人权利。任何一种权利都存在于"关系"中，而不是事先存在于个人"身上"，这一点已经决定了"由责任决定权利"的存在论顺序。如果颠倒这个存在论顺序，后果就会很严重。

现代权利理论错误地把存在论的基本单位选定为"个人/主体"，于是把权利看作个人存在的一个自然属性。可是显然没有任何科学证据能够证明人有这样一个自然属性，甚至，"个人"概念也不能必然和分析地蕴涵权利，即权利无法由"个人"必然推出。假如强行从"个人"推出权利，则要冒很大风险。个人的"自然"只有欲望、需要和自私，假如把个人所欲之事说成是对权利的"合法要求"，那就危险了，因为个人往往想要一切，在"个人"这个分析单位中找不出拒绝把所有欲望变成权利的限制性理由。把"个人"当作权利的分析单位所以是个错误，就在于"个人"的存在本身不包含任何限制性理由。人什么都想要，于是什么都可以被宣称为权利，欲望的膨胀导致权利的膨胀，最后，膨胀的权利会把生活空间挤爆，而且太多的权利之间形成矛盾，必定导致权利之间的冲突和互相破坏。现代人过度迷恋权利，以至于忽视了权利无限扩张所导致的社会困难，尤其是权利反对权利的尴尬局面。"我"的权利意味着他人的责任，反之亦然，可是权利太容易被"宣称"，而责任很难落实，实的跟不上虚的，有限责任能力显然无法支付无限扩张的权利。

因此，我们有理由修正人权的存在论基础，以"关系"作为权利的存在形式，于是，权利的合法性不再落实在个人身上，而是落实在相互关系中。权利是他人所承认的责任的对应形式，如果没有他人的承认，权利就没有合法性。在实际博弈中，由于他人总是试图避免责任，于是，权利总是处在长期博弈的稳定均衡状态中，而正当的权利就是公正博弈的结果。以上证明了，由于"个人"本身无法证明所宣称的权利的正当性，因此只能在"关系"中去定位权利的正当性。

6.2 人的概念

人的概念支配着人权的意义，因此必须选择一个能够最充分表达人性的概念。

"天赋的"人权所默认的人的概念是生物学的人，只要在生物学上是人，就拥有无条件的人权。以人的自然属性作为人权的理由，意味着权利只与"是"（is）有关而与"行为"（do）无关。以自然身份来兑换社会权利，这个空手套现的交易不成立，因为自然界不存在权利这件事情，权利是社会游戏的发明。假如自然身份与社会权利之间可以跨界兑换，权利就会被扩大到失控的地步。许多主张动物权利的人，如T. 里甘和P. 辛格等，就看准了生物学的人的概念缺乏封闭界限，因此宣称权利应该扩展到许多高级动物身上[1]，因为动物也有某种智力、感受和意识水平，而在动物和人的意识水平之间确实没有清楚的界限（令人尴尬的是，许多高级动物与人的智力差距还不及人之间的智力差距那么大）。在辛格看来，"人"这个概念没有太大意义，意识才是定义高级存在的标准。动物权利虽是个混乱的问题，却是从人权推出的结果，可见人权概念是混乱之源。

自然人只能表明人的自然行为，不可能表达社会行为，以自然性而要求获得人权这样的社会福利，显然不合逻辑。既然由自然属性推不出文明，那么，在人权问题上，"人"就不构成理由，"做人"才是个有效变量。对于分析人的生活，一般存在论的"存在"（to be）是一个错误的分析形式，正确的形式应该是"因义而在"（to be meant to be）。理由是，一个人成为（become）人，不可能还原为自然所是（to be），或者说，存在本身（to be）

---

[1] 参见Regan and Singer eds: *Animal Rights and Human Obligations*, Englewood Cliffs, NJ: Prince-hall, 1989。以及Singer: *Animal Liberation*, New York: New York Review of Books/Random House, 1990。

不是存在的一个值（value），而就是存在本身，一个存在的值只能在"做"（to do）中去实现，"做"成为"是"的值，因此，就人而言，存在即做事（to be is to do）。这一存在论公式表明了人的存在因其化成行为而获得意义（值）。古人的直观是正确的：德性是定义"人"的概念所必需的条件。对于德性（virtues），可以有这样的客观判断指标：如果无论你自己是否具有德性v，你都愿意与具有v的人进行合作，或者，如果别人具有v，你也愿意自己具有v，那么v就是一种能够定义人的德性。人有德性，因此人的概念才具有可识别性。

把人的概念降低到生物学指标，这并不是博爱，而是对人的行为价值的贬低，是在否定人的德行和任何高尚努力。假如人们不再需要做好事或追求高尚品质，就能永远无条件地享受所有权利，人类的优秀品德和道德行为就一文不值了，其荒谬和危险性就像不管学习好坏，人人都得优，或无论是否劳动，人人都得同样报酬，甚至杀人放火、罪行滔天也保有人权。如果社会如此不公，人们迟早——慢慢地——会发现最佳策略就是去做自私无耻的人。人本身不是目的，但人必须有做人的目的。人是做成的，不是本然的（a human does rather than is），在自然上"是"一个人不等于在德性上"做成"一个人。选择"德性人"作为人的概念，意义在于，只有把人的概念与美德联系起来，才使人的概念具有分量或"所值"。缺德人在生理上与德性人是同类，但在道德上是

七 预付人权

异类。如果抹杀这个基本差别，把人的概念落实在人的自然存在上，通过抹平价值去达到的只能是向低看齐的低质平等，而这决不是一个好社会的理念。只有以德性人概念为基础才能形成向高看齐的优质平等，不然的话，罪犯就会变成榜样。

6.3 公正原则的优先性

给定一个游戏是非合作博弈，那么其基本假设将包括理性原则、个人利益最大化以及风险规避。但如果给定一个以合作为意图的游戏，其基本配置将是理性原则、公正原则、美德原则以及共同利益最大化（合作比不合作所需的条件组合要复杂得多）。游戏的意图决定了游戏的"形势"：假如意图非合作，那么"个人"在该游戏中占有优先地位，人们将优先考虑个人自由和利益最大化，然后再考虑不得已而接受的限制，即以"个人"为本去规定"关系"；假如意图是合作，那么"关系"就占有优先地位，人们将优先考虑最好的可能关系，然后再考虑个人在关系条件下的最大自由，即以"关系"为主导去规定"个人"。通常人们希望鱼和熊掌可以兼得，因此希望生活游戏兼备公正、自由、公平和平等之类所有的好性质（真实列表要多得多），但人们对各种价值的排序各有不同，比如对公正、自由和平等的重要性排序就存在不同偏好。显然不能专制地规定价值排序，因此只能从逻辑上或技术上去分析什么样的排序能够保证所有价值都得到合理而可能的满足。

现在来分析人权游戏。现代人权体系主要强调个人生命、私有财产和个人自由（特别是政治自由）。以个人为本的权利体系的第一价值是自由，其次是平等。自由和平等不仅压倒了公正，而且修改了公正的本义，现代理论（例如罗尔斯）倾向于以自由和平等去解释公正，结果挤掉了公正的本来意义（对等性和对称性），而把公正变成自由和平等的一种组合方式，实际上等于取消了公正，从而造成许多自毁性隐患。权利意味着个人的自由主权空间。那么，个人自由空间的边界在哪里？这是个问题。如果对称性公正不被看作最高判断原则，权利界定就必定失去普遍标准，主体间就永远是个是非之地，就像国家间永远是个是非之地一样。

从个人出发去解决个人边界问题的现代方法是理性谈判，哈贝马斯就寄希望于商谈理性能够克服个人理性的单边主义缺点，他相信通过理性对话，最后总能够达成互相理解从而形成一致意见。哈贝马斯看到了理性互动能够最大限度地发挥理性的潜力，但他忽视了"互相接受"这个必要环节。"对话—互相理解—互相接受—达成一致意见"这个必要流程被简化为"对话—互相理解—达成一致意见"。问题是，从互相理解无法必然推出一致意见。[1]

---

[1] 参见赵汀阳："Understanding and Acceptance", *Les Assises de la Connaissance Réciproque*, Paris: Le Robert, 2003。

如果不能解决"互相接受"问题，哈贝马斯方案所能达到的最大限度的理性成就至多相当于程序公正（形式公正），而不可能达到实质公正，也就无法解决任何实质问题，比如，根据什么标准来规定价值以及形成价值排序？或者，根据什么标准来选择人权项目以及这些项目的排序？由于程序公正无法保证实质公正，因此公正一直是个未完成的问题，也就不能解决权利的正当性。显然，如果坚持自由和平等的优先地位，就等于否定公正，结果是很难形成合作，而一个缺乏公正合作的游戏将反过来损害自由和平等。

如果要把自由、平等和公正这三种众望所归的价值结合起来，唯一可能的排序应该是公正、自由和平等。这几种价值的不同性质注定了它们不同的弹性：自由和平等都有比较大的弹性，可以多一些或少一些，而公正几乎没有弹性，只有"公正或者不公正"，不存在比较级。于是，只要稍微削弱自由和平等就能够与公正达成兼容，而如果反过来，则必定破坏公正。因此，从技术的可操作性上说，"公正优先"模式是唯一能够同时保证公正、自由和平等的兼容排序。

公正原则的完美程度与真理相似，在结构上也相似。真理就是把如此这般的状态说成如此这般的情况；同样，公正就是对如此这般的行为给予如此这般的回报，都是对称或等值关系。如果不以真理作为知识的标准，知识就会崩溃；如果不以公正作为游戏的标准，游戏就会崩溃。所以，公正是任何权利获得普遍有效性的唯一条件，也是权利获得合法性的唯一根据。如果失去公正，就必定有些人宁愿不合作，进而导致游戏崩溃，或者不接受，进而退出游戏。显然，只有公正原则才能定义一种不包含自毁因素的权利游戏。公正原则的完美性和力量在于它的对称性或等值性，它使得任何反对意见都没有立足之地。所谓人权，就是公正关系所允许的个人自由空间，而不是个人所要求的自由空间。也许有必要再次强调，这里的公正指的是古典公正，即行为与报应的对称性，或付出与回报的对称性，其结构相当于逻辑上的互蕴关系（p iff q）。

7 一种新普遍主义的预付人权理论

根据以上分析，我准备推荐一种预付人权理论，相信它是一种更优的人权理论。我们可以设想一个初始博弈，但不采用霍布斯"丛林"（霍布斯的自然状态学说学术价值高，但更适用于分析无政府状态），也不需要罗尔斯的"无知之幕"（真实度低，适用范围小）。尽管理论设想的初始条件总与真实世界有些出入（这是允许的），但如果初始条件过于单调，恐怕就与真实世界无法匹配。由一个与真实相差太远的游戏推导出来的规律未必能够代表真实生活的规律，而把幻想出来的规律应用于真实生活恐怕是危险的。于是，我们有理由要求一组与真实世界虽然有些不同，但与真实世界比较匹配兼容的初始条件，即一组尽量仿真的条件。大概如下。

（1）每个博弈方都优先考虑自己的利益，包括自己的专属利益和可及共享利益，并且，在专属利益与共享利益之间不存在先验给定的偏好排序，比如不存在"专属利益优先于共享利益"的先验排序，而仅仅优先考虑任何一种利益是否是最大的可及利益（无论是专属的或是共享的）。

（2）每个博弈方的思维是理性的，但思维能力不等，因此各自的策略水平不同。

（3）每个博弈方将按照各自的价值偏好排序表去理性地计算得失，而不存在一个普遍通用的价值排序表。假定p偏好x，即使其他人都认为x一文不值，p仍然为了x而牺牲别的利益，这一计算将被认为是充分理性的。

（4）足够多次的连续博弈，类似于"一生"或一段历史的效果。

（5）每个博弈方拥有关于其他博弈方的至少部分知识。

（6）每个博弈方各自拥有的初始策略知识不等，但可能策略是有限多个的，而且每个博弈方都能够学会其他博弈方的策略。

根据这一仿真社会的初始博弈条件，可以获得以下分析。

首先修正一个流行的错误。在通常的分析模式中，个人利益的最大化仅仅计算到自己的专属利益,而没有把对自己同样有利甚至更有利的共享利益计算在内,因此才会把理性人定义为互相麻木不仁的人。事实上,人的大多数"最大的"利益只存在于共享关系中,可以表达为:对于某人,存在着某种最大利益x,当且仅当,x同时为他人所分享。就是说,x仅仅存在于与人共有的关系中,而不可能为个人所独占,例如家庭、爱情、友谊以及任何良好合作所创造的巨大效益。人们真正关心的是"自己可及的利益",而不一定是个人独占的利益,无论是共享利益还是独占利益,只要是更大利益,就是优先选择的利益。

另外,人们对利益的理性排序完全不像现代理论所妄想的那样,永远把政治自由和财富排在最前面。人们的最大利益往往属于由"关系"所创造的利益,比如安全、幸福、成就和权力。强调理性计算,本身并没有错,但现代理论把需要理性计算的项目搞错了,被漏掉的利益项目太多,甚至可能把最大利益也漏掉了。当纠正了在利益项目上的计算错误,就能够发现人们的博弈真相:人们所以苦苦进行博弈,根本目的不是为了获得一些宣称拥有个人自由空间的消极权利(据说是最基本的人权),而是为了形成最好的制度,这个制度能够保护使人们获得最大利益的所有合作关系,而合作关系是安全、幸福以及各种最大利益的必要条件甚至是充分条件。这个至今尚未存在的最好制度的标志是:(1)所有人都一致承认这个制度;(2)所有人都失去采取不合作行为的积极性;(3)所有人都有自由选择的机会去形成个人幸福的帕累托改善;并且(4)能够形成惠及每个人的孔子改善。

博弈的第一回合,甚至许多个回合,都不足以形成长期稳定的制度和规则,大家在别人出牌时了解对方情况并且学习到各种策略,这意味着后续博弈条件和博弈策略会不断被改进,能力更强的人不断推出更高明的策略使自己利益占优,但领先总是暂时的,高明的策略很快会变成公开知识。一定要等到"集体黔驴技穷",大家拥有足够饱和的共同知识或对称知识(对称的知己知彼),这时将出现普遍的策略模仿,大家都模仿某个被证明为最优的策略,于是达到稳定均衡和一致性,成功的制度才能够产生。

在足够多回合的博弈之后,吃很多堑长不少智之后,最有可能被普遍模仿的策略将是对称性公正——人类不知通过几万年的经验才形成了古典公正原则,而当代以自由加平等的新公正概念只有数十年的运动经验,未经长期检验。关于对称性公正策略,可以这样证明:给定人人都是理性的,按照博弈论,理性计算的首要原则是:保证自己不吃亏或至少不比别人更吃亏(风险规避),那么,假如任何一个选择冲突的策略被普遍模仿,必定所有人都吃亏(霍布斯丛林定理);或假如任何一个只顾自己、漠视他人的"不合作"策略被普遍模仿,大家都只能得到比较失望的结果（作为纳什均衡的囚徒困境）；或假如一个罗尔斯条件的"合作"策略被普遍模仿，表面上似乎有比较好的结果，却不可能达成稳定均衡。只要允许以某种优待不利人群的理由去形成偏离公正的福利特权，就会有无数种理由来要求偏心自己的福利特权，而有限资源无法满足所有福利要求，必定形成冲突而恢复到不合作状态。最后，唯一能够避免任何偏心理由的合作原则，就是久经万年考验的对称性公正，这是一个无懈可击的博弈稳定均衡，无论在实践上还是理论上都无漏洞（数学和逻辑都可作证）。对称性公正的策略越被众人普遍模仿，制度就越稳定，冲突就越来越少。这一点与自由和平等的策略形成对比，自由和平等策略越被普遍模仿，冲突就越多，可见是不稳定的均衡，甚至很难形成均衡。博弈论有个未决的根本难题：不合作状态如何才能够生成合作？我相信只有公正被制度化才能保证稳定合作。优先自由和平等不能带来公正，相反，如果公正优先，则有可能定义所有人都可以接受的有限自由和有限平等，或者说，无限公正才能规定并保护有限自由和有限平等。

根据以上的博弈分析可以推论，一个具有普遍必然性的人权制度只能以公正原则作为唯一最高原则，在公正原则下，人权就是每个人能够被公正对待的权利。又根据关于人的概念的存在论分析，一个人之"自然所是"（is）无法定义一个完成式的人的概念，任何人都必须在其"所为"（does）中去完成人的定义，因此可知，正当的做人方式是一个人拥有人权的资格认证。

考虑到人的概念的双重性和过程性（由自然人到道德人），能够充分全面表达公正原则的人权概念就只能是预付人权（credit rights），而不是天赋人权（natural rights）。天赋予人的仅仅是自然生命和生物能力，不包含属于后验概念的人权。人类文明把人权预付给人，就是期待他做成一个合乎道德要求的人，一个人必须"做"成一个道德的人，才"是"一个完整意义上的人，才能保有人权。就是说，做人的义务在逻辑上先于人权，即"人义"（human duties）先于"人权"（human rights），人不能只享受人权而无视做人的义务，这才是公正原则。因此，预付人权的基本原则是：

（1）由于做人需要一个过程去完成，因此，人权就只能并且必须事先给予而事后验证，所以人权是预付的。这意味着，每一个人都无例外地得到预付的任何一项人权，或者说，每个人生来就获得人类借贷给他的与任何他人相同的权利。

（2）人权虽然不劳而授，但决非不劳而享，否则损害公正，因此，预付人权虽然无条件预付，却是后验有偿的，是有条件保有的。任何一项人权，包括生命权和自由权等，都是有条件保有的。一个人获得预付人权就意味着承诺了人义，即做人的义务，并且将以实践做人的责任来保有预付的权利。一个人可以自由选择是否履行做人的义务，如果选择履行人义，则一直享有全部人权；如果拒绝履行人义，则视同自愿退出人权契约，准确地说，如果拒绝了预付人权所要求的部分或全部义务，就视同自动放弃了与之相应的部分或全部人权。

（3）根据"理性知识永远有限"的原理[1]，任何规划出来的人权体系都只能是历史性或暂时性的，永远存在改进或修改的余地，因此，一个人权体系将给予每个人哪些权利以及什么限度的权利，取决于社会在特定时代条件下的支付能力。随便宣布太多有名无实的权利，除了增加社会冲突和搞乱世界秩序，并无积极意义。任何一个人权体系的重点不在于许诺了哪些权利和多少权利，而在于所许诺的权利是否具有正当性的证明（justification）。任何一个人权体系都只能以公正（justice）原则，即人权的元定理，作为唯一普遍有效的解释原则，因为除了公正原则并不存在任何其他原理能够普遍必然地证明正当性。任何人权体系以及每一种人权都必须具体地落实公正的对称性关系，都必须是公正理念的具体范例，任何偏离公正关系的权利都是不正当的。

（4）程序公正不能保证实质公正，这是公正的根本难题。要确定具体内容上的对称关系确有技术上的困难，因为几乎不存在证明两种不同事物完全"等值"的客观

---

[1] 休谟定理：人类所拥有的知识永远是截至现在的关于世界的部分知识，因此，永远不可能由此推出关于世界的整体和未来的知识。

标准。最好的主观标准是所有人一致同意,但几乎做不到。一般的解决方式是以民主的多数同意去替代全体同意,但以多数否定少数本身也不太公正。也许相对最公正的方法是"当事人模型":设当事人为有限量,实际上当事人肯定是有限的,标准型为双方,因此有可能达成全体同意。那么,双方一致同意pRq(p与q有关系R)是一个公正关系,当且仅当,双方一致同意角色互换的qRp同样是公正关系,即(pRq)=(qRp)的换位等值关系成立,那么pRq或者qRp都是公正的。任何人都可以作为任意变元代入这个模式中的模拟"当事人"去接受检验,这样就可以排除作为旁观者的偏见。于是,我们可以获得一个理性解:如果任何人代入当事人而没有发生不同意见,则最少当事人模型就象征性地反映了"所有人一致同意"。据此很容易检测出天赋人权理论是不公正的,显然不可能所有当事人或代入的当事人一致同意,剥夺无辜者人权的罪犯能够以无条件人权为名来逃避相应的惩罚。

（5）如果说权利是资格,那么义务就相当于代价或成本。权利和义务的公正关系同样在于对称性,即权利和义务必须是互相蕴涵的:某人p保有某种权利R,当且仅当,R承诺了与之对称的义务D,即R↔D。如果某人拥有的权利大于义务,就等于把部分义务推卸到别人身上,或等于多占了别人的利益,因此,任何人p所承诺的权利/义务关系与任何他人q所承诺的权利/义务关系之间也必须存在着互相蕴涵的关系：p（R↔D）↔ q（R↔D）。不难看出，天赋人权的权利和义务关系设定有逻辑错误，由于认定人权是无条件的，因此，以上的两种互相蕴涵关系就被简化为一种互相蕴涵关系：p的权利蕴涵q的义务（尊重p的权利），反之亦然，即（pR→qD）↔（qR→pD）。这是以平等冒充了公正，它隐瞒了权利和义务的合法化条件。假如有一个游戏，人人无论怎么耍赖作弊，都不会被取消游戏资格，这样的游戏虽然兼备了自由和平等，可就是没有公正。可以想象，这个游戏是玩不下去的。之所以必须强调对称性公正，就在于我们不能随便替他人做主，不能随便以我去代表他人心灵，显然他人也未必同意我有如此这般的权利以及因此强加给他的义务，他人想象的权利可能有所不同，或权利排序有所不同。逻辑上的正当性是：只有首先承诺了我的义务，以此获得我的权利的正当性，然后才有后继的正当理由去要求他人尊重我的权利的义务。义务和权利虽是共轭关系，但在正当性的逻辑顺序上，义务先于权利，只有承诺了义务才能够要求相应的权利，其中道理类似于投资先于收益，假如收益在先，就不会有投资了。这个逻辑生成了如此关系：p所承诺的义务pD在先，因此蕴涵相应的权利pR，进而蕴涵着他人q尊重pR的义务qD，即（pD → pR）→ qD。这个解释的优点是能够避免人权陷于各种不公正的实践悖论，比如，"剥夺无辜者的人权的罪犯享有不可剥夺的无条件人权"蕴含了"无辜者的人权的权重小于罪犯"的悖论。一个人如果剥夺他人的人权，就是拒绝了作为人的义务 pD，由于 pD 蕴涵 pR，那么，拒绝 pD 就失去相应的 pR，也就无理由要求他人维护 p 的义务 qD。在实际生活中，假如有人即使受到伤害也仍然愿意继续承担义务 qD，那是宽容的美德，而不是必须。

我相信预付人权是比天赋人权更具合理性的一个权利理论，它保留了天赋人权理论的几乎所有优点，消除了天赋人权理论的反公正危险因素，不仅具有理论的普遍有效性，而且具有实践弹性。

（原载《中国社会科学》2006年第4期）

{ 八 }

一种可能的智慧民主

1 制度的一个深层问题

任何制度如果失去大多数人的信任,就难以维持。制度的存活力基于信任,通过货币的性质就可以证明这一点。货币是一种最直观的制度,典型地体现了加于事物的人为秩序。自然秩序是给定而无可选择的物理规律,而人为制度是可选择的,具有可变性,其稳定性取决于集体心理,确切地说,制度的确定性和稳定性只是集体信任的函数。如果说自然秩序的表达是物理学,那么制度的问题在于心理学,更准确地说是社会心理学。现代社会的信息供给量、社会流动性和知识传播性都远高于传统社会,因此现代制度的有效性越来越依赖集体信任,而不再主要依靠权力,或者说,在现代制度的效率公式中,集体信任的权重越来越大,已经超过权力的权重。在现代条件下,民主经常被认为是保证集体信任的相对最有效的制度，然而，制度的根本问题在任何制度中几乎保持不变，是个常数。民主也不例外，同样也以集体信任为基础，如果信任消失，民主也随之崩溃。集体信任问题正是任何制度的脆弱点。在古代，集体信任问题称为民心的向背，而民心从来都是一个不稳定的因变量，对任何变量都敏感，无论利益分配、机会分配、技术进步还是天灾人祸，都足以导致民心变化。

据说相比于各种传统制度，民主有着制度优势，比如与专制相反，民主能够带来自由、平等、公平、程序公正甚至经济繁荣。基于如此多的假定优点，民主在现代被认为是政治合法性的依据。但这些优点有想象的成分，或有些名过其实或部分有名无实，在实际操作中多有疑问。事实上，民主从来没有充分或必然实现所承诺的自由、平等、公平和繁荣，甚至在某些时候反而破坏所承诺的那些好处，比如过去曾有过的破坏性的激进民主，或今天世界中由于民主被滥用而导致的失序状态。为民主辩护者往往强调，即使民主的承诺从未充分实现，民主也已经是"最不坏的"制度。这个论证的真假难以被证明，因为制度成败涉及的变数太多，并不容易分清众多因素的相关度，而且，人类尚未穷尽制度的想象力，无法排除还能够发明更好的制度，就是说，无法排除更优制度尚未出场的可能性，或者，民主本身也存在改进余地。但民主好过专制，这一点是无疑的，而且民主与现代社会的存在条件和技术条件更为匹配。不过民主好过专制早已不是一个需要谈论的问题，重复这个已知论点已无理论性或思想性。需要思考的问题是，今天现有的民主理论已经无法对付民主遇到的实践难题，诸如"最不坏的制度"之类话语早已成为阻碍民主理论推进的陈词滥调。今天世界提出的问题是：是否存在比民主更好的制度？或者，是否能够发明一种更好的民主？在这里我将讨论一种更优民主的可能性，我称之为智慧民主（smart democracy）。

我们无法回避制度的脆弱点和"鲁棒性"问题，这是一个问题的两面。所谓"鲁棒性"，其通俗含义是，一种事物能够经受任何考验，能够以不变应万变，百用不坏；其学术含义是，如果一个系统，或一种制度，或一种理论，对任何外在变量都不敏感，其稳定性几乎不受外在变量的影响，就具有鲁棒性。反之，就具有脆弱性。有一个难以解释的现象：一种制度的独特优势往往同时也是其脆弱点所在，就是说，如果一种制度具有某种十分突出的独特优势，往往反而难以保证其鲁棒性。为何如此却不得而知。

比如说，人们一般相信，民主的优势在于实现人民主权的普选。可是普选为什么就是一种制度优势？通常的解释是人民实现了其主权，即所谓人民当家做主。但这个解释完全是自相关的解释，等于什么也没说。民主的真正制度优势在于一个隐藏着的功能，那就是，民主在大概率上规避了一个社会发生政治暴力革命的危险

（除非民主被破坏），这才是民主最独特的制度优势——奇怪的是，人们更喜欢谈论民主的其他未必独特的优点，却相对忽视这个特别优势。

民主之外的其他制度都有发生造成社会深刻创伤的暴力革命的更大风险或更大概率，其中的秘密是：如果政府占有国家公共权力的全权，这种全权就自动承诺了与权力相等的完全社会责任，因此，一旦国家遇到严重的经济危机，或天灾人祸，或外部侵略等超出国家应对能力的灾难，国家权力无力承担社会责任，追责运动就可能引发政治革命甚至暴力革命。与此不同，民主赋予政府有限权力而且是代理权力，相当于经理性质的权力，这意味着权力与责任的分离，而人民拥有权力就将为自己的选择负责任，因此，即使人民错误选择了无能政府，也没有合法理由发动革命，既然政府是民选的，选错了政府就是人民自己活该，人民只能自己承担社会失败的责任。

然而，正是民主的这个独特优势同时造成了民主容易被利用的脆弱点，占优的政治势力只要掌握了金融、媒体和信息传播甚至制度运作机构，就能够操纵和利用民主来获得实际权力，却不需要负责任。直白地说，在迄今为止的民主模式下，获得最大收益的既不是人民也不是政府，而是强势集团（特别是资本集团），更直白地说，有能力操纵市场和民意的政治-资本强势集团最喜欢民主，它们是整个社会或国家的实际"股东"，能获得最大利益和最大权力，而把有限的经理权力留给政府，把社会责任留给人民。因此，民主虽然大概率规避了暴力革命，却制造了新形式的政治斗争，很可能在价值观分歧、意识形态对立或文化冲突中导致社会分裂。深层的问题在于，如果失去社会基本共识，民主就不再代表也无法实现人民的共同利益，反而以民主的方式把人民分裂为互相对立的部落，于是民主就蜕变为反民主。

这里需要一个注脚：现代理论往往认为古希腊的民主是有缺陷的，程序不成熟，而且还内含奴隶制。但古希腊民主至少在一个事情上比现代民主头脑清楚得多，那就是，只有在具备社会共识的前提条件下，民主才是有效率的。古希腊城邦有着社会共识，所以古希腊民主只讨论关于公共事务的"技术性"或策略性的选择，就是说，古希腊民主只有策略性的分歧而没有价值观分歧。现代社会没有价值共识或社会共识，于是价值观成为民主选择的对象，因此形成了社会分裂。毫无疑问，社会共识不是选出来的，而是社会自发生成的，民主没有能力建构社会共识，反而能产生分裂，所以效率降低。再重复一遍：社会共识是民主有效性的前提条件。

2 从民主（democracy）到"代主"（publicracy）

当代的后现代民主社会正在发生内部撕裂，社会共识逐渐消失。这提示在民主内部隐藏着一种"特洛伊木马"，虽然还没有严重到导致民主终结的地步，但暴露了民主的制度漏洞和脆弱性。这说明，民主从理论到实践都远不如想象的那样成熟，反而可能存在原则性和技术性的双重缺陷，因此，民主存在着很大的改进空间。

"代主"便是隐藏在民主中的特洛伊木马。这是我制造的概念，我用"代主"指称以民主的方式来歪曲、解构或误用民主，即以民主误导民主的一种自相关的自败方式（self-defeat）。"代主"在当代条件下表现为，在社会中存在着某种具有压倒性影响力的公众意见生产系统，这个强大系统以心理学技术和市场化支配了众人的价值观和思维方式，由此批量生产出与共同利益或公共利益不一致甚至相背的伪"公众意见"，代替了本来应该如实反映共同利益或公共利益的本真公众意见，一旦公众意见背离了公共利益或共同利益，就导致了以民主的方式反民主。这种民主变质所以可能发生，是因为民主对"代主"没有免疫力，因为"代主"就潜伏在民主内部，甚至就是民主基因中的一部分。从形式上看，"代主"有着民主的合法外表，实质上却似是而非，"代主"以民主承认的合法程序运作，因此难以被民主的防火墙所识别。民主的防火墙的设计功能针对的是传统的专制，主要用于限制传统模式的政府权力专制，以法制限制权力空间，以分权限制权力运作，尤其以普选的方式去选择政府，因此使权力无法以传统的专制形式去形成垄断。然而这些用来限制传统权力的功能对新型权力几乎不起作用，无法识别以民主破坏民主的特洛伊木马，更无法阻止它的蔓延。换句话说，导致民主变性的新病毒都具有合法的民主转基因，不仅符合民主的游戏规则，甚至具有民主本身的性质。当代社会可利用的所有公共平台，都含有民主的原初基因，即公议广场（agora）基因。传统的纸本传媒和电视，效率更高的互联网，还有自由互联的移动互联网（智能手机），特别是"脸书"（Facebook）、"推特"（Twitter）、微信，以及基于互联网的所有平台（其中许多是商业性而非政治性的），都成为"代主"可资利用的工具，甚至被纳入"代主"系统本身，最终使民主走向民主的反面。

具有当代性的所有互联网平台正在导演社会的划时代质变，而绝非量变。这种质变可以理解为"所有性质的叠加"，这是与现代性完全不同的事物性质。现代性对生产、市场、社会结构、知识体系和思维方式都进行了功能切分，通常表达为"分工"。分工是对事物的反自然建构，在存在论上定义了万物独立的现代秩序，即把原本完整一体的自然或生活系统切分为具有独立意义的多种事物或多种生活。万物切分的秩序是现代社会高效率的基础。然而，当代系统却以互联网、移动互联网、人工智能、大数据、信息共享、全球化物流等高能技术重新建构了万物普遍联系的秩序，这又是一次存在论级别的对万物秩序的重构，其革命性结果远不止初始想象的"万物互联"，而是任何一种事情都兼备多种性质或功能，或者说，每个事物都具有多种性质的叠加，于是，一种事物同时是多种事物，一个问题同时成为所有问题。比如，根据大数据和人工智能算法而推送的任何生活方式、文化趣味、生活用品、野外风景、城市景观、服装发型、室内装修、健身房、健康生活、文化身份和流行话语等，这些商业或文化推送都同时是在推送政治、宗教和价值观，就是说，只要推送任何一种生活，就是在推送一种政治、意识形态和价值观。得助于大数据，商业化平台向用户推送投其所好的"生活"，人们很容易把推送内容感受为正合吾意的称心信息，因此，伪装为服务的商业化推送获得了难以置信的成功，其成功率远大于政治宣传、宗教布道或传统广告。在当代，服务就是力量，最好的服务产生最大的权力。除了在思想和道德上具有康德式自主自律性（autonomy）的人，大多数人的意识实际上都是被推送的意识，而并非自己的意识。当说到"我认为a"，事实是"按照被推送的价值观A，我以为是a"。

当意识推送生成了一个社会的普遍意识，所谓民意就不过是被推送的意识，民主就蜕变为"代主"。与康德主张的"在公共事务上使用自己的理性"（the public use of one's own reason）相反，"代主"是"在公共事务上滥用集体非理性"（the public misuse of collective unreason），也就是以推送的意识来形成集体非理性，从而控制公共领域，结果是，在公共事务上，理性原则被替换为集体非理性诉求。插入一个注解：康德的名言"the public use of one's own reason"通常被译为"理性的公开运用"。这个译法不甚达意,"公开运用"表达了言论自由,却漏掉了另一个更重要的方面,即每个人参与商议的事情是公共事务。如果没有提及"公共事务",这句话就失去了重要性。这句名言的完整意思是:人人在公共领域对公共事务使用理性。[1]

古希腊的公议广场是用于对公共事务进行公开论辩的早期公共领域,但它的另一面是意见相争的公共市场——agora本来就有广场和市场的双关含义。对于有着基本共识的城邦来说,公议广场是一个良好的公共领域。但公议广场从一开始便预示了现代民主的潜在困境,即公共性难免会被利用而产生"代主"。按照概念上的设想,公共领域开放且有理性的辩论能够将人们的思想从专断教条或偏见中解放出来。然而,相比于事实和理性,人们在心理上更喜欢虚构,在利益上更服从于私心,于是,作为agora正面的"公议广场"很容易被翻转为其反面的"意见市场",就是说,"公议广场"的本意是建立一个理性化的公共领域,但如果缺乏与之相配的理性制度,就很容易反转为非理性的"意见市场",适得其反地为那些更能吸引眼球的偏见、成见、笑话、谣言和谎言提供更大的舞台,而缺乏自保能力的公共领域无力捍卫

---

[1] Kant: "An answer to the question: what is enlightenment?" *Kant Political Writings*, ed. by H. S. Reiss, Cambridge, UK: Cambridge University Press, 1991, p.55.

理性，因此，谋求社会合作的民主就无力免于变质为争权夺利的"代主"。

如果说"代主"的初始基因早已根植于古希腊的公议广场，那么它的另一个重要基因则来自基督教。基督教深刻地改变了政治的概念，即改变了政治本身。基督教有着"政治四大发明"，并因此奠定了后来意识形态化的政治概念。[1]所谓政治的四大发明包括：（1）脱胎于说教的意识形态宣传[2]；（2）由告解演化而成的政治自我审查；（3）由宗教的精神体制化发展出现代的群众原型（"群众"的发明早于现代对"个人"的发明）[3]；（4）从与异教徒的宗教斗争演化出来的现代政治的精神敌人概念[4]。

现代社会之初，"代主"只是隐患，尚未形成致命问题。然而当代世界发展出了能够高效实施"代主"的技术条件，以全球金融资本、互联网、移动互联网、社媒平台、人工智能、大数据技术以及所有类型的新媒

---

[1] 关于政治的"四大发明"的细节讨论，可参见赵汀阳：《坏世界研究》，中国人民大学出版社2009年版，第195—210页。
[2] 历史上第一个宣传部由罗马教皇格里高利十五世（Pope Gregory XV）于1622年建立，称作圣道传信部（Sacra Congregatio de Propaganda Fide）。它的宗旨是"负责并且处理有关向世界传播信仰的每一项事宜"。参见 Edward Bernays: *Propaganda*, Brooklyn: Ig Publishing, 2005, p.9。
[3] 在基督教之前，只有心怀各异的乌合之众，没有通用灵魂下的联合群众。
[4] 施米特（Carl Schmitt）将政治的本质解读为敌友区分，似乎是对自基督教占据统治地位之后出现的识别敌人的政治任务的重新确认。参见Carl Schmitt: *The Concept of the Political*, trans. by George Schwab, Chicago: The University of Chicago Press, 1996, p.26。

介系统为存在形式的全球系统化权力（global systematic power，简称GSP）成了"代主"的操盘者。这是具有当代性的新型政治权力，是伪装为商业服务的政治权力，它超越了传统政治概念，因此无法以现代性的政治概念去分析，实际上也在很大程度上逃脱了现代政治权力的控制。GSP是一种综合实力，集金融资本、高科技、价值观、大数据、传统市场和互联网平台的力量为一体，成为统一了最大资本、最新技术和最大传播平台的系统化权力，并在全球系统上运行，因此超越了传统政治力量（国家和宗教）的约束而获得无法被控制的最大自由，并且赋予殖民主义以新形式和新方法而占领世界的每个角落，在这个意义上，GSP已从初始时的经济权力转变为以资本为本的政治权力。这种用新权力控制世界的手段看起来并非侵犯性的，反而是在为人民提供"无微不至"的服务，因此让人取消了戒备，然而正是令人无法拒绝的全面服务导致了所有人对这种系统权力的依赖性。不仅在经济学上，也在心理学和社会学意义上，它所提供的全面服务已经成为每个人的生活必需品。人们心甘情愿地接受系统权力的贴心服务，同时也被其操纵和控制，甚至接受了系统权力为所有人准备好的现成意见来代替自己劳心费神的思考。可以说，GSP通过全面服务而使人们集体弱智化，并剥夺了每个人的自由意志和行为的独立性，从而达到统治一切的目标。在文明初期，武力和知识是权力的首要工具，而在当代，服务已成为全球系统化权力获取统治优势的新工具。这有可能导向一种新专制主义，而它悖论性地基于并得力于反专制的自由市场和民主。

世界正在目睹新专制主义的诞生，此种新专制正在借助源自民主且与民主共享基因的"代主"来摧毁民主。现代民主一直以为民主的敌人是传统模式的专制，殊不知民主的真正敌人来自隐藏于民主内部的"代主"。马克思发现，资本主义为自身准备了掘墓人。同理，民主也为自身准备了掘墓人。不过这并不意味着民主的终结。当代人乐于夸大其词地宣布各种终结，例如福山过于心急地宣布过历史的终结，或专制的终结，也有人宣布真理的终结，诸如此类皆为失败的预告。有一个无法证明然而往往如此的事实是，历史上长期存在过或反复出现的任何一种制度、思想或方法论，都非常坚强且不会消失，而是化为文明的基因，不断重现，或通过变异而持续存在于现实中。这个有趣现象的原因可能是，那些古老的制度、思想或方法论都承载着人类应对生活基本问题的实践智慧，它们一直有用所以不会消失。这意味着，包括民主和专制在内的多种制度基因都不可能完全消失。与历史终结论的思路相反，事实是，凡是创造了历史的事情都不会终结。

这里的问题是，民主的未来取决于是否能够建立新概念的民主，即需要从"意见为本的民主"（opinion-based democracy）转变为"知识为本的民主"（knowledge-based democracy），这样才有望恢复民主的理性。这里构想的智慧民主就是试图把理性智慧加以制度化，使之成为民主的制度装备，因而使得民主制度能够"自动地"运行智慧，相当于使民主自带智慧。

3 民主不能解释善

要建立新概念的民主就不能回避基本问题。首先需要一个备忘。数十年来，左倾自由主义愿意把民主看作一种价值。对民主的价值化定义似乎是对民主的积极肯定，但事与愿违，它其实是民主的贬值。价值是主观的，民主的价值化就是对民主的主观化，如果民主只是一种主观价值，就不是一个客观问题了，而变成一个缺乏共度标准的政治偏好。事实上，民主是一种制度，主要成分是用于实现公共选择的方法或技术。只有实事求是地理解到民主是一种技术性的制度，才能够在客观上或在可共度标准下来分析民主的得失。

不过民主选择的结果却含有价值，比如其选择结果或更有利于平等，或强调了公平，或保护了自由，诸如此类。但这里需要强调的事实是，民主本身不是价值，而是在一组给定条件和规则下用于实现公共选择的函数运算，即一种运作功能。只有认识到民主是一种功能或一种工具，才能在技术上去改进民主；而如果把民主看作价值，就会进而变成意识形态斗争，遮蔽民主的技术性问题，也就无从改进民主，反而堵死了民主的可改善前途。于是，把民主神圣化的当代意识形态适得其反地成为反民主的一个主要方式。

民主在理论上同时也在实践中遇到的根本难题在于，民主虽然能够产生公共选择，却不能必然保证产生善的公共选择，甚至不能保证产生有利于共同利益或公共利益的公共选择。"善"是个一般化的概念，包括一切好事，因此也是个模糊概念，总是仁者见仁，因时而异。比如在古希腊，民主要实现的善是自由，但不是现代才有的"消极自由"（negative freedom），而是对公共事务有发言权和参与权的自由，属于"积极自由"（positive freedom）；现代民主（大约至二战前）要实现的善是基于法治和个人权利的普遍选举权所产生的程序合法的公共选择；后现代民主（大概在1968年之后）追求的善则强调平等，并且不断扩大平等概念的范围，从个人权利平等推进到机会平等，进而发展到性别平等、种族平等、性取向平等和利益结果平等，甚至扩张到每个人的价值平等，最终发展到要求每个人自己的身份识别必须被社会加以同等承认的平等（身份承认变成了政治义务），即在价值上取消贤愚之别、能力之别、自然差别、生理差别、知识差别和劳动差别等一切差别，也就是把一切事实的差别（difference）都看作价值歧视（discrimination）。可以看出，民主的当代演化路径是从每个人的保护性平等即"消极平等"演变到人人的进取性平等即"积极平等"。这里的"消极平等"和"积极平等"概念参照了以赛亚·柏林关于消极性和积极性的标准[1]，消极平等的要点在于保护性，即抵抗政府或集体权力加于个人的不平等；积极平等的要点在于进取性，即迫使政府或社会承认每个人想要的平等。假如每个人都能够获得皆大欢喜的好事，当然最好，可问题是，就人类的能力而言，根本不可能满足所有好事，何况人们对好事的理解各异且互相冲突。显然，民主无法绕过资源稀缺以及好事不可兼得的基本事实。

既然由于条件所限只能实现某些目标，民主就只好采取多数决胜规则（全体一致只是一个理论极值，在真实中不可能）。假如试图实现所有人想象的一切善，就必定适得其反地产生民主的悖论或民主的死局，即以民主的方式摧毁民主。如果现实主义地看问题，就必须承认，民主不可能解释善，也不可能实现互相冲突的各种善，就是说，民主无法超越财政，或算账，或数学。因此，民主的目标只能约束为保证社会内部的最小互相伤害和最大兼容度。这需要智慧，而不仅仅需要意见，意见只会产生无解难题。然而，任何现行的民主都无法保证其公共选择对任何人无害，这意味着，民主无法达到帕累托改善，而帕累托改善是一个好社会不能再低的最低要

---

[1] 以赛亚·伯林：《两种自由概念》，见《自由论》，胡传胜译，译林出版社2003年版，第186—246页。

求了。帕累托改善意味着，一个社会里至少有一个人的利益获得改善，而没有任何人的利益因此受损。很容易看出，事实上大多数人不会对帕累托改善感到满意。在理论上存在着优于帕累托改善的指标，比如我论证的孔子改善[1]，但这是现行民主不可能做到的。目前的民主在本质上是主观意见的加总（aggregation of opinions），是一个基于统计学的公共选择制度，其统计学的本质注定了民主只有反映民意的能力，却没有解决民意冲突的能力，更缺乏做出智慧选择的能力。

如前所论，民主有一个易被忽视然而至关重要的生效条件，即民主的有效性基于共同体的共识，或者说，民主的有效性与共同体的共识度是重叠的。如果一个共同体缺乏基本共识，民主就无效率。所谓基本共识并无标准定义，通常以共同体的共同命运为标志，主要包括共同安全、共同利益、共同危机以及共同价值观。如果一个社会具备基本共识，就基本上排除了社会分裂的条件，于是民主要处理的问题就仅限于达到共同目标的策略性或技术性的问题，而在策略性或技术性的方案上的分歧不至于导致共同体的严重冲突和分裂，因为策略性或技术性的分歧仅仅是关于如何实现共同目标的不同意见，而不是选择何种生活或何种信仰的大是大非之争。所以，在共识边界内的民主一般总是有效的，而缺乏共

---

[1] 赵汀阳：《天下的当代性》，中信出版社2016年版，第274—275页。

识基础的民主几乎总是无效的。

在共同体内部，共识本是自然而然的现象——否则就不会形成共同体，但自现代以来，共识越来越不自然了，在当代社会，共识虽残存但趋于式微。这种变化的根本原因是现代的每个人都成为利益的结算单位和价值判断的终端，失去了高于个人的目标和价值观，就注定失去共识。民主也随之发生质变，基于共识而对差异策略做出公共选择，变成了在互相冲突的利益或价值观之间进行公共选择，即共识从民主的基础或前提变成了民主所要选择的对象。这个质变注定民主要出事，事实上民主已经出事了。一旦"大是大非"从默认的前提变成了抉择问题，民主就变成社会的内斗。可问题是，既然民主不能解释真理、善或公正，也就不可能通过民主来判断和形成价值共识。

这个问题涉及太多复杂变量，在此只能进行非常粗略的分析。在人文、社会或价值领域，几乎不存在与数学或科学等价有效的普遍真理，这已足够说明，在人文社会或价值问题上，无论是偏见还是共识，都缺乏普遍必然的有效性。给定命题p（人需要空气、水和食物才能生存），这是科学真理，那么根据p，只能或然地推出q（一个社会应该无差别地保证每一个人的空气、水和食物的基本量）或者r（一个社会只能优先保证一部分人有更优质的空气、水和食物）。但p无法必然证明q或r的正当性（相当于休谟定理），就是说，必然p仅能蕴涵可能

q或可能r，即□p→◇q∨◇r。如要论证q或r之类命题的正当性，就需要额外引入包含"应该"的价值观，比如"无论能力差异，人人都应该获得平等分配的利益"或"有更大能力的人应该多得利益"。价值观的分歧普遍存在，却无处求助于真理，只能求助于共识。可是共识不是真理，而是真理的代用品。古代就一直以共识代替真理，由于古代社会的价值观高度一致（少数另类人物不影响社会运作），所以古代人只发现了"义利之争"，却很少遭遇"多义之争"。但在当代，价值观的严重分裂导致了无共识的社会，而现代民主没有能力反过来建构共识，因此不仅陷入后真相状态，还陷入后共识状态，连真理的替代品也没有了。

长期以来，民主被假定为"证成"（justify）一种制度或公共选择的合法根据，但在缺乏共识的情况下，民主不仅无法证成一种事物的合法性，甚至无法证成自身的合法性，于是，证成性变成了一个需要被证明的事情，形成了"对证成性的证成"困境。如果拒绝"对证成性的证成"，民主就反而自动证成了自身的专制主义。只有数学上的唯一解才有资格声称"证毕"，而价值问题不存在唯一解，不能声称为与"证毕"等价的"证成"，否则就是反自由的专制主义。只要存在他者并且承认他者有同样的思想权力，任何一种价值主张就永远在"求证"中而不可能"证成"。正因为存在着意见分歧，所以民主只能在各种意见中遵循多数原则做出选择，这是胜出，却不等于"证成"。

如果不以真理为标准，或在价值领域缺乏真理，那么，最接近正当性的情况就是所有人全体同意（unanimity），即共识的最大值。不过，全体同意是极其罕见的理想化情况，基本上不可能。可以考虑宪法的例子，理论上说，宪法应当建立在全体同意的基础上，然而事实是，至今世界上还没有一部宪法基于全体公民的一致同意。即使想象一个人数有限的立法委员会，恐怕也难以达到全体同意。这意味着，甚至连宪法的合法性也从来没有达到完全的证成性，何况其他。恐怕只有当全社会具有共同利益或面对共同危机的时候才有全体一致的"政治运气"，那时民主才能够达到合法性的最大值。相反，若处于不良条件下，比如：（1）缺少法治，（2）利益的零和博弈状态，（3）缺乏共识，（4）文明的冲突，在这些情况下，民主就勉为其难甚至失效。

假如民主将"什么是善"甚至"什么是真"的问题留给人们以不确定且不一致的偏好加总去决定，那是非常不明智的政治冒险。如何让智慧回归政治领域，就因此成为关键问题。其实，让智慧与政治合为一体，这是柏拉图的古老想象。但在当代语境里，不再需要"哲学王"的想象。就民主而言，问题是，民主至今还不够智慧，因此有理由想象一种更好的民主，一种智慧民主，即一种自带智能的民主。

4　一人双票

民主的技术设计关键在于投票制度。在这里忽略孔多塞（Condorcet）与阿罗（Arrow）讨论的投票悖论。虽然投票悖论严格证明了民主不可能完美，不可能完全达到公正公平，但完美的事情仅存在于逻辑、数学或纯粹概念里，从来不存在于现实中，因此对于民主来说可以忽略。完美的概念虽然不现实，但并非无意义，理想不是用来实现的，而是用来衡量现实的尺子，我们可以希望现实不断接近理想。假如民主的理想是尽量充分表达真实民心并且最大限度地实现所有人的共同利益，那么，我们可以设想一种能够尽量接近最优民主的投票规则。

这里讨论的方案是对投票制度的改进，目标是使投票制度能够更充分地表达人们的真实愿望，即民心，并减少投票结果对民心的可能伤害。如前所论，民主的有效性在于民心的信任，失去信任就失去民主，所以需要给民主引入最小伤害（minimal harm）与最大兼容（maximal compatibility）两条先验原则。在逻辑上不存在任何正当理由可以反对这两条原则，假如反对这两条原则，就意味着试图把民主用于损害某些人的利益，显然就是在反对民主本身。所以，这两条原则能够通得过先验论证（transcendental argument）——最严格的一种哲学论证——而成为先验原则，其先验性在于任何反对意见必定在逻辑上自我挫败。

我设想的方案是双票规则[1],即以"每人双票"规则替代常用的"一人一票"规则。分析如下:假设有两种候选方案参加竞选,其中方案A对所有人都有利,每个人都能获得收益N;而方案B能让51%的人得到收益N+1,同时让49%的人的收益降低为N-1。那么,按照"一人一票"的规则,有群体偏向性的方案B就非常可能(实际上几乎无悬念地)击败无偏心的方案A。人类本性自私,只有少数人能够大公无私,大多数人难免见利忘义。因此,我相信双票制度或有助于减少对少数群体的伤害。双票制度给予每个人正反意见两张票而不是通常的一张赞成票,每个投票者可以同时投出一张赞成票和一张反对票,当然也可以自愿选择只投出其中一张票(无论是赞成票还是反对票),也可以弃权不投。

双票规则的理由是,每个人对事物都有所赞成并有所反对,或者说,有肯定偏好也有否定偏好。投票规则实际上涉及意识的本质:肯定和否定是意识或心理的两个基本维度,如果只允许使用其中一个意识维度,意识在功能上就不完整,无法进行充分的思维,甚至无法思维。如果意识只有肯定的功能,大概就相当于无思想的动物意识水平;如果只有否定的功能,意识却可以形成

---

[1] 这个双票规则是我在2008年提出的,我至今仍相信其正确性,因此,除了对论证稍做改进,基本观点没有改动。参见赵汀阳:《民主的最小伤害原则和最大兼容原则》,载于《哲学研究》2008年第6期。

最低限度的思想，可见否定的功能是思维的关键条件。[1]这一点在逻辑上可以得到证明，某些逻辑关系可以被其他逻辑关系所解释，因此可以被还原，唯有否定是绝对不可省略的逻辑联结词，一旦省略了否定功能，思维就无法进行了。可见，即使坚持"一人一票"规则，也应该使用否定票而不是赞成票；另外，从计算机运作也可以获得相关证明，肯定和否定是计算机运算的基础，如果减去其中一种功能，就无法工作了。只有"一票"的计算机都无法运作，又如何能够信任人脑的"一票"思维？根据以上理由，民主投票需要以赞成票和反对票来表达思维的两个基本功能，这样才能完整表达人们的意识偏好。

进一步说，双票的意义还另有一个存在论理由：在人类生活的大多数情景中，人们厌恶的事物往往比欲求的事物更多触及要命的问题，就是说，人们厌恶的事物往往关系到对安全与自由的威胁，而欲求的事物接近于对个人利益的最大化追求，因此，欲求的事物导致的冲突和分裂要多于合作，而厌恶的事情总是共同厌恶的对象，更容易形成一致意见。人们因共同的危机而团结，也因利益的竞争而分裂。事实如此，一个社会的共同利益通常少于共同威胁，这意味着，社会共识的基础更多

---

[1] 我论证过否定词是人类思维的第一条件或第一词汇。参见赵汀阳：《第一个哲学词汇》，载于《哲学研究》2016年第10期。

来自共同安全、共同威胁或共同危机。其中的存在论理由是，共同危机涉及生存，而生存问题比之利益问题更为深刻。总之，无论对于思维还是生活，反对票都至关重要，因此不能省略。

双票的投票规则可以如此设想：（1）净支持率规则。其算法是，净支持率＝支持率－反对率。假设某个方案或候选人A得到51%的支持率和31%的反对率，那么它的净支持率就是51%-31%=20%；如果方案或候选人B得到41%支持率和11%反对率，那么它的净支持率则是41%-11%=30%，结果是B胜出。这个结果明显不同于一人一票规则产生的结果。（2）有条件的多数规则。其算法是，如果两种方案的净支持率相同，那么，同时获得更高支持率的方案获胜。

可以看出，双票规则更准确地表达了民心，更准确地表达了什么是人们真正想要的和不想要的。双票规则的积极效果是，它能够在某种程度上限制或减少赢家对输家的利益伤害，或者说，能够增强处境不利者的自保能力。根据理性的预料，双票规则应该能够迫使竞选者尽量制定比较合理又不太偏心的中立目标，相当于尽量接近中庸之道，尤其是尽量从共同体的共同利益或普遍利益出发去思考问题，只有这样才能避免产生大量反对票而落败。在双票规则下，强势的一方依然会获胜，但强势一方很可能需要限制自身的过分要求才得以维持强势。因此，就理论上的可能性而言，双票规则可望更好地维持一个社会的政治稳定与合作，同时规避在政治和经济上的极端化冒险。

讲一个故事。我曾询问法国经济学家张万申先生（Jean-Paul Tchang），如果2017年的法国总统竞选采用双票规则，那么，马克龙是否还能赢得选举？他猜马克龙大概仍然会以微小优势取胜，但更可能出现一个相当尴尬的局面，即每一位总统候选人的净支持率都是负数。无独有偶，我又问过美国哲学家安乐哲先生（Roger T. Ames），如果按照双票规则，特朗普是否还能赢得2016年的美国大选？他回答说，特朗普多半会输，但不幸的是，其他候选人的净支持率也很可能是负数。他反问：以负数的净支持率获胜算赢吗？

这个故事不是为了讲个笑话，其实是一个深入到民主基础的严肃问题，它触及了当今民主危机的要害，即社会共识可能消失且事实上正在消失。安乐哲先生的问题切中要害：以负数净支持率获胜算赢吗？当然，负数的净支持率只有在社会分裂达到相当严重的程度才会出现，未必经常出现，但问题是，这种情况的确有可能出现，这暗示着民主的一个釜底抽薪的严重问题。如果每个候选人的净支持率都是负数，这无疑表明一个社会严重缺乏共识，在价值观、利益和思想上都是分裂的，在这样的情况下，民主是无效率的。无论如何，以负数的净支持率获胜肯定违背了民主的本意，即胜者必须至少代表多数人的民意。双票规则是对民主的"检测试剂"

或试金石，它能够清楚地暴露民主的深层潜在危机。单票规则仅仅显示支持率而屏蔽了反对率，因此其投票统计结果不能全面表达人民的真实偏好。以2020年美国大选为例，从单票支持率来看，特朗普和拜登都获得了"历史新高"的支持率，但从双方支持者相互愤恨的烈度来看，假如以双票规则来计算，他们的净支持率恐怕都远低于半数而不足以证明国民的信任，甚至二人都获得负数的净支持率也不会令人惊奇。

因此我们有理由来设想一个自带智慧的民主制度，在制度设计上形成足够的"制度智能"来保证一个国家或一个社会的优选公共选择，即使不能保证最优选择，至少也能够保证不低于平均期望值。诚如孔多塞或阿罗定理所证明的，任何选举制度都有其局限性，所以不可能为民主设定一个完美目标，只能是一个改进目标。双票规则就是对民主投票的一种改进，当然，它依然没有能力解释什么是善，也仍然不足以解释何种选择对所有人最为有利。这意味着，双票规则仍然不足以使民主本身具有制度性的智商，只是一个有助于实现伤害最小化和兼容最大化的"减灾"策略，就是说，双票规则有善意，但还不够智慧，因此，双票规则只是走向智慧民主的一小步。

5 民心的复杂性

选举制度的根本性质在于将共同体中所有人的独立

偏好进行加总计算（aggregation）。假设人人都不受意识形态宣传、商业化推广或社会流行观念的影响而拥有完全独立的理性思考（这个假设当然不现实。完全自主的自我是现代哲学的一个形而上假设），即使如此，民主依然面对一个根本难题：个人理性的加总不能保证产生集体理性的结果，事实上更经常产生集体非理性的结果。如果投票倾向于产生有损于共同利益或不利于每个人的负面结果，问题就大了，可是这个严重问题总被轻描淡写地大事化小再小事化了。并非无人反思，然而，无论是爱德蒙·伯克还是古斯塔夫·勒庞等人对民主的反思，都被现代主流意识形态加以边缘化，甚至被归入保守或有害观念。在理论上回避问题无济于事，严重的问题总在实践中坚决出场，那是混不过去的。假如民主选出一位危险人物，或全民公决来决定对国际债务赖账，或民主地决定发动侵略战争，或多数人投票通过不利于少数群体的歧视性法案，或相反，少数群体通过制造轰动事件来形成传媒压力而迫使投票通过不利于其他群体的法案——民主难题早已不限于多数人的暴政，也可能是某些少数群体对其他少数群体的暴政，甚至，少数群体利用"政治正确"的话语压力来迫使投票通过不利于多数人的法案——这是当今新现象，"政治正确"的话语以精准打击形成针对个人的话语暴力，进而导致无人敢于反对"政治正确"，最后奇迹般地实现以少胜多，如此等等，这些错误结果显然很难被认为由于是民主的决定所以是合法的或正义的。那么，是否能够找到逃离集体非理性的"苍蝇瓶"（维特根斯坦用词）的办法，发明一种新的民主制度，即一种以理性为准而倾向于产生有利于普遍利益和共同利益的民主制度，从而超越个人偏好的简单加总？

阿伦特和哈贝马斯等理论家倾向于相信，可以在古希腊公议广场的传统之上重构以商谈民主（deliberative democracy）为运作方式的公共领域。这种主张假设，交往理性（communicative rationality）能够有效地达成集体共识。这是富有建设性的思路，但仍然遗留一个关键问题未被触及，即思的一致（agreement of minds）不能保证消解心的分歧（disagreement of hearts）。即便人们一致接受了哈贝马斯推荐的有效理性对话的"理想言说条件"，并且每个人的理性心智也总能够被"更好论证"说服，也仍然不能保证各方的冲突会因理性共识而终止，在道理上被说服不等于会做出实际让步（所谓口服心不服）。思的承认并不能消除心的分歧，因为思与心是两件事情。思的问题涉及逻辑、语言和知识，而心的问题涉及利益、情感和价值观，这两件事情既不等值也不可互相替换，正如真理不能替换价值。更多的人把宗教、价值观、政治意识形态、文化身份或民族身份看作比真理更重要的事情，从来如此而今尤甚，人们也因此可能做出非理性的选择，即便在理性上明知是错误行动。这算是苏格拉底"无人自愿犯错"原理的例外情况。正因思不等价于心，思的共识不等于心的共识，因此思的相互理解无法保证心的相互接受。假如理性思维能够解决一切问题，那么社会冲突以及文明冲突早就消失或被摆平了，可是事实与此相反，所以必须承认这个真相：理性并不能够解决心的问题。启蒙思想以来，人们倾向于以为理性能够解决所有问题，这是对理性的过高期望。无论理性有多少道理，只要心与心的关系破裂，共识消失，民主就会失效。

要使民主重新获得活力，就需要更新民主的概念。如前所述，民主的生效条件在于社会信任和社会共识，如同人们信任一种货币，可是当代的一个基本困境就是共识和信任的退化，因此，民主需要一个重启点。从直观上看，民主的重启点在于为民心重建共识。这是可能的吗？要解决这个复杂问题需要太多条件，但我们无法改变现代给定的社会条件，而且，改变社会是无法预计的极端复杂进程，因此，这里不考虑改变社会条件，只考虑能够创造何种新条件，其中，相对最容易的条件改进就是制度改进。

我们已知，思想的一致性在于普遍必然性，而普遍必然性的明确标准是逻辑或数学，这是无可置疑的标准，但对于精神（心），却没有类似的普遍必然标准，相对而言，最接近普遍性的标准就是共享性。从历史经验来看，共同体形成众心一致的条件有两类：（1）共享的精神世界，即一个关于一切事情和一切价值的解释系统或信念系统，主要包括宗教、神话、历史叙事和哲学；（2）利益共轭关系，即每个人的安全和基本利益同时成为所有人的共同安全和共同利益，因此形成荣辱与共、同舟共济的效果。只要满足其中一个条件就能达到众心一致的及格效果，如果同时满足两个条件，就达到众心一致的充分效果，即实现了共同体内部的一致性或无矛盾性。反过来看，如果一个共同体不能保证共同安全和共同利益，而是极少数人占有排他的极大利益，或者，如果一个共同体不能建构人人共享光荣的精神世界，而是极少数人占有一切光荣，就不可能拥有一致的民心。考虑到当代社会的精神世界高度分裂和价值观的部落化，任何一个当代社会都很难满足建构一致民心的条件，这是当代民主无法回避的问题。

民心不等于民意（公众意见）。民意很可能被流行观点、虚假信息和宣传所误导，也为资本和权力所操纵，选票或社会调查所传达的意见未必是思也未必是心的真实反映。只有以共享的安全、利益和精神世界作保的民心才是民主的有效条件。可是既然在当代社会里民心很难达到一致，民主也很难做到不偏不倚或完全公正地满足多种互不一致的诉求，那么，民主的理性目标就只能是将伤害最小化和兼容最大化视为其先验义务，即尽量不能有损于共同体成员的利益，并且尽量消除共同体内部的冲突。

根据民主的先验义务，民主就必须有利于能够形成共同受益的策略，旨在将普遍竞争的博弈尽量转变为普遍合作的博弈。我设想的共同受益策略如下：给定游戏的任意参加者X和Y，存在如此的制度安排，使得X与Y之间能够达成利益共享的互惠均衡（reciprocal equilibrium），其中X获利当且仅当Y获利，且X损失当且仅当Y损失，因此，促进Y的利益就成为X为了实现自身利益的优选策略，反之亦然。当然，这是理想化的目标，现实只求逼近而不求完全实现。这个想象的原始灵感来自孔子的"己欲立而立人，己欲达而达人"原则[1]，为了向孔子致敬，我将这个策略命名为"孔子改善"或"孔子最优"（Confucian Optimality）。孔子改善明显优于帕累托改善，表现为，孔子改善等价于每个人同时都获得帕累托改善，或者说，当任何人获得利益改善，所有人必定同时都获得属于每个人的帕累托改善。哪怕部分地实现孔子改善，想必也能够在很大程度上建构一致民心或社会共识，民主就能够获得有效的基础。如果违背孔子改善，恐怕将无望建立社会共识。

6 自带智慧的民主

已知民主有两个主要困难：（1）个人理性的加总不能保证产生集体理性，甚至往往形成集体非理性。（2）民主

---

[1]《论语·雍也》。

很难排除资本和权力集团的操纵。为了避免以上两个困难，我们有理由设计一种制度本身自带"智商"的智慧民主，以使民主能够免于不公偏好而保证理性运作，并且能够尽量产生最合理的公共选择。

针对民主的局限性，一些学者别出心裁地建议用古老的抽签规则来替代投票选举[1]，其中最有创意也最全面的论述来自王绍光。抽签方案有着深远根源，古希腊民主的一个主要规则就是抽签，另加公开辩论和投票，三者各有用途，粗略地说，选举城邦领导人采用抽签，城邦公共决议采用公开辩论（商议民主的起源），意见分歧相持不下时进行投票。据说唯有抽签是彻底公平的，真正做到人人平等。正如王绍光论证的，抽签意味着"理性地选择将挑选过程去理性化"。抽签排除了利用权势、影响力、阴谋诡计和煽动群众的可能性，全靠天意，因此真正做到中立和公平。尽管天意是非理性的，但由天意来决定却是一个理性选择，所以说是理性故意选择的去理性化。[2]王绍光相信，古希腊的抽签民主在公正性上优于现代民主。现代民主的程序公正不能保证真正的公平，实际上是谁掌握更多的社会资源谁就获胜。他采用了历史学家特洛勒普（Thomas Trollope）的一个有趣论证，大意是说，人们

---

[1] 讨论抽签规则的有很多人，包括Robert A. Dahl, James S. Fishkin, Barbara Goodwin 和 Bernard Marnin 等。

[2] 王绍光：《抽签与民主、共和：从雅典到威尼斯》，中信出版社2018年版，第52页。

充满偏见，与其相信人，还不如相信概率。[1]

抽签的确是平等主义的。可是，假定人人平等是好事，但恐怕没有理由能够证明事事平等也是好事。抽签选举领导人这件事就非常可疑，按照概率，抽签无法保证选中的领导人是善良、正直和智慧的，反而很大概率会选上平庸之辈，甚至大概率会选上自私又无能的人。公正无私的人是少数，而智慧又无私的人恐怕万里无一。《尚书》曰："惟齐非齐。"[2]这是关于平等问题的不朽真知灼见。以最相配的方式分别对待不同事情，才是平等和公正，而反对相配性才是不平等或不公正。民主的预期目标是产生合理明智的公共选择，而通过抽签碰巧获得合理结果的概率太低了。其实古希腊民主也并非完全依靠抽签，估计古希腊通过抽签产生的执政官的地位相当于总统，但权力小于总统，城邦实权落在掌握议程设定的元老院手里（类似于参议院）。而城邦公共大事不由执政官甚至不由元老院决定，而要进行公民公议（类似于全民公决），无法决断时还要公民投票。意味深长的是，城邦的专业化高官，比如将军和财务官，并非由民主选举产生，而是基于专业能力和声望。在如此分权的条件下，古希腊的抽签民主虽然古朴有趣，但对政治并无根

---

[1] Thomas Adolphus Trollope: *A History of the Commonwealth of Florence: from the earliest independence of the commune to the fall of the republic in 1531*, Vol. 2, London: Chapman and hall, 1865, pp. 178-179.
[2]《尚书·吕刑》。

本影响，而正因为没有根本性的影响，所以可行。也许需要一提的是，雅典民主并非成功制度，事实上反而是导致雅典衰弱乃至败落的一个原因。总之，抽签民主恐怕并非优质民主。假如抽签是一个优选制度，那么六合彩就是发财的最佳捷径了。

我们这里设想的智慧民主另有远古的思想资源。中国虽然没有民主实践的传统，但在《尚书·洪范》篇中，却隐藏着一个智慧民主的初始构想。当然，这是对理论起源的追溯和追认，实际上古人并没有提出民主概念，而是提出了一种用于国事决疑的制度设计，但在理论上蕴含着智慧民主的基因。根据传说，《洪范》的思想来自箕子，但《洪范》成篇并非在西周，更可能是在春秋战国时代经后人加工整理成篇的，其中有些言论更接近春秋战国的风格，但思路很是古朴，或许真是源于箕子的思想。箕子是商朝王叔，当时"三贤"之一。周武王灭商，闻箕子大贤，请箕子出仕，箕子婉拒，但为天下计，愿以"九畴"（治国的九个方略）进献周武王。"九畴"皆为治国良方，内容包括政治、经济和伦理。从周朝的实践来看，周武王似乎接受了其中大部分建议，例如第五畴"皇极"，论述了运行天下制度的公正原则。周武王建立了史上第一个也是唯一存在过的天下体系，其中原理或参考了箕子之第五畴。在"九畴"中，与民主相关的是第七畴"稽疑"，即国事决疑，其制度设计可视为智慧民主的初始基因。箕子的建议是，国家大事或公共大事遇到疑难时，可以由人与天的意见选票组合来决定选择。没有迹象表明周朝接受了这个政治设计。这个具有民主性的制度设计与当时的君主制并不协调，因此周朝未曾采用也在情理之中。

　　箕子式的智慧民主被设计为五票制。在五票中，三票是人的选票，包括君主一票，大臣的集体意见一票，民众的集体意见也是一票。这意味着，大臣或民众应该是先行商议达成了集体意见而各成一票。根据历史条件推测，当时的基层官员应该无权参与意见，所谓大臣的集体意见估计限于二三十个重臣。另外，限于当时的社会结构和技术条件，恐怕不可能有民众大会，所谓民众集体意见应该来自德高望重的民众代表。无论如何，三种人的选票设计已经具有民主性，排除了君主的独断权。更重要的是还有两张代表上天的"加权票"。上天不可能亲自投票，是以两种占卜来征求上天的意见，此为两张占卜选票。有趣的是，箕子认为需要两种占卜的加权才足以表达上天的意见。今天难以猜测箕子规定两种而不是一种或三种占卜的理由。以常理来看，一种占卜的随机性最高，近乎赌博，虽是天意，但未再确认，事属无常。三象征多，三种占卜应是重复确认天意的最好象征。但箕子选择了两种占卜，也许两种占卜是表示再确认的最简化形式。孔子被问到是否要"三思"时也认为"再思"足矣。还可以有另一个猜测：三代时期，易学正盛，对万事的解释皆循阴阳之理，因此两种占卜或意味着阴阳二式。这个历史谜案虽然有趣，但与这里的主题无关。

需要说明的是，在文明早期，占卜并非今天所谓的迷信，而被视为可信且必须尊重的知识，其地位与今天的科学相似。在科学成为权威知识之前，占卜就是专业知识。占卜虽在本质上是神秘主义，但其随机结果也需要经过"专业"解释才产生意义，而巫师的解释暗含久历人事和久经世事的经验和敏锐，有资格诠释占卜的巫师都是有智慧名望的"专家"，因此，占卜并非盲猜，也优于盲猜。在早期文明转向成熟文明的过程中发生了由巫到史的转换（陈梦家、张光直、李泽厚多有论述），即从信任占卜转向信任历史经验，其中的变化原因应该是，人们逐步发现历史经验的参考价值大于占卜，因此确立了史学的权威地位。中国文明最终选择了以历史知识作为权威知识，成为以史为本的文明，这是题外注脚。

切换到当代语境，无疑必须把占卜的加权票换算为现代科学知识的加权票，以此才能重构当代版的智慧民主。可以这样理解：箕子的创意在于想象了一种独一无二的"知识加权民主"（knowledge weighted democracy）——在政治决策中为专业知识安排了一个决定性的位置。据《洪范》文本，箕子的智慧民主规则以现代语言可以概述如下。

人的三种意见票标记为K（王），M（臣），P（民），两种占卜的加权票标记为D1和D2，于是有：

规则1：如果K、M、P、D1和D2都赞同一个方案，形成全体一致，那么意味着它是最优公共选择。

规则2：如果K、D1和D2形成共识，但M和P反对；或如果M、D1和D2形成共识，但K和P反对；再或P、D1和D2形成共识，但K和M反对，这三种情况都意味着该方案并非最优，但在无其他选项时可谨慎采用。

规则3：如果其中一种占卜，无论D1或D2，不支持该方案，则预示该方案高度可疑。该方案如果是内部行动，尚勉强可用；如果是对外行动，则风险过高而断不可行。

规则4：如果两种占卜D1和D2都不支持该方案，那么，即便所有人一致同意，也断不可行。通天意的专业"知识"给出的否决是终审。

不难看出，规则3和规则4给予天意选票以更大的权重，这意味着，箕子认为通过占卜得知的天意比人的意见更可信。尤其是规则4，明确指出占卜票的一致否决甚至高于所有人的一致同意。这可能是表明上天的全知且无偏袒的精神超越了人类的偏见和局限。箕子的制度设计在结构上可以被分析为：人的意见表达了人想做的事情，上天的意见说明了什么是可行的事情，而人之所欲必须服从天之所许。以现代思维来解释，箕子的设计意味着一种以知识为准的知识加权民主，旨在以知识引导民主，帮助人们制定出兼顾人谋与天意的合理决策。当然，箕子的构想只是智慧民主的原型，远未成熟且有待改进。在此无须深究其不足，重要的是，箕子所建议的知识引导民主的思路为民主的新概念提供了有益的启示。

人性自私，所以产生无尽麻烦，但这一点无可抱怨，因为自私正是生命得以存在的原因。但短视是个问题，集体短视就成为大问题。在现代社会，大多数人几乎只关心个人的短期利益，这种思维的短视与时间概念瞬间化的当代时间观有关——阿赫托戈（Francois Hartog）称之为"当下主义"（presentism）[1]。这意味着，人们对事物的理解和价值判断不仅是个人化的而且是当下化的，只以当下意识为准，而瞬间化的时间尺度导致对事物意义的一次性理解，等于消解了一切精神价值。任何精神价值，无论道德还是宗教或者哲学，其有效条件都在于长期性和恒定性。当时间观缩小为当下瞬间，精神价值就失去了存在条件，人的意识中只剩下当前个人利益和此刻私人感觉，共识就不可能存在了。当下主义的意识状态不仅消解了精神，还误导了个人理性，在此，时间观成为一个重要变量，用于衡量利益的时间单位越短，其理性思考就越不可能达成对自己长期有利的结果，更不可能达成对集体共同有利的结果，就是说，当时间观瞬

---

[1] 参见弗朗索瓦·阿赫托戈：《历史性的体制：当下主义与时间经验》，黄艳红译，中信出版社2020年版。

间化，即使正确使用了个人理性，也不可能选择长期有效或集体共享的利益，当下主义的理性必定是短视的。博弈论也证明，在一次性的博弈中，正确运用个人理性而选定的占优策略不可能是最优策略，反而总是以个人理性造成集体困境，典型模式包括"囚徒困境"、"搭便车"、"公地悲剧"和"反公地悲剧"等。正如个人理性几乎不可能形成集体理性，个人意见加总也不可能形成合理的共同选择。依靠意见加总的民主在当代条件下必定失效。唯有以知识为准才能尽量接近普遍理性，因此，只有以知识为准的民主才有可能复活民主。

一个社会或共同体所以能够正常运行，是因为一个社会的存在是足够多轮的长期游戏。这不是运气，而是智慧的产物。人类发明制度、法律和伦理就是以稳定的游戏规则来保证多轮博弈。在多轮博弈的游戏中，人们必须考虑长远利益才能够保证自身的利益，因而理性地倾向于合作。当代社会的共识正在消失，这已经在提示，目前在运行的各种制度正在逐渐失效，至少不够用或不管用，因此，制度改进正在成为事关一个社会是否能够生存的问题，而制度改进首先需要反思制度的有效条件。人们熟悉制度，但似乎忽视了制度的有效条件。

形成可持续的长期游戏或稳定合作的制度的有效条件是可信性，以此可以保证规则的确定性、实践的稳定性以及某种程度上可预期的未来。商鞅最早发现了可信性是一切制度和价值的生效条件。但是，仅有稳定可信的游戏规则仍然不够，不足以保证人们对制度的支持，这是法家没有意识到的问题。与可信性同样重要的制度条件是，一个制度必须如人所愿，才有吸引力和可持续性，即一个制度的游戏规则必须与共同体的共享利益或共同利益基本一致。进一步说，一个制度的可接受性和可持续性不仅在于该制度承诺了一个共同体的共同利益和共享利益，而且，该制度必须有能力实现其"制度承诺"（institutional commitments），即有能力实现所承诺的各种利益。因此，制度的根本问题在于：一个制度必须能够平衡两种经常互相矛盾的要求，即无限欲求和有限可行的理性目标。制度如人，与人同构，每个人同样都面对无限欲望与有限能力的矛盾。不同的是，一个人的事情自己负责，而制度要为集体负责，那么，制度如何做到为集体负责？在此可以发现至今所有制度的一个共同弱点：制度本身缺乏理性智慧能力，或者说，与需要处理的困难相比，制度本身缺乏足够的智商。

假设一个人有理性智慧，那么，在无限欲望与有限能力之间肯定能够理性地选择一个相对最优的目标，即极限能力下的可及目标。以最简化的模型而言，相当于在一个二元坐标中求解可行值域约束下的所欲项目最大值，或反过来说，在所欲值域里求解可行性的最大值，相当于求解可欲与可行的"聚点"，即求解欲望和理性智慧的交会点，也就是最优理性解（并非唯一理性解。保守主义者可能选中略低于最优解的其他理性解）。这个问题可以映射到制度上而保持性质不变，即一个可接受并且可信任的制度必须有理性智慧，足以求解可行值域约束下的可欲选项最大值，或可欲值域里的可行选项最大值，两者一致即聚点。如下图：

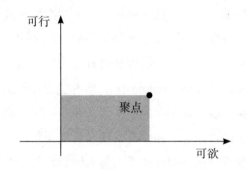

为了使制度自带智商，可以参考箕子的启示来想象一种当代版的知识加权民主。基本设想是"两轮分权"的知识加权民主，把公共选择分为在商议条件下的两轮投票来分别决定两种目标：第一轮投票由所有人集体选择来确定一个可欲的值域，即民意所愿的项目；第二轮投票由知识委员会来确定在民意所愿的范围内是否存在可行项目，这是终选。

当代版的智慧民主必定非常不同于箕子的民主，首先是不存在君主制，所以不需要君主和大臣的选票，只需要人民投票，因此，第一轮投票表达全体人民的多数意见，胜率以双票规则下的净支持率为准。第二轮投票为知识加权票，由"科学委员会"和"人文委员会"两个知识委员会进行终审投票。这里模仿了箕子的两种知识加权票,但把非科学的知识加权改为科学的知识加权。其实,两个知识委员会的设计未必好过一个知识委员会,其中并无必然之理,只是尊重箕子的直观。要点在于,正如箕子的占卜并非按照人的意愿来投票,而是人在替天投票,知识委员会在本质上也不是人的投票——尽管是人在投票——而是人代表了知识来投票,本质上是"知识票",知识委员会只是知识的代理人。

知识委员会的成员由可信的科学家和人文学者担任。这里的可信度标准不在于社会知名度,而在于极限专业性,意味着在人类拥有的知识中达到最优,包括已知确证的最优知识和最有希望为真的前沿知识,相当于达到人类在某个当前时间 t^p 的知识极限。尽管人类知识永远无法达到绝对真理,但现有知识的极限值可以理解为人类智慧在时间 t^p 的可信度极大值,也意味着错误率的相对最小值(如果最优的知识仍然出错了,那就是不可控的天意了)。其次,可信度还要求知识委员会的成员不能担任政府行政要职,并且个人财务要公开,如出现个人不明财富增长或不正常收入,则视为不可信而不得担任知识委员会成员。这样就有效切断了知识委员会与利益集体的可能关系。只要以知识为终审,或以知识为最终权力,就基本上能够免于政府、政党和资本势力的控制,从而最大可能地产生有知识依据和智慧含量的可信选择。简单地说,知识委员会是决定公共选择的最高权力,而政府是落实公共选择的最高权力。这样的制度安排有可能实现一种在制度上自带智商的智慧民主。

按照智慧民主的两轮投票设计，第一轮投票首先由人民按照意愿选出"可欲选项"；然后第二轮投票由知识委员会给出知识加权票，赞同或否决预选的可欲选项而确定最终的"可行选项"。具体规则如下：

（1）第一轮投票以相当于现代普选的方式进行，由共同体（社会或国家）的所有人参与投票（任何人可以弃权），采用双票制普选，即每个人既有赞成票也有反对票，按照"净支持率"规则和"有条件多数"规则选出作为候选方案的可欲项目。

（2）第二轮投票在两个知识委员会中分别进行，即科学委员会和人文委员会，同样采用双票制规则。投票成员由专业可信的自然科学家、技术专家、哲学家、经济学家、历史学家、社会学家和人类学家等有能力提出建设性专业意见的多学科专家组成（不包括传媒和文艺类），他们将根据已知确证的最优知识和最有希望为真的前沿知识，并通过合乎哈贝马斯标准的真诚理性讨论以及合乎逻辑的论证，来判断第一轮投票提出的可欲方案是否现实可行，相当于代表知识来投票。其中要点在于分权：知识委员会无权替人们选择想要什么，但有权判断人们想要的事情是否可行。换句话说，智慧民主将公共选择分为两个值域，先由人民决定什么是可欲的，进而由知识来判断可欲的目标是否可行，即在理性上是否合理并在实践上是否可操作。

（3）如果其中一个知识委员会不支持某个公共提案，那么该方案将被推迟直到条件成熟。

（4）如果两个知识委员会同时否决了某个公共提案，那么公众就要重新提出其他方案。

尽管以知识为准的知识委员会也未必能够避免偏见，但由于切断了利益关系，因此其偏见被限制在专业偏见范围内，虽不完美，但明显优于私心的偏见。无论如何，以知识为准的选择要比个人偏好的加总更接近理性。借助知识加权，民主就有可能改制为一种自带智商的智慧民主。需要说明的是，理性之思永无可能满足欲望之心，所谓智慧，只是去发现并实现思与心的聚点。

第三部分
天下体系的续篇

﹛九﹜

天下究竟是什么?

1 天下逐鹿:美式天下对中式天下?

世界会出现"美式天下"和"中式天下"的竞争吗?这是塞尔瓦托·巴博纳斯(Salvatore Babones)的问题,也是我的疑问。要进入这个政治实践问题,先要回到一个基本理论问题:天下究竟是什么?如果基本问题不明确,就不知道在谈论什么。我希望在此能给出一个比先前更清楚而又足够简练的解释。

鉴于不可能逆转的全球化和互联网事实——所谓"逆全球化"只是争夺全球化的主导权而形成的分裂和斗争,逆全球化本身无利可图,没有人干这样的傻事,所以逆全球化只是为了重构霸权来实现重新全球化——尤其是通过人工智能技术的普遍化前景可以看出,未来世界的一个存在论关键词是"无限链接",即任何存在只有在链接中才能无限存在。链接世界各地的技术系统所拥有的权力将越来越明显地大于国家拥有的权力，因此，政治核心问题将由国家内政以及国际格局转向作为全球共同问题的世界格局，同时，政治制度的建构也将由主权国家逐步转向天下体系，即一种在多文化条件下保证世界和平及万民共享利益的世界制度，或者说一种世界宪法（world constitution）。其基本特性是：一个"无外"（all-inclusive）的互联世界，在其中不存在排他性（non-exclusive）的资源、技术和知识的制度安排。简单地说，一个非排他性的制度所定义的无外世界就是天下。

我对天下体系的设想始于两个难题：康德的永久和平和亨廷顿的文明冲突。康德的和平方案只在文化与政治上具有高度相似性的国家之间有效，而在不同文化之间就失效了；亨廷顿的文明冲突正是康德方案失效的现实表现，每种文化不可让渡的主体性使文明冲突无望被解决。这两个难题在其深层是同一个博弈论难题：如何能够从分歧和冲突的状态演化为合作状态？这个难题一直无法得到有效解决。其实，康德方案的局限性和亨廷顿问题的不可解性有着一个共同的方法论原因：现代理性，即每个独立自治的主体谋求自身利益最大化的个体理性（individual rationality）。个体理性方法论不仅应用于个人，也应用于公司乃至国家。个体理性不是谬误——事实上个体理性是现代得以繁荣发展的方法论——而是有着局限性，它不足以解决全球尺度和世界网络化条件下所产生的新问题。从理论上说，个体理性方法论可以解释一个社会或一个系统内部的秩序，但难以解释不同社会或不同系统之间的秩序，这意味着，解释众多不同系统之间的大格局秩序就需要一种更为宏观的大尺度方法论，即一种足以将互为外部性的众多不同系统"内部化"为一个超级系统的方法论。因此，要解决世界级别的共同问题或整体秩序的问题，就需要一个尺度与世界规模相称的概念框架，还需要一种与无限链接的网络化生存相称的理性方法论，这就是"天下体系"和"关系理性"（relational rationality）。细节请参见我在《天下的当代性》一书中的论证。

对天下体系主要有两类批评。一种意见认为天下体系过于理想化，只不过是一厢情愿的想象。例如，历史学家葛兆光就认为天下理想其实只存在于儒家文本中，是想象而并非历史事实。[1] 对此，我部分同意，或者说，部分不同意。真实存在过的周朝无疑是天下体系的一种实验性的实践，不能说天下体系只存在于文本中。尽管由于历史和技术条件所限，周朝的实践未能充分实现天下概念，然而周朝的制度"立意"表明了天下概念之意图，只能说，天下概念的立意有待未来的更好实践。无论如何，周朝留下了一个关于天下的理论问题而不是对天下问题的解决。另外，理想不是缺点，反而是人类思想之必需。理想为实践提供了理论标准而不是榜样，假

---

[1] 参见葛兆光：《对天下的想象》，载于《思想》2015年第29期，第1—56页。

如没有理想化的标准,也就无从发现实践的局限性。理想正如尺子,乃一切营构之所必需,而实际上建造出来的是房子,不是尺子,这正是理论与实践的区别。这意味着,理想是创造现实的方法论,却不是现实的模板。儒家文本里想象的天下理想就像柏拉图文本里的理想国一样都是重要的思想资源。因此,这种历史学的质疑对于哲学理论是一种无效批评。

另一种意见以政治学家柯岚安(William A. Callahan)为代表,他似乎同意天下概念的理论意义,却质疑天下的实践可信性:"虽然赵汀阳对西方以其他地方的损失为代价去推广其世界观的做法提出了合理的批评,可是他的想法真的不同吗?难道他不想把中国的天下概念强加于世界吗?他试图解决世界的不宽容问题,可是'中国治下之和平秩序'就无此风险吗?中国中心主义(Sinocentrism)会好过欧洲中心主义(Eurocentrism)吗?天下概念真的能够创造后霸权的世界秩序而不是一种新霸权吗?"[1]柯岚安的担心颇具代表性,可是他所担心的危险对于天下体系来说是指鹿为马。表面上看,此种担心与中国的发展改变了世界格局有关,但在其深处,也与理论框架有关。在欧洲的理论框架里,用于表达世

---

[1] William A. Callahan: "Tianxia, Empire and the World", *China Orders the World*, ed. by Callahan and Barabantseve, Washington, D. C.: Woodrow Wilson Center Press, p.105.

界秩序的最大规模概念是帝国，因此很容易对号入座地把天下理解为一种帝国。然而天下概念在广度和深度上都超出了帝国概念，无法合并同类项。尽管帝国与天下有某些重叠的相似性，比如都试图建立世界秩序，但天下体系并不包含帝国的征服性、霸权性特别是敌对性（hostility），相反，天下体系具有自愿性、共享性和友善性（hospitality）。此外，天下概念指向"一个体系，多种制度"的兼容体系，其兼容性建立在关系理性所建构的共在关系上，而不是建立在统一的宗教或意识形态之上，因此，天下体系是普遍共在关系所定义的秩序，而不是某个国家的统治，共在关系为本，而不是某个国家为王。其预期效果是，天下体系的任何成员都不可能达到自私利益的最大化，但天下体系本身可指望达到共同安全和共享利益的最大化。就其实质差别而言，如果说帝国或帝国主义试图建立"世界体系"（world system）来维持"世界秩序"（world order），那么天下则试图建立"世界化体系"（a system of worldization）来创造"世界化秩序"（the order of worldization）。

塞尔瓦托·巴博纳斯的《美式天下》（*American Tianxia*，简称*AT*）[1]提出了一个富有想象力的新挑战，他试图超越帝国概念而采用天下概念来解释世界体系，尤

---

[1] Salvatore Babones: *American Tianxia: Chinese Money, American Power and the End of History*, Bristol: Policy Press, 2017.

其是美国的世界体系。这表明他意识到，对于未来可能的世界秩序来说，帝国概念已经属于过去时，而天下属于将来时。巴博纳斯相信，天下是一个关于世界体系的具有普遍意义的理论概念，并不专属于中国的政治或历史描述，于是他别出心裁地认为，天下应该属于西方，新世纪以来的美国已经不再是帝国，而正在转型为一个天下体系，称为"美式天下"。他认为尽管天下是来自中国的思想概念，但在实践上，"美式天下"将胜过"中式天下"。巴博纳斯试图论证中国并不是能够实现天下体系最合适的国家，美国才是那个能够实现天下体系的对口国家，正如他的第一章题目的有趣措辞：天下是个"合式概念"（right concept），可中国却是一个"不合式国家"（wrong country），所以应该由美国来实现天下体系。这就是巴博纳斯的核心论点。

巴博纳斯试图论证，中国受制于其有限能力而难以建构天下体系，只有美国才具备建立天下体系的充足能力——这个判断虽然不太真实，但部分真实，现代中国确实存在着不少短板。巴博纳斯承认中国正在变得强大，但不相信西方流行的关于中国将会超越美国的神话，具体地说，他认为尽管在不远的将来，中国的经济总量会超过美国，但在科学技术为代表的知识生产上，中国不太可能超越美国（这一点确实是中国的短处），而且在价值观上，美国的个人主义也比中国价值观更具吸引力。有趣的是，他没有采取流行的"政治正确"论证，而是相信个人主义与人们的自私之心更为吻合。因此，巴博纳斯料定由美国主导的世界秩序难以撼动，更重要的是，美国秩序正在自己转型为更符合未来而且更稳定的天下体系。正如他自己所概括的："美式天下是一个极其稳固的世界体系构造。它所以如此稳固，是因为世界人民使然——不是众多国家而是人民使之稳固。美国立于个人主义，而越来越多的人民将其个人利益置于祖国之上，他们各自与美式天下建立了联盟。于是，并非福山的自由民主模式，而是自由个人主义正在成为最终的自由意识形态而通向历史的终结。"（AT, Preface）

巴博纳斯试图解释个人主义的优势："美式个人主义是个作为空集的意识形态，即个人主义是一个没有教义的意识形态。"（AT, p.22）。这个有趣的分析触及一个深层问题：什么算是"教义"（tenets）？个人主义的一个宣传口号是"每个人可以追求各自理解的幸福"，仅就此而言，这个教义倒是很像个"空集"，其所指似乎可以代入任何内容（各人想象的幸福）。但如果来考察个人主义的学术版原则，即"每个人追求自身利益的最大化"，情况就非常不同了。显然，利益不是空集。也许每个人想象的幸福各有不同（其实大同小异），但几乎任何一种幸福所必需的物质利益和生存资源却几乎完全相同。幸福的主观想象也许不存在政治学和经济学意义上的"分配问题"，因此各自的幸福想象貌似互不冲突，然而实现任何一种幸福所必需的物质利益或生存资源却必定存在着导致冲突的"分配问题",在生存资源和物质利益上很难避免形成零和博弈以及不公正和不平等。这意味着,追求各自幸福的自由不是空集而是空话,而实现幸福的必要条件即利益和资源才是真问题而且不是空集。个人主义或个体理性方法论显然无力在世界规模上解决合理分配的难题,因为以"自身利益最大化"为宗旨的个人主义或个体理性注定了非合作博弈,这正是导致各种冲突(从人际冲突、国际冲突到文明冲突)的根本原因。解铃还须系铃人,只有当人类理性由以个体理性为主导转向以关系理性为主导,才有希望解决世界性的共同安全和利益合理分配问题,就是说,只有以关系理性为主导的世界秩序才有可能实现一个众望所归的天下体系。

不过,巴博纳斯显然宁愿坚持认为个人主义有着最大诱惑力,因而美国能够以个人主义为基础来建立天下体系。在他看来,个人主义的成功在于其难以抵制的"私利诱惑"有效地吸引了其他国家的人为了更优报酬而为美国服务。不仅有赏,还有罚,在美国秩序里,那些不愿意"拥抱个人主义"的人就"没有机会获得成功"(这个论证几乎接近商鞅-韩非的赏罚理论)。由于人心自私,因此,"针对个人"的个人主义策略"在挑战其他社会的价值观上"比起"针对他国"策略有效得多(*AT*, pp. 22-23)。这个论证真是坦率且有力,可是,这种拒绝利益共享的零和博弈思维反而暴露出"美式天下"的帝国主义底牌,即"美式天下"仍然在敌对思维的框架里去思考世界秩序，在实质上追求的仍然是帝国主义而不是天下体系。美国确有新帝国主义的优势，却没有"美式天下"的优势，因为，敌对思维正是天下概念的反面，天下体系的一个基本策略就是通过创造共享的普遍关系而达成化敌为友，而化敌为友定义了一个新的政治概念。凡是拒绝化敌为友策略的体系都不属于天下体系。毫无疑问，帝国模式也有能力建构一种世界秩序，问题是，那不是天下体系。

"美帝国"在帝国概念上有许多创新，并非传统帝国主义，正如巴博纳斯所强调的，美国成功地使个人主义生活方式成为一种普遍诱惑，并且不再追求领土扩张而追求世界领导权，这与传统帝国确实有所不同。因此，巴博纳斯认为美国秩序会越来越接近天下体系："美式天下是一个后帝国主义的天下。它无须通过征服外部领土来获得更多的金钱和人力资源，因为金钱和人力资源都自动流进了美国。"（*AT*, p.25）这一点在表面上有些接近天下的自愿加入原则。当然，美国也曾经从别国手里夺得大量土地，美国的转变只是因为攻城略地的策略过时了，在管理上和道义上得不偿失，转而采取更高明的统治世界策略，即通过支配控制世界的金融资本、高新技术和资源命脉而以极小成本得以统治世界。这是非常高明的策略，不佩服不行，但未必是可持续的策略，其短期优势可能会变成长期短处。别人会一直同意美国这样的统治吗？别人不同意，怎么办？"别人不同意"就是人类所有一直无法解决的冲突问题的缩影。

关于"美式天下",巴博纳斯还有许多有趣的见解。他相信天下需要一个主导世界秩序的中心国,于是美国就化为了作为一般理论概念的"中国"。就当下世界而言,美国就是决定世界秩序的中心之国,因此,按照天下理论,美国才是当今世界的"中国"(*AT*, p.26),而中国反倒不是"中国"。据说当今世界"可识别的等级制"中的"顶峰"都位于美国,巴博纳斯列举了纽约作为金融、传媒、艺术、时尚顶峰,波士顿作为教育中心顶峰,硅谷作为信息技术顶峰,好莱坞作为电影顶峰,巴尔的摩作为医药顶峰的例子(*AT*, p.17),所以美国就是"中国"。这些证据恐怕有夸大之嫌,顶峰与众多"次峰"之间的差距并不大,顶峰并无一览众山小的效果。欧洲的金融决不可低估,巴黎和米兰的时尚或高过纽约,伦敦和德国的当代艺术与纽约为一时瑜亮,英国、法国和德国的教育是否不如美国也未见分晓,如此等等。不过,巴博纳斯的列表确实击中中国的要害。当真要说美国有哪些顶峰,恐怕应该是先进武器、美元霸权、信息技术、人工智能,这些基本上都属于统治或支配他人的武器概念,可见美国的顶峰都是武器性质的。巴博纳斯没有提及美国武器,而这是唯一不可不提的美国顶峰。美国武器不仅在技术上高于其他国家,在数量上恐怕也超过其他所有国家先进武器的总和,美国发展了如此不对称的军事力量,足以消灭全人类多遍,对此唯一有效的解释是：美国建立的是帝国体系，所以需要压倒性的军事优势来控制世界秩序，而不是共享安全和利益的天下体系。

巴博纳斯关于"美式天下"的论点还基于明朝与当下美国的比较。巴博纳斯对我（还有秦亚青等）不使用明朝作为天下体系的样板感到不解（*AT*, pp.8-9）。可为什么是明朝呢？假如要为天下体系提供例证，明朝是一个非常奇怪的选择，因为明朝决不是好例子，甚至根本不是一个样板。在中国历史上，唯一的天下体系是周朝。如前所言，尽管周朝天下未及世界规模，但其制度立意是以天下概念为准。自秦汉终结了天下制度之后，天下体系就不存在了，中国转型为大一统国家，其国家性质比较复杂，既不是帝国，也不是民族国家，按照我在《惠此中国》中的分析，秦汉至清朝的大一统中国是一个"内含天下的国家"，其根本特性是，大一统国家继承了天下观念的精神遗产，却放弃了天下体系的制度，于是把天下的世界性结构转化为国家的内部结构，把天下观念缩小用于国家建构而发明了"一国多制"的大一统。因此，秦汉以来的中国不再是天下，而是以天下为内在结构的国家。除了周朝，任何朝代都不是天下体系的实例。

进一步说，即使把"内含天下的中国"理解为天下观念的应用，那么，相对比较成功地应用了天下观念的朝代也应该是汉朝、唐朝、元朝和清朝。天下观念的应用标志是"一国多制"，从发明权来看，汉朝是一国多制的发明者；以兼主长城内外而论，唐朝当为首创；以版图言之，当属元朝或清朝，清朝的统治版图虽不及元朝广大，但制度完善，实际控制程度更高。相比之下，明朝在"一国多制"上并无明显成就，至多是改进了元朝的土司制度，所以明朝决非天下的样板。即使不论天下之世界精神，而只论中国的本土成就，明朝也不是中国的模范朝代。按照传统理解，夏商周三代是模范朝代，尤以周朝"郁郁乎文哉"为代表，所以孔子"从周"（《论语·八佾》）。其次的模范朝代，若以管理而论，当为唐与清，为大一统之代表；若以文化水平为准，模范朝代则是唐与宋；若以政治治理而论，宋为模范，其时天子与士大夫共治天下（参见余英时的解释）；若以版图而言，当属唐、元、清；若论及对外关系，朝贡制度自古有之，明朝只是沿袭而已。就综合指标而言，在中国历代大一统王朝之中，明朝的地位不高，而就专项而言，明朝更无优势，反而政治以昏庸为主，否定共治传统，建立了绝对专制；文化趋于平庸，思想不及先秦，诗词不及唐宋，绘画不及宋元。虽有郑和航海（后来禁止了）、比较发达之工商业（有争议）以及通俗小说，这些优点确实不如缺点那么突出。总而言之，明朝并非一个代表性的朝代。欧美学者所以特别重视明朝和清朝，是因为欧洲真正开始直接接触中国是在明朝，因此对明清的了解较多。除了极少数专家，多数欧美学者对宋朝之前的中国缺乏足够了解，这意味着也难以理解明清制度的历史线索，不容易确定明清的历史地位，因而导致了对明清的误读。

尽管巴博纳斯把明朝看作天下体系是个错误观点，但如果把明朝和美国看作超级大国，那么它们之间的比较就非常有趣而且有所启示了。他给出了以下的对比表格（*AT*, p. 22）：

	明朝天下	美国天下
意识形态	儒家	个人主义
关联制式	国与国关系	个人为本
态势	自卫型	扩张型
顺从	强制的	自愿的
顺差流向	流出	流入
人才流向	流出	流入
五服	皇权辖地；附属辖地；内部蛮夷（以上为内部朝贡国）；落荒蛮夷	华盛顿特区-纽约-波士顿轴心；美国其他地区；盎格鲁-撒克逊联盟（以上为内部其他盟友国）；非盟友国和敌国

巴博纳斯总结的明朝与美国的差异以及美国体系的优势基本如实，他发现美国也有"五服"，这一点尤有创意，但也有一些疑问。首先，他把英国、加拿大、澳大利亚等国都看作美国体系的内部地区，与明朝的"内部

蛮夷"地位相等（*AT*，p.26-29），不知道英国等是否同意这种美式自大。其次，明朝的绝大多数朝贡国并非被强制而成为朝贡国的。明朝的朝贡国情况多样，有一些高度分享着中国文化的国家，例如朝鲜和越南，与中国有着特别密切的关系。就关系特别密切的国家来说，它们成为明朝的朝贡国，一方面源于明朝的威势，另一方面也因为有依附大国的好处，很难说是被迫，因为"事大"是一个保证安全和利益的理性选择。另有许多小国，与明朝既无竞争关系也无依附的必要，但在朝贡中能够获得"顺差"的经济回报，因此乐于成为朝贡国，属于实用主义选择。还有一些小国与明朝往来不多，成为朝贡国或因潜在利益，或是趋炎附势，属于机会主义选择。按照巴博纳斯的标准，后两种情况，即实用主义和机会主义选择，显然应该属于"自愿"。正如在美国体系里，自愿依附美国的大多数国家也是出于实用主义或机会主义选择。是否有超越实用目的而一心热爱美国的国家？这是个待考疑问。就常理而言，国家之间的"爱情"恐怕难得一见。毫无疑问，美国不仅在总体上胜过明朝，而且几乎在每个方面都远远强过明朝。可是美国体系和明朝体系都不是天下体系，这才是问题所在。

美国体系在未来是否能够转化为天下体系？这是真正有趣的问题。美国体系在文化传统上存在着两个反天下的基因：（1）单边普世主义。这是来自基督教模板的一神教基因，它不考虑其他文化也有普遍化的要求以及值得被普遍化的成就，而天下体系必须建立在兼容普遍主义（compatible universalism）的基础上，否则不是天下体系。（2）以个体理性去追求排他利益的最大化。这势必产生"他者不同意"或"他者不合作"的问题，进而导致冲突。单边普世主义和个体理性正是产生冲突的原因，而不是冲突的解药。在我看来，"美式天下"不是未来的一个可能世界，而是一个"不可能世界"，除非美国发生改变思维的"文化大革命"。

2 中国的历史性

在许多中国人的看法里，西方各国一样都是"西方"。这是共时性误读。其实英国、美国、法国、德国、意大利等各国非常不同，不能简单还原为一个西方。同样，在许多欧美人的想象中，中国自古以来都是一样的国家，并无实质变化。这是历时性误读。无论何种误读，实质上都是将需要理解的对象加以简单化，将其纳入自己熟知的知识体系，消除需要深入研究的陌生特性，以便容易解释，并按照自己所乐见的结果去解释。可是这种理解同时正是误解，反而导致知识交流和知识生产的许多错误。有个成语适合描述这种情况：削足适履。

这里的讨论只限于几个与我们的主题密切相关的误读。首先是关于中国制度性质的历时性误读。中国经常被看作一个自古以来的专制帝国，只有朝代变化，而在政治实质上无变化。这种误读完全忽视了中国历史上的三次制度革命，它们的变化深度并不亚于欧洲政治的变化。第一次制度革命是周朝创建了天下体系。在此之前的中国并无成熟的政治制度，大概属于"酋邦"盟约体系。周朝通过创造天下体系而把酋邦体系变成万国封建制度。第二次制度革命是秦汉终结了天下体系，创建大一统国家。自秦汉以来，中国不再自认为世界，改为自认是世界的中心。在很长一段时间里，大一统中国被似是而非地认为属于帝国类型的国家，但真正的本质在于它将天下的观念遗产转化为国家内部结构而成为一个"内含天下的中国"，即一个将世界结构化为国内结构的国家，可称为"世界模板国家"（a world-pattern country）。继承历史遗产不等于没有实质变化，正如英国和法国虽然不再是帝国，但明显有着帝国遗产。第三次制度革命属于清朝终结之后的现代中国，它接受了现代国际秩序而成为一个现代主权国家。现代中国也继承了大一统的遗产，因此不属于欧洲式民族国家，而是一个"合众国"类型的主权国家。合众国是与民族国家并列存在的另一类现代国家——这一点往往被忽视——事实上，现代大国几乎都是合众国类型，包括美国、中国、俄罗斯、印度等。由于移民问题，许多民族国家将来也有可能变成合众国类型，因此，在未来，民族国家或许不再是国家的主要形式。

另外，天下概念也很容易被误读，因为天下概念有其理论和文学的多种用法。就理论用法而言，天下指的是世界、万民和普遍制度构成的三位一体，即地理学、心理学和政治学三层合一的世界。当然，这只是我的理论化概括，来源于早期中国关于天下的几种各有偏重的理解，其中《尚书》或五经倾向于把天下理解为普遍制度，孔孟倾向于理解为万民之心，老子理解为世界万事的集合。在天下的理论意义里，天下的幅度包括整个世界。常见的一种误读是把"五服"等同于天下，其实，五服之外的"四海"（不是海，而是远不可及尚未接触的地方）也属于天下，虽然四海尚未进入天下体系，但四海仍在天下眼界之内。理论上说，天有多大，天下作为"天之所覆"就有多大，因此，天下体系是无限开放的，决不是一个封闭的有限体系。就文学用法而言，天下往往指的是所控制或统治的领域，常用于歌功颂德的夸张表述，比如"一统天下"或"富有四海"通常指大一统的中国，甚至只是中国之一隅。欧洲诸帝国在自我表扬时也使用同样夸大其词的文学语言，诸如"全世界的"或"上帝之下的"或"神圣至上的"之类，同样不能当真。如果把历史文献中的文学用法错当成理论所指，那是学术失范。

另一个常见的误读是所谓朝贡体系。这个误读与费正清的影响力有关。"体系"意味着对体系内的成员有着政治、经济、外交甚至军事上的支配或控制。据此来看，古代中国只有朝贡制度，远远没有达到朝贡体系，"朝贡体系"是西方定义的名过其实的概念。古代中国对周边国家的影响力主要在文化方面，虽有政治册封之名，却无政权与军事支配之实；虽有朝贡经济交易，实为怀柔抚远之举而承受逆差之亏，因此，朝贡制度实在配不上"体系"之称。大一统国家与帝国虽貌合而神离，并不追求对远方的控制，只求边疆安定，无须举兵劳民。不过，巴博纳斯倒是看出了这一点，他认为明朝对外的消极策略不及美国的"扩张性"策略多矣，美国积极的朝贡策略通过向多国征收加入美式天下的"会员费"或"租金"而为美国获取了巨大利益（AT, pp.18-19）。

还有一个对中国历史的误读是所谓外族统治问题（例如美国的"新清史"）。既然不能因为有的英国国王来自法国或德国就把英国看作法国或德国的一部分，那么中国也一样。中国历史上非汉人的统治者几乎占到一半（北魏以及众多北方政权、唐、辽、金、元、清等）。更重要的是，中国从来都由各地人民混成，在远古中国（新石器时代到夏商西周），所有部落都属于农耕、渔猎和放牧的混合经济，当时既无铁犁也无驯马，故而不可能依靠单一经济存活，也就无所谓农耕民族和游牧民族之分。被追认为中国始祖的黄帝所部就是放牧、打猎和农耕的混合生活，根据所居地理位置以及偏重游牧而不断移营的特点，黄帝所部更有可能属于后世所称之蒙古族，可见游牧部族实乃中国的起源之一。春秋战国之后，生产技术的发展才使中国分化为农耕社会和游牧社会。

历史事实表明，任何部族都有逐鹿天下问鼎中原的合法性，蒙古族（包括匈奴、突厥等）、鲜卑族（含拓跋等）、契丹族、女真族、满族、藏族都不是外族，都参与了逐鹿中原，也曾几度入主中原或半有中国。如果没有蒙古族、契丹族、女真族和满族诸部之参与，完全无法想象中国是什么样。所以，蒙古、契丹、女真、满人和汉人同样都是中国历史的创造者，都是中国之共主。

理解一个国家的本质，关键在于理解其长时段的生长方式，尤其是理解决定其连续历史性的动力型。至于那些偶然事件或一时现象，都只能说明"事件性"而不能解释"历史性"，而事件性只是说明了无影无迹的消失，历史性才贮存长久常在的问题。在前中国时代里，从蒙古地区到广大南方，从辽河流域到西域，都有文明发生，多达数十处，形成苏秉琦先生所称之"满天星斗"格局。苏秉琦先生认为，其中对形成中原核心文化最为重要的是从辽西至蒙古中部，经山西而南达晋南河洛地区的y型文明交汇通道。我愿意补充一点：在y型通道的同时期或稍后时期，又形成了自山东过河南而通陕甘的文明交汇通道，同时还有自西南而达河南，自江南而上中原的文明交汇通道，与y型通道合起来形成"天"字形文明网络。尧舜时代之后，中原逐步成为中心，形成了许宏所称之"最早的中国"。接下来是"模范"三代，其中，周朝创造了天下体系。周朝式微时，各国为了问鼎中原而逐鹿中原，终于形成了两千多年连续不断的"向心旋涡"生长模式。我相信"旋涡模式"能够有效解释中国的连续生长方式以及多样一体的格局：无论文化成分多么复杂，都被卷入到向心的旋涡中，汇合而成中国。中原文化所以为主，所以能够形成旋涡的向心力，则是因为中原最早拥有成熟的文字和政治制度，因而形成领先的知识生产，能够建构具有时间优势而连续不断的历史叙事，因而能够建立政治正统标准，同时，天下观念所主导的政治制度具有最大容量和最广泛的亲和力，使得任何地区的人民都有合法理由参与中国的建构，因此，舟车所至之处，万民尽皆主动卷入"中国旋涡"之中。汉字、历史叙事和天下观念互相促成而形成以历史为知识之本、以天下为精神之维的意识世界。可以说，在中国的精神世界里，基本信念不是宗教，而是历史；基本视野不是民族，而是天下。

概括地说，中国由"满天星斗"格局逐步生长出网络式的天下格局，而天下观念和中国观念的结合又形成逐鹿中原的旋涡模式，向心运动的旋涡模式所产生的结果是大一统中国，即一个内含天下的中国。只有发现大一统中国的内在结构是一个容纳万民的天下结构，才能够解释为什么古代中国既不是帝国，也不是宗教国家，更不是民族国家，也因此能够解释为什么古代中国是内敛而非扩张的，却得以吸收众多文化和卷入多地各部而变成一个大国。这是一个最简练理论版的中国故事，它表明了天下观念在应用上的演变，即由世界性的天下体系建构转而内化为国家内在结构的建构，同时表明，对于大一统中国而言，朝贡制度早已退化为一个中心国家的象征，而无支配性的"系统"之实。在这里讲述这个中国故事，是希望能够有助于对中国有一个合理的想象，并且消除一些削足适履的误读，然后才能够去想象和分析未来世界的多种可能性。

3　复习天下的新词典

巴博纳斯的"美式天下"提出了天下的概念与实践关系问题。天下是一个理论概念，那么，是否存在着实现天下体系的多种可能实践？是否可能有多种天下体系？理论上说，这是可能的。我们知道，未来总是呈现为博尔赫斯所说的"时间分叉"，即存在着同等可能的多种可能性。那么，对于一个具有未来性的概念，比如天下，理当也存在着"时间分叉"。

一个概念的意义或为开放的或为封闭的。数学和科学的概念通常有着确定而封闭的意义，比如我们不能把"平行线"的概念修改为"能够在远处相交的两条直线"（在非欧几何学里，只能说不存在真正的平行线）。属于生活领域的概念，有的有着确定含义，有的则有着开放性的用法，不能一概而论。比如"船"的概念是确定的，指能够在水面上航行的载体，而"飞船"只是一个比喻，其实不是船，而是空间里的飞行器。但那些表示生活方式的大概念，尤其是属于政治、伦理和文化的概念，却多数有着开放的意义空间。洛克、休谟、黑格尔、马克思所理解的自由就非常不同；柏拉图、孔子、罗尔斯所理解的公正也非常不同；古希腊人和现代人所理解的民主也非常不同，如此等等。天下概念也同样有着开放的意义空间，可以通向多种不同的天下体系。但概念的开放性不等于说任意一种意义都是合适的。每个概念都具有一种目的论的（teleological）限制——当然是人设的目的而不是神的目的——或者说，一个概念意味着一种事物的存在论（ontological）意图，一个事物至少要达到某种标准才是其概念所指的"此类事物"。一个完全无限制的概念就不再是概念了，而是一个被解构了的能指。我愿意举出当代"艺术"的概念为例。如果任何东西包括垃圾都算艺术，那么就没有任何一种东西是艺术或不是艺术（不难看出，这个艺术悖论模仿了维特根斯坦的规则悖论）。那么，就天下概念而言，要证明某一种天下体系确实属于天下概念所承诺的天下体系，就需要分析天下概念所蕴含的意图。

毫无疑问，天下体系的实践实例（周朝的天下体系）只是理解天下概念的一种参考，并不等于天下概念本身。正如古希腊城邦实践的古希腊民主并非现代民主的模板而只是一种历史参考资料，周朝的天下实践也不是未来天下的模板而只是历史参考资料。那么，天下的本意是什么？其一，"协和万邦"（《尚书·尧典》），类似于世界永久和平，但比康德方案的尺度大得多；其二，"生生"（《周易·系辞上》）而达到"大同"（《礼记·礼运》），使世界万民过上有意义的生活，因此万民和睦如家庭（大同的意思不是统一价值观，而是多样一体，和睦如家）；其三，"以天下为天下"（《管子·牧民》）或"天下为公"（《礼记·礼运》），即世界成为万民共享的政治主体，成为世界公器。如果从天下的否定性含义来看，天下体系拒绝任何一种帝国主义体系，拒绝通过征收霸权"租金"而肥私。

天下的意图是抽象的，而实现天下体系的制度必是具体的，需要根据实际条件而定。根据未来世界的可能条件，特别是技术条件，未来新天下体系将有可能以世界规模的旋涡模式和网络模式相结合的方式而形成。人工智能、互联网、物联网、生物技术、量子技术等"技术化存在"将成为未来世界的存在方式，因此，以个体为主体的个体理性思维方式将不得不服从世界万物互联的存在方式，必须转向与互联存在更为相配的关系理性思维方式，即"共在先于存在"的思维方式，否则很可能出现无法控制的灾难。特别需要注意的是，个体理性的加总无法必然形成集体理性，因此个体理性不具备应对大规模危机的能力。显然，只有关系理性才有可能建构集体理性。

新天下体系虽然必定与古代天下体系有诸多不同，但其精神仍然相通。天下概念在古代过于前卫，而与未来世界却很契合。我在《天下的当代性》中举出了新天下体系所需"词典"里的一些关键词,它们包括一些长久有效的方法论和原则。请允许我在此复述其中部分关键词。

1. 配天。天道是万物运行的条件,从属于天道的人道就必须符合天道,所谓配天。配天意味着自然是自由的限度,万物是人的尺度。如果与此相反,人被理解为可以任意征服自然的绝对主体而成为万物的尺度,就是逆天。逆天将会造成无法补救的自然失衡而自取灭亡,因此,天道是人的绝对限度,人只能在天道界限内进行自由创作。比如,试图创造不死的超人或人机一体的新物种,这恐怕就有逆天的风险,除非出现了神级的技术突破,那意味着人类升级为神了,人类自己就是天道了,但这种可能性很小。天下体系首先需要以制度权力去限制人类无法承担后果的逆天行为,特别是不可控制的技术冒险或政治冒险,这是为了保证人类的生存安全。

1.1 生生。既然自然产生万物,自然之本意就是让一切存在继续存在,让一切生命繁衍生息。天意如此,天下体系之意图也必当如此,必以万民普遍受益的制度去维护世界多样性,并以共在原则去建构相辅相成的存在关系,使世界的共在利益大于每个国家之私利。

1.2 无外。天无外,所以天下无外。人类普遍安全或永久和平的一个关键条件是世界内部化,使世界成为一个不再有外部性的无外世界。世界内部化是长久维持所有国家共在关系的条件。天下体系将成为一种无外的监护制度而维护世界的普遍秩序。这是一种反帝国主义制度,天下体系属于世界而不属于任何国家,即"以天下为天下"之意,也是"天下为公"之义。简单地说,"无外"的世界就是世界的内部化。

2. 关系理性。关系理性实乃人道之基本原则。人道必以普遍安全或永久和平为第一要义,因此,人道的理性首先考虑互相安全,以排除战争为基本要求,并把竞争限制在互相伤害最小化的范围内。天下体系的制度理性必以关系理性为其原则,以保证天下成为非排他性的存在,或者说最大规模的共在方式。于是有:

2.1 互相伤害最小化。这是生生原则的一个直接运用。互相伤害最小化是共在关系的必要条件,满足了理性的最大限度风险规避,是最彻底的理性原则。根据理性要求,互相伤害最小化优先于自身利益最大化。

2.2 相互利益最大化。即普遍受益策略与利益互补策略。相互利益最大化是一个比互相伤害最小化更为积极的理性运用。既然天下以全球互联和互相依存状态作为条件,那么,在无外的天下里,相互利益最大化比起自身利益最大化更能够在实际效果上保证每个人或每个国家的利益。因此,相互利益最大化也优先于自身利益最大化。具体落实为:

2.21 孔子改善。相互利益最大化的基本含义源于孔子原则"己欲立而立人,己欲达而达人"(《论语·雍也》)。孔子原则是一个广义的普遍原则,具有政治、经济和伦理的多面意义。这里在政治经济学的意义上把孔子原则解释为"孔子改善",基本含义是:一种制度是普遍正当的,当且仅当,这种制度能够保证,只要社会总体利益得到改善,每一个人的利益就都必须得到帕累托改善。相当于说,社会总体的帕累托改善必须同时落实为每一个人的帕累托改善。

2.22 损补之道。源于老子"天之道,损有余而补不足"(《道德经》第七十七章)的自然平衡调节原理。老子相信,如果某种事物过度发展,或者某些人的利益过度增长,必定导致失衡,而失衡必定导致灾难,因此必须限制失衡,如果已经失衡则必须恢复平衡。老子原则与罗尔斯的劫富济贫"有别原则"(difference principle)有部分相通之处,但罗尔斯原则的根据是平等价值观;老子原则与平等毫无关系,而是基于存在论的理由,即一切事物只有处于动态平衡关系中才能够良好存在,失衡会导致所有事物失去活力。因此,减少强者的利益也是保护强者的长久存在。可见,老子原则不等于偏心弱者的罗尔斯原则,而是以平衡去保证所有人的生存活力。这种平衡原理很可能来自《周易》的阴阳平衡概念,而"阴阳"是形成平衡的功能性隐喻。

3. 兼容普遍主义。世界上每种文化本来各美其美,相安无事。真正的冲突来自一神论的思维模式,它不仅把自己的价值观看作是普遍的,同时要求成为唯一的,不允许各美其美就必然导致文明的冲突。假如承认每种文化的主体性,就无法以一神论方式去定义普遍价值。

在普遍价值的理解中存在着一个隐秘错误，即把普遍价值默认为"可用于每个人"（applied to every individual）的价值，这是一神论的理解方式，可是这种理解必定导致一个悖论：既然某一种文化可以把自己的价值观理解为适用于每个人，那么，每种文化都可以把自己的价值观理解为适用于每个人，这样的话，冲突就无法避免。可见，一神论的单边普遍主义是逻辑无效的。与此不同，兼容普遍主义将普遍价值理解为"可用于每种关系"（applied to every relation），即普遍价值落实在对称的"关系"上而不是落实在单边的"个体"上，这样就能够避免一神论悖论。兼容普遍主义的基本原则是：凡是能够以对称关系去定义的价值就是普遍价值，因为只有对称关系的合理性能够获得普遍必然的证明；凡是不能以对称关系去定义的价值就仅仅表达了某个集体偏好的特殊价值。

不难看出，"美式天下"尚未满足新天下词典的标准，也就难以成为一种天下体系，而仍然属于霸权体系。当然，霸权体系也能够建立世界秩序，正如美国体系的现实（可参考"王霸"之论）。本来，世界秩序就有两个传统：帝国传统和天下传统。帝国传统是霸权体系，意味着向外的辐射力，向外征服或向外扩展而单边支配世界；天下传统是共享体系，意味着向心力，向内汇合纳入而生成共享世界。从短时段和中时段来看，霸权体系对世界的统治更为成功（例如英帝国体系，还有美帝国体系），但从长时段和超长时段来看，天下体系很可能更为可信和可靠。世界霸权体系对权力、技术和金融资本的垄断很难持续，因为别人不同意。这里存在着一条我称之为"模仿测试"的博弈定理：假定人是理性的，那么，在竞争博弈里，人人都会模仿别人更为成功的策略，而策略模仿的速度高于策略创新的速度，于是，在互相模仿中，最后会达到各方策略相等的"集体黔驴技穷"状态。对此僵局，有两个解：如果各方都采取敌对策略（hostile strategy），那么互相模仿的结果只能是共同承担灾难；如果各方都采取善对策略（hospitable strategy），那么互相模仿的结果将是共在共享。

目前世界仍然处于现代主权国家的国际游戏中，但正在转型，已经出现一些"后帝国状况"、"后国际政治"或者"后威斯特伐利亚状况"，但这些变化在目前只是导致了有目共睹的乱局，尚无能力建立一个全新游戏。可以说，目前世界尚未达到能够建立新天下体系的条件，恐怕要到以万联网（the network of everything）、人工智能、生物技术和量子技术为代表的"技术化存在"覆盖世界，才有足够的物质条件建立天下体系，届时，天下不会属于某个国家而将属于世界，简单地说，系统为王。也许遗留的问题是：技术系统会倾向于支持一个好天下还是坏天下？

（原载《西南民族大学学报》2018年第1期）

{十}

在理想主义和现实主义之间的天下

1 天下作为共托邦

天下概念虽是一个理想,却不是乌托邦(utopia),而更应该定义为一个共托邦(contopia),即一个有可能实现的共享可能世界,也是对现实政治冲突的一个有效解决方案。在莫尔命名乌托邦之前,早有关于理想社会的多种想象,例如柏拉图和奥古斯丁。莫尔创造了乌托邦一词,既源于ou topos,即乌有之地,也源于eu topos,即完美之地,在其中就已经蕴含了理想主义的双重含义的合一:模范性和非现实性,暗示了完美事物虽无限好但不存在。有趣的是,在莫尔的美好乌托邦里,有条河叫"无水河"(Anyder),有座城叫"未知城"(Amaurot),有个国王叫"无民之王"(Ademus),

这些都暗示了乌托邦的反现实的理想主义。[1]与之不同，天下是关于世界制度的设想，以世界为其"实地"（topos），试图在实地上建构一个共享世界，因此可称为contopia（共托邦）。既然在实地上建构世界秩序，就意味着天下的理想主义同时是一种现实主义，也许可称为理想的现实主义（idealist realism），或现实的理想主义（realistic idealism）。[2]这种混合性质指向一个非完美主义（imperfectionism）的世界理想。

非完美主义近乎中庸状态。中庸可以理解为：（1）事情都有其"两端"（《中庸》），即思想或实践在两个相反方向上的极限，在逻辑上相当于一件事情的"最坏可能世界"和"最优可能世界"，那么，只要探明了两端，就可以知道什么是最合适的存在论状态，即可持续的、有余地的因而能够适应各种变化的存在状态，所谓中庸。不过，中庸状态的合适度有别于进化论的"最合适"（fittest），达尔文意义上的fittest意味着进化到了在特定环境里几乎完美的程度，没有需要改进的余地，而这种完美且固化的状态其实正是中庸所反对的，中庸所理解的最合适状态是永远有余地因而永远都合适。（2）中庸

---

[1] 参见 *Famous Utopias of the Renaissance*, ed. & introduction by Frederic R. White, New York: Hendricks House, 1955, pp. vii-ix。
[2] 关于理想的现实主义的分析，可参见赵汀阳："Political realism and the western mind", *The Edinburgh Companion to Political Realism*, ed. by Schuett and Hollingworth, Edinburgh: Edinburgh University Press, 2018, pp. 23-36。

状态通常被理解为"无过无不及"（朱熹：《中庸章句》），这是相对于"两端"来定义的，但这个晚出的解释有一种文学式的含糊，不足以清楚定义中庸。由中庸有别于"狂狷"（《论语·子路》）可知，中庸是区别于非理性激进或非理性保守的理性选择，可以解释为，优先考虑风险规避，相当于"无过"，并且力求在特定约束条件下达到最优状态。后者是否相当于"无不及"却略有疑问，无不及几乎是要求好处达到最大化，类似进化论的 fittest，而好处逼近临界点也有风险。显然，中庸强调的是保险系数，因此应该理解为两端区间里的动态优化点，只在特殊情况下才正好是对称平衡点或中间点，在更多情况下，中庸只是一个动态的优化点（optimizing point）。政治上的中庸之道是秩序的基础，被孔子推崇为最优之德（《论语·雍也》）。因此可以说，中庸原则大致相当于理想的现实主义或现实的理想主义，进取的方向是理想，但总是以风险规避作为理性约束。

在这个意义上，天下体系试图发现对政治冲突的一个理性化最优解，不能许诺人人幸福的终极世界，只是设想了一个和平、普遍安全、有着文明活力的可能世界，因此完全区别于所有种类的历史终结论，即区别于一神教追求的宗教大统一、罗马帝国追求的普世一致世界（cosmopolitan）、黑格尔的绝对精神圆满实现、马克思的人人得解放的共产主义社会、福山的普世自由主义世界，诸如此类。在哲学上说，天下体系试图解决的是"一与多"（the One or the Many）的兼容问题，采取的是"以多成一"的共享模式而区别于通常的"以一统多"帝国模式，同样是普遍主义，却不是单边普遍主义，而是兼容普遍主义（compatible universalism）。天下不是否定国家，而是在国家之上建立一个共享的世界系统，同时承认国家的本地管理。在存在状态上，天下想象的是一个像自然那样具有丰富性和一致性的世界体系，或者像生命那样的完整内在循环机制，但永远不能达到无须变化的完美状态，因而能够维持文明的活力，或者说，天下体系试图以文明制度去复制自然和生命的协调性、整体性和循环更新能力。

2 "垂衣裳而天下治"是什么意思？

说来话长。所有政治问题都起源于一个远古的存在论事件，即否定词（不；not）的发明。自从人类发明了否定词，就发明了在思想上和实践上的复数可能性。经过否定词的点化，存在变成了对存在的选择，也就使存在变成了一个如何存在的问题，于是，如何选择和设定时间和空间的议程（agenda of time and space），就成为存在的基本问题。人们对占有时间和空间的方式产生了不同意见，未来变成了分叉时间的竞争和重叠空间的竞争，总是至少有一部分人不同意他人的时空议程设定，这种竞争在实践上的冲突就成为政治的起源。在这个意义上，否定词就是政治的存在论出发点,而"他人不同意"就是第一个政治问题,而且蕴含了后来所有的政治问题。

生活时间和生存空间(即一切生存资源)的无规则竞争被称为初始状态,相当于无规则的非合作博弈或者无政府状态,有两种基本型:霍布斯的自然状态和荀子的初始群体状态。霍布斯理论解释了任何人或任何群体的负面外部性(negative externalities),即每个主体与任何外在他者的冲突;荀子理论则解释了任何群体的内部矛盾,即共同体内部的利益和权力分配问题。这两个基本状态都是"他人不同意"的直接表达,于是产生两个基本问题:(1)如何消除负面外部性?(2)什么样的制度能够保证人们合作的积极性高于背叛的积极性?换句话说,如何建立稳定可信的合作制度?

严格意义上的政治开始于具有反思性的政治。在反思的政治之前,生存竞争和利益分配属于初始状态,对外是霍布斯状态,对内是荀子状态,虽然已经有了统治,但尚无政治。统治只是实力甚至主要是武力的运用,而政治是以制度去解决利益冲突问题。简单地说,诉诸武力是前政治,诉诸制度是政治。政治制度的发明是文明的最重要成就之一,其重要性与生产技术的发明同级别。

霍布斯的自然状态的终结,即政治的开始,是利维坦国家的建立。这个理论想象与历史真实未必一致,或与文明初期的大型酋邦(chiefdom)略有相似性,但酋邦肯定没有利维坦国家的成熟制度水平,仍然属于统治的概念，尚未进入具有反思性的政治概念。反思的政治的一个重要起点是古希腊城邦，另一个重要起点是天下体系。历史上实际发生的天下体系是西周发明的，但在精神概念上，天下体系通常被追溯到黄帝或尧舜，这应该是一种推想。黄帝或尧舜时代仍然属于酋邦概念，或许在观念上已经初步有了天下的想象也未可知。

关于黄帝或尧舜的政治概念，通常描述为"垂衣裳而天下治"[1]。"垂衣裳"常被后世解读为"无为而治"，恐怕是受到后世道家思想影响的一种联想式解读，以为"垂衣裳"是"无为"的文学化描述。这种理解实与本义有所偏差。老子的无为思想不仅比黄帝、尧、舜或夏、商、西周晚很多，而且只是一个纯理论的推想，至多在小国寡民的极简化社会里有效，但对于大规模政治的复杂社会就几乎不可行。事实上，黄帝、尧、舜都是非常积极有为的，古代绝大多数圣王都是积极有为的，否则文明不可能得到发展。无为的文明发展恐怕比自然进化速度快不了太多。因此，"垂衣裳"决不是"无为而治"，更合理的解释是：以制度代替暴力而建立秩序，从而超越了自然状态。这意味着，制度的力量胜过暴力，只有制度才能够建立大规模的政治社会，这才是制度所以能治的优势，也就是说，正因为制度的治理能力超过了武力，才成为政治力量的主要资源和根据。既然制度能够

---

[1]《周易·系辞下》。

形成治理，就可以"垂衣裳"而不需要盔甲了。

"垂衣裳而天下治"提出了一个非常复杂的问题，很可能是属于"复杂科学"的问题，即如何建立一个具有世界规模而普遍合作的天下体系？韦斯特在《规模》一书中讲述了他的有趣发现：无论是生物还是人造机构都不可能无限扩大，都会受限于冥冥之中的某种有效生存规模，如果突破最优规模，就会导致崩溃。[1]我们可以想象，基于天与天下的对称性，世界尺度应该是天下体系的天然规模。在遥远的未来，是否可能有宇宙规模（广义的天）的属于所有智能生命的天下体系，就不得而知了，那是属于科幻的世界（比如《三体》中的归零者联盟）。韦斯特还讨论了一个重要问题：具有建筑式结构的公司在不断发展扩大中都最终会因为不堪重负而消亡，而网络式的城市却能够长生千年，因为网络式的关系具有超出固化结构的大量生长点因而能够维持活力。这个发现对于天下是个好消息，天下体系在理论上设定的一个基本性质就是网络式的关系。

虽然网络、人工智能、量子力学、生物技术以及其他技术的发展能够为天下体系提供合适的物质条件，但技术的发展或许也给人类带来了对付不了的隐患。这里无须讨论各种技术所蕴含的具体危险，只须考虑到，技

---

[1] 参见杰弗里·韦斯特：《规模：复杂世界的简单法则》，中信出版社2018年版。

术虽然一方面增加了建构秩序的能力，但同时也有增加无序的能量，或者说，技术虽有维持低熵状态的能力，但同时也可能导致熵的增加。目前人类尚无有效的无限策略或无限能力来维持一个永远的低熵秩序。从资源上看，世界终究是有限的，物质发展迟早会达到极限，最终总要在实际上面对以有限性对付无限性的存在论难题。在最终的难题到来之前，或许可以期望天下体系能够形成人类文明普遍合作的良性循环，从而形成文明的"内无限"状态，以便有无限能力去不断克服熵的增加，特别是使技术用于人类共享的安全和福利，而不是用于竞争和战争。

3 为什么天下政治是一种艺术？

任何理论都需要一个存在论的理由，否则只是一个思想神话。

天下理论的基础是共在存在论，其理由再简单不过：人的存在需要与他人共在，没有共在就没有生活。在人的条件下，存在论的问题由"存在"转化为"共在"。共在意味着生生。与"一切人对一切人的战争"的霍布斯状态相反，生生意味着"一切人与一切人的共生"。主张"生生"只是一句空话，从两千多年前至今，有无数儒者主张必须"生生"的废话，然而"如何做到生生"，才是真问题，也是最难解决而且始终没有解决的问题，几乎难于星际殖民。

最难的问题往往是最简单的问题，最复杂的问题都需要还原或落实为简单问题，所以，如果解决不了简单的问题，也就无望解决复杂的问题。宇宙显然比政治复杂得多，但政治问题或许比宇宙问题更难，宇宙问题只是难以理解，而政治问题虽然可以理解却没有解法，因为所有政治问题都遗传了一个无解的初始问题，即"他人不同意"，也可以更准确地表达为：给定任意一个有限资源或有限生存机会的可能世界，那么，不存在一个令所有人都满意的制度或游戏规则。由此便生发出政治问题的演化路线：他人不同意必然导致冲突，于是必须建立利益和权力的分配规则，进而发展为全方位的制度，它通常表现为国家，国家之争进而形成国际政治，可是无政府状态的国际政治却不是对国家之争的解决，而是政治的返祖现象，即无政府的国际政治实际上重演了政治的初始状态，尽管增加了非暴力谈判的比例。因此，政治问题最终只能由国家政治升级为世界政治，而世界政治是政治初始问题的最大尺度放大版——问题性质没有改变，难度却达到了最高级。以现实的理想主义来看，世界政治问题必须有一个解决，但以理想的现实主义来看，世界政治问题不可能有一个完美的解决，就是说，无法指望一个人人满意的世界制度，只能期望一个人人愿意合作的世界制度，即一个能够达到使合作的诱惑大于冲突的诱惑的制度。这是世界政治的最大期望值，也是天下体系的期望值。

解决人的冲突问题需要一种政治艺术。政治实际上是生活全部问题的集中表现，不可能被还原为某个简单模式。把政治理解为"权力斗争"（或利益斗争）就是一个长期以来的简单化模式，很可能是一神论被固化为思维模式以来的一个错误理解，包括宗教的异教徒或异端概念、帝国主义、殖民主义、种族主义以及霍布斯、黑格尔、马克思、克劳塞维茨、施米特、摩根索、亨廷顿等多种类型的斗争理论。斗争理论的局限性在于，所有斗争策略都局限于零和博弈或非合作博弈，无论斗争取得一时的胜利还是陷入僵局，都从来没有解决任何问题，所有问题都一直存在而且伺机反扑。

政治必须能够解决矛盾才是有价值的文明方法，否则只不过是重复甚至加剧了权力或利益斗争的自然事实。在这里建议再次考虑"模仿测试"的博弈证明（已经讨论多次）。简单地说，任何人都会模仿他人更成功的获利策略，而策略创新的速度远远慢于模仿的速度，不断互相模仿的结果是集体黔驴技穷，因此，只有共同获利的策略才可能成为积极的稳定策略，于是获得一条模仿定理：凡是被模仿而导致自我挫败的策略，都不是普遍有效的策略，或者说，只有经得起普遍模仿的策略才能够成为普遍有效的策略。这在理论上证明了孔子原则（立己立人、达己达人）是普遍有效的道德原则，同时也是在效率上可信的政治原则和经济原则。值得一提的是，艾克斯罗德证明了，如果是时间足够长的多轮博弈，即使面对敌对策略的竞争,最优的不败策略也是合作为先的"一报还一报"策略(TFT)——这个策略的更早定义来自毛泽东的"人不犯我我不犯人,人若犯我我必犯人"。但艾克斯罗德的TFT的博弈条件过于理想化(每个人拥有相等的能力,而且杀不死),不足以表达最坏可能世界,即不能表达等价于霍布斯条件或无政府状态的博弈。因此,TFT只是局限于实力相当条件下的权力游戏的最优策略,并没有能力去改变或超越任何敌对状态,所以并非政治的最优策略。

天下体系试图发现政治的最优可能策略,让政治成为一种"化敌为友"的艺术。显然,只有有能力化敌为友的方法论,才有可能把敌对的政治(politics of hostility)转变为友善的政治(politics of hospitality),也就是把非合作博弈转变为合作博弈。所以,在严格意义上,只有能够化敌为友的艺术才是政治,而权力斗争的本质仍然属于战争的概念。这个设想基于一个历史事实:长期可持续的稳定秩序总是基于制度的可信性和吸引力,只有当缺乏可信和有吸引力的制度的情况下,才试图通过武力去建立或维持秩序。可以说,好战是一个文明缺乏充分理性制度的表现。同时还基于另一个历史事实:人类诸种文明在其充满活力的发展时期都处于跨文化状态,即尚未建立文化边界的互通状态。由此可以推想,文明的活力与多样性或混合性之间有着明显的相关性。因此,天下体系一方面探索化敌为友的政治艺术,另一方面试图使文明恢复至跨文化状态，使文明获得生长的新能量，其可期望的最优结果是使政治演化为一种以关系理性为本的新政治——传统政治以个体理性为本定义了权力和权利，新政治需要进一步以关系理性去定义相互性、系统性和对称性。两者合一才能表达一个充分的政治概念。

4　天下的三个宪法性原则

既然全球互联使世界成为多文化多文明的共同事务，就需要一种世界制度来保证世界的共享利益和兼容利益，否则不可能形成世界性的集体理性，所以世界需要一个能够形成集体理性的制度——但集体理性不可能来自专制，专制的结果不是集体理性，而是集体非理性，这一点需要明辨。现代制度以个体理性建立了自由竞争的规则，虽有利于经济发展，却难以解决和平、相互安全以及合作等共在问题，这说明还缺乏集体理性。专制、民主、市场都无法实现集体理性，所以，需要思考的问题是：什么样的制度能够同时实现个体理性和集体理性？或者说，如何把充分的理性概念化为制度？

在未来世界里，以人工智能和基因工程为代表的高技术运用非常可能导致世界出现"存在论级别"的升级，即以技术重新定义人类的存在方式，因此也将决定未来的政治形势和条件。权力是建立秩序的能力，从而决定了利益的分配方式，对权力的有效运用就是政治。人类社会的权力类型有其演变过程,在前政治状态下,人类最初通过武力(征服力)来形成权力;在发明了政治制度之后,进而建立了权威(支配力);在生成具有广泛影响力的精神世界之后,又进而发展了占领精神世界的主流话语(影响力);当市场无处不在,系统化的服务能力又成为一种新权力,服务决定了所有人的生活可能性而成为支配性系统;下一步很可能会在人工智能、互联网、物联网、大数据、量子技术和基因技术等多种技术的共同助力下,形成几乎"全知全能"的综合技术系统,达到信息、知识、实践的技术一体化,那将是一种以技术定义的"神级"全方位权力,不仅包括传统意义上的政治权力,也包括生活、经济和文化的权力,几乎涉及文明的整体。由权力的演化可以看出,权力从最初控制身体发展到控制心灵,最终将全面控制每个人的生存条件和生活能力,很可能导致一种甚至强于政教合一的"政治-技术合一"的技术政治。这种可能性显然蕴含着巨大的危险。

无论如何,新技术将全面重新定义生活和世界,我们无力拒绝这个前景,因此对技术统治的任何伦理批判只是无济于事、于事无补的怨言。人类是否能够将计就计地利用新技术来建构一种有利于人类的新政治?至少在理论上是可能的。新技术的特点在于建立并且控制一切可能的关系,从而把一切事物和人都变成网络化的存在,于是,存在不再由实体本身来定义,而由关系来定义,那么,权力的落点必定从实体(个体)向关系位移。这意味着未来世界的新结构必定是以关系为本的,将是一个关系主导的世界或者说以关系来定义的世界,因此也要求一种"关系权力"高于"实体主权"的政治。天下体系正是一个最大的关系结构,其普遍兼容性质与未来技术最可能形成一致性,因为天下也是一个开放的网络系统,非常利于技术的普遍运用,同时也能够以系统的制度能力对技术风险进行普遍控制,因此可以期望它是一个安全系数比较高的世界系统。

关系的有效性和持续性在于共享性和分享性,不能共享或分享的关系就会破裂。在共享关系的世界里,权力只能在共享关系中才能有效运行,于是,未来世界的政治必须与未来世界的技术达成一致,否则难以运行。另一方面,未来政治又必须防止技术的统治,不能让技术系统本身直接变成政治。从技术趋势来看,系统化的技术蕴含着两个方面的可能性:一方面是技术统治,大概率会成为一种新型专制,虽然不是暴力的硬压迫,却是每个人无力以抗的软控制,这是大多数人不愿意接受的结果。另一方面,技术能够创造惠及整个世界乃至所有人的巨大福利,这一点是大多数人乐见的结果。几乎所有历史经验都表明,一种坏事有可能绝对坏,但一种好事却不可能绝对好,总有其坏的一面,即好事总有一个好坏搭配的结构。这个情况也同样表现在技术中。人们希望享用技术的好处,同时希望避免技术的专制。要解决这个矛盾，关键在于需要一种能够避免技术与专制或帝国主义权力形成共谋的政治制度。

天下体系试图通过增加共同利益以及共轭利益的比例来强化互相依存的共在关系，从而消除专制的可能性，也尽量消除敌对的积极性，具体地说，就是设想一种以共在关系为本的普遍秩序，使得共在关系能够以其关系理性去建构和表达集体理性，从而达到对于每个人（或每个国家）来说，加入天下体系所能够获得的好处总是大于拒绝天下体系的好处。如果天下体系的制度能力达到这一点，可以想象，和平的诱惑就会大于战争的诱惑，合作的诱惑就会大于敌对的诱惑。但需要提醒的是，即使如此，也不可能消除世界上所有的不良因素，如前所言，好坏搭配几乎是生活的一个必然结构，制度能够做的只是限制不良因素。据此可以明确，建构天下体系至少需要三个宪法性的概念。

（1）世界内部化。以世界普遍秩序去建立一个"无外"的世界，把互相冲突的国家、宗教或文化都变成世界的内部关系，从而消除不可兼容性或负面外部性。外部矛盾总在建构异己性，所以难以调和，进而形成致命的冲突，而内部化的矛盾尽管仍然是矛盾，却转化为在共同秩序下的可控矛盾。关键在于，天下体系必须能够建立大于排他利益的共同利益，从而使得万民或万国乐意加入并且维护天下体系，于是需要以关系理性来建构制度。

（2）关系理性。与追求自私利益最大化的现代个体理性有着不同的优先排序，关系理性要求互相敌对的最小化优先于自私利益的最大化，或者说，共同安全的最大化优先于排他策略的最大化，并且，共同利益的最大化优先于排他利益的最大化。关系理性的理论根据正是前面所论的博弈模仿测试结果，即与人为敌的策略经过他者的模仿就必定变成自我挫败的策略，违反了风险规避的理性原则，也因此不可持续，无望获得最优结果，其最乐观的结果不可能好过囚徒困境。孟子所谓"仁者无敌"就是这个定理的最早直观表述。关系理性期望达到的最优结果是孔子改善。

（3）孔子改善。一个社会的福利增长，通常表达为帕累托改善，即社会总福利获得增长而没有一个人的利益因此减少。这是一个良好状态，但仍然不足以解决社会冲突，无法缩小贫富差距。孔子改善要求达到所有人的利益共轭增长，即要求一种制度能够如此安排，以至于任何人的利益增长必然导致其他人的利益增长，或者说，每个人的利益增长与所有人的利益增长之间存在着必然的连锁关系，在逻辑上说，相当于每个人的利益增长与他人的利益增长存在着互相蕴涵的关系。可以看出，孔子改善等价于每个人同时都获得帕累托改善，因此，孔子改善显著地优于帕累托改善。理论上说，孔子改善是消除冲突的最可信方案。孔子的"立己立人，达己达人"原则是孔子改善的最早直观表述。

概括地说，天下体系的基本原则就是：世界政治优先于国家政治；关系理性优先于个人理性；孔子改善取代帕累托改善。这三个理想的现实主义目标大概相当于期望一个最大限度接近普遍和充分理性原则的制度，或者说，一种自带智慧能力的"聪明制度"。给定这个"聪明制度"是民主制，那么需要一个"智慧民主"制度（具体参见《一种可能的智慧民主》一文）。就未来的技术可能性而言，天下体系的管理形式是网络式的，各地仍然是国家管理，未必需要一个行政的中央政府，但需要一个天下公共决策机构（智慧民主），负责天下宪法的制定以及作为全球共享系统的公共制度（涉及全球统一的金融系统、知识共享、技术共享、全球协作义务、全球风险控制等世界性的公共事务）。简单地说，国家的归国家，天下的归天下，没有取消国家，只是增加了拥有世界主权的天下体系。由此可能产生的主要政治变化是：所有涉及全球共同利益或风险的世界规模事务的决策归天下体系，以及所有发生在国际空间和太空中的问题的决策归天下体系。除此之外，天下体系还有更为理想主义的精神目标，只要一种价值具有普遍兼容性和普遍共享性，就可以成为天下价值，成为天下一切人的精神"聚点"（借用托马斯·谢林的"focal points"）。

（原载《探索与争鸣》2019年第9期）

{ 十一 }

政治现实主义的一种可能性[1]

缺乏理想主义的政治现实主义是短视的;没有现实基础的政治理想主义是无用的。对纯粹彻底的现实主义的定位从一开始就包含了认真的误解,现实主义的含义及人们对它的理解,似乎总是指向理想主义的反面。然而,任何事物都不完全是它看上去的样子。如果打算在这个世界上提倡并贯彻现实主义,就必须找到充分的理由。想想看,一位政治现实主义者是否总会为眼前利益而牺牲理想?或许未必,这要取决于如何理解"利益"(interest)和"理性"(rationality)。

---

[1] 本文用英文写成,标题为"Political realism and western mind",刊载于 *The Edinburgh Companion to Political Realism*, Edinburgh: Edinburgh University Press, 2018。王惠民译。——编者

1 政治现实主义的迷宫

政治现实主义，总以某种非直接的方式联系到形而上学的实在论（metaphysical realism），后者相信存在独立于主体性的实在性（reality）。有点好笑的是，形而上学实在论本身却是关于自在实在（reality-in-itself）的一个主观概念，而概念的主观性质决定了它不可能提供关于实在的客观知识。同样，政治现实主义也总是与政治现实的客观性之间存在着间距，甚至有时根本无关，因为它讲述的现实政治（realpolitik），总是一个比我们的经验、知识与可能策略组成的活生生现实要单薄得多的故事。在存在论意义上，现实，不论超越了我们而独立存在还是与我们相关地存在，都绝不局限于是（is）的状态，相反，它存在于将在（becoming）状态里，永远蕴含着未完成性——潜在且不确定的未来，或多种可能世界。因此必须承认，可能性本身就是现实的存在论成分。诚然，政治现实主义也许会自诩对权力问题有着更为清醒的认识，但由于未能提供相关的有效解决方案，结果是，权力意识越清醒，就越助长了敌对状态，深化了争端或激化了冲突。问题是，进行时的现实政治充满了错综复杂的互动关系，使得它的变化总是超出还原论与因果分析。政治问题的特殊性决定了它有待于复数的解决方案，恐怕没有唯一正确的答案。换言之，政治必须是为人类世界制定秩序的创造性艺术，而无法像科学那样寻求"唯一解"。其实，仔细想想就会发现，"政治科学"这个概念本身就很怪异。

因此最好先为政治现实主义打一个问号。什么是政治现实主义？或者它不是什么？从修昔底德到马基雅维利，从霍布斯到摩根索，政治现实主义的传统表明，它与源于观念论的政治理想主义传统歧路分道，后者包括马克思主义、激进左翼或激进右翼、建构主义以及备受欢迎的新自由主义。但事情没有这么简单，尽管卡尔·马克思和卡尔·施米特都是理想主义阵营的，可是谁又能否认他们在某种程度上也是现实主义的？强调实践理性的康德却肯定是理想主义者，他的永久和平理念是不切实际的，成功的可能性很小；哈贝马斯非常关心现实问题，他的交往理性却很理想化，对于解决亨廷顿的文明冲突几乎没有什么实际帮助。如果用理想主义与现实主义的概念框架来考察儒家学说，则会更加困惑。儒家在实践层面十分现实主义，但它又是决然的理想主义，它期许所有人能够在普遍化的家庭式关系中达到理想的和谐状态——那是一个遥不可及的最优可能世界。尽管现实主义与理想主义的划分方式已经在混淆和误导我们的思想，我们却依然出于习惯而沿用这种理论框架。也许，试图去定义一种"纯正的"政治现实主义并没有什么意义，政治现实主义与其说是一种价值观，不如说是一种方法论，这意味着，我们应该转而思考一种作为方法论的而不是价值观的政治现实主义。

作为方法论的政治现实主义蕴含了以下设定：

（1）政治行为者在本性上是自私的。

（2）世界一直处于无政府状态，没有任何高于国家主权的权威能够得到共同承认。

（3）政治行为者总是理性地寻求排他的或特权化的自身利益最大化。

（4）这种理性表现为政治行为者在偏好排序上有着逻辑一致性，因此，

（5）他们奋力争取实现权力的手段与执行的主导权来确保自身的生存和最大利益。

尽管人类思想要比被假定为"无理性"（non-rational）的动物头脑复杂得多，然而，方法论的现实主义的基本原则却近乎动物世界的生存逻辑。人类的偏好排序远不及动物那么具有一致性，人类会因为多种欲望的冲突、多种目标的取舍而陷入自相矛盾的境遇，而动物的头脑虽然简单，但在行为选择上比人要更加实际和更加理性，动物几乎不会铤而走险。政治现实主义难免让人想到霍布斯的自然状态，这不是在批评政治现实主义的理论内容贫乏，与之相反，政治现实主义与其他学说相比更具鲁棒性，并且——不得不承认——也更加诚实。特朗普的"美国优先"的口号，粗鲁而直白地与人不善，但非常诚实地表达了将国家利益置于第一位的政治现实主义。政治现实主义不是政治谬误，但它显然过于局限于个人理性的逻辑。

极端的政治现实主义一向名声不佳，因为它不择手

段地争权夺利，无视甚至违背道德。马基雅维利广为人知的——太过直白而知名——关于政治必须脱离道德的建议，就其冷酷性与客观性而言，确实说出了政治的某些真相。然而，无论他的理论取得了何种成就，其代价是，它终究无法为其无所不用其极的权力策略提供合法性证明。马基雅维利无负担地抛弃了道德，破坏了道德与政治自古以来的传统结合，虽然似乎有些道理，但其实是通过滥用他人的道德善意而获得好处的歪理，但反道德的策略和话语绝不可能以这种互相伤害的方式获得广泛认可。人类社会的政治策略和观念不可能是按照马基雅维利的方式发展出来的，人们必定先有道德善意，然后才会有马基雅维利式的背叛，才会被他的狡计所利用。那些最终能够发展为稳定习俗和法律的策略和观念，正是因为在长期实践中与道德的冲突最少，所以才经得起时间的检验。一个意味深长的事实是，举世公认的道德总是与最具效率的理性策略相吻合（当然也有例外，但很少）。换句话说，得到广泛承认的道德同时往往也被证明是进化稳定策略ESS（Evolutionarily Stable Strategies）[1]，而其基础正是长期形成的常识，即在长期历史中不断积累的得与失、回报与报复、安全与风险的经验。也有一些古老的道德因为无效而被淘汰，另一些则

---

[1] 引自John Maynard Smith: *Evolution and the Theory of Games*, Cambridge, UK: Cambridge University Press, 1982。

不断被强化而发展为规范性准则。

概要地说，由于政治现实主义的方法论是将个人理性置于首位，就难免会悖论性地与人类社会交往和合作的普遍道德观念相冲突，并且必然激起反击和抵制，因此，自私排他的现实主义就其期望达到的目的而言，在实际上反而是不太现实的或不切实际的。不过，尽管存在种种弊病，总体上说，政治现实主义造成的社会灾难终究不及纯粹的或原教旨的理想主义，在更多情况下，极端的宗教或意识形态价值进行的激烈斗争会导致更大的社会灾难。

在当代新情况下，似乎已经很难将现实主义与理想主义截然区分开了。比如，如果说到美国这样的超级强权是在"不切实际地"追求它的现实利益，我们所指的是否就是现实主义？或者像中国这样的大国，当它为其理想主义的理念做出很现实的努力，是否还可以被称为理想主义？这都很难说，首先是因为"利益"与"理性"这两个关键概念的含义太过模糊，至今依然没有明确定义。

比如说，"利益"到底是表明我们所追求的"欲望"（wants）还是"需要"（needs），这一点就不清楚。如果以欲望为准，那么利益的范围就会膨胀到一切事物（因为人性贪婪）。如此无限定就使得它对政治分析而言毫无用处。如果以需要为准，利益就会局限于生存所需的基本物品，不足以解释生活的丰富意义。看来，利益的概念只好保持敞开性和灵活性，更不用说暗藏于知识体系下面还有更多或深层的知识悖论了——就像柏拉图在《美诺篇》中的"美诺悖论"表明的：我们无法知道什么是我们真正想要的，因为我们无法先天地（a priori）认识它。由于缺乏关于什么是能够真正且最终满足我们所求的先天知识，人类的"利益"概念就只能落实为古往今来所有能够想到的欲望清单。这不难理解，谁不想获得一切呢？为了避免陷入思想死局，我们必须改变思路，以此来发现真正要紧的不是欲望清单，而是对偏好的理性排序。

当运用理性来设定政治上或经济上的最优化偏好排序，"利益"概念的模糊性就显得不太严重了。人皆有理性，在理论上应该是一个共同的普遍理性（reason），但如何能够最好地使用理性，这个有关合理性（rationality）的问题却没有唯一答案。在博弈论的语境下，政治现实主义可以被定义为关于"博弈"的理论所承认的理性策略思维（rational-strategic thinking）[1]。但在我看来，这个理论背后的假设存在着可疑的问题。比如，这个理论得以成立的关键前提是，每个玩家都愿意理性地思考和行动——如果不是疯子的话。这个假设的困难并不在于它过于随便地排除了一切非理性行动，正如不少人批评的那样——当然，排除非理性行动对于描述人类行为是不

---

[1] 文中涉及博弈论的时候只考虑纳什理论的非合作博弈状态，以及约翰·梅纳德·史密斯（J. M. Smith）与艾克斯罗德的进化博弈问题，就是说，只是关注在给定非合作博弈条件下，合作"是否"并"如何"可能的问题。

真实的（考虑到事实上有许多玩家会草率行事，与真正的精神错乱在反理性方面有着类似效果），真正的问题在于，博弈论将可能的多种理性简化为唯一的个人理性。这种简化才是真正可疑之处。这种做法的不当之处类似于罗素将数学还原为逻辑所遭遇的失败。将理性的概念仅仅还原为个人理性的算计，就忽视了使个人理性得以成立的关系理性。关系理性源于历史悠久的传统智慧，这提醒我们，理性的起源及其真正的含义并不是孤立的、算计的思维模式（像电脑或机器那样），而是基于这样的事实，即我们永不可能确知他人的想法。于是，每个人都被迫互相采取风险规避的自保措施，然后才进入以个人理性为准的博弈之中。很遗憾，这个显而易见的事实被现代个人主义习惯性地忽视，甚至拒绝了。

请允许我进一步解释。假设我们接受了个人理性的概念，也接受苏格拉底的命题"无人自愿犯错"，就将陷入一种自相矛盾的境地：我们的偏好排序是理性的，当且仅当，我们清楚地知道它们各自的权重。然而，拥有关于权重的知识就等同于——根据休谟论证——拥有关于未来的知识，这显然是不可能的，人们对于事物在未来的权重至多有一种随时修正的贝叶斯猜测，这等于事先无知。生活的真实处境，或困境，更像博尔赫斯形容的"时间分叉"，在其中，我们注定会发现，我们自以为是的理性选择其实是盲目的——相当于说，关于"昨天"的知识总量无法必然推知"明天"的情况；或者说，用苏格拉底的语言来描述,我们只好说是在"明知"故犯。这证明,确定安排一种总是具有一致性的或理性的偏好排序超出了人的能力,因此有理由质疑,关于利益与策略的所谓现实主义理解究竟是否不过是模糊和虚幻的想象?对于成本与回报的理性算计似乎更适用于数学而不是生活,因为在数学中(也只有在数学中),未来是确定的,然而生活却非如此。一个人可能会支持或反对英国脱欧,但没有人能确定这一抉择在未来的回报。一个更为严肃的例子是人工智能的发展,它既有可能带来不可忍受的灾难,也有可能带来最辉煌的成就,但没有人能够确知这是否是一个理性选择。我们总是被迫对无法计算的未来进行计算,这是一个无法解决的难题。

据我所知,有两个哲学家可以被称作真正的现实主义者:休谟和老子。两人都充分认识到,不确定的未来蕴含着不可知的无限性。但到目前为止,不论是经验性的还是先验性的知识,都未能让我们接近无限(恐怕康德并未解决休谟的难题),而我们实际所拥有的只是处理无限未来的道或进路。正如老子所说,最好的理性之道是像"水"一样前行,它总能找到因地制宜的路线。我想休谟可能会赞赏这个比喻。我想说,理性地看问题就意味着要理性地看待无限性。这里可以提到,他人之思就是一个相似的问题,我们无法知晓的他人之思就是在我们面前具有无限性的未来。在这个意义上,理性地存在就是理性地存在于与他人的关系之中。这将把我们带回到关于政治现实主义的问题，即政治现实主义必须在多大程度上是现实的或不现实的？

2　西方思想？

政治现实主义经常被认为是西方思想的特色，接下来的讨论将质疑这个习惯性的假设。政治现实主义真的不存在于其他文化中吗？这是个问题。英国思想的确具有显著的现实主义色彩，这部分是由于苏格兰的经验主义传统。然而西方思维并不总是采取现实主义的策略，相反，也可以是铁了心的理想主义，只要我们考虑到西方思想中的两个面向——科学与宗教（或取代了宗教位置的现代意识形态）——在本质上都是理想主义的，就可以理解西方思想的理想主义性质。把如此重视经验的科学看成是理想主义的，可能有些奇怪，允许我解释一下。

西方思想的独特性，在于它对理想客体的绝对或纯粹知识的追求。这样一种知识论的努力本身就已经是理想主义的了。尽管西方思想中同样有怀疑论传统，但知识论占据主流。当然，现代科学是现实主义的，它试图让知识经得起实践的检验。但不要忘记，科学是在理想主义的认识论图式基础上建立起来的，其中包含超经验的先天概念，以及对经验有效的先验范畴，它包括了作为存在论预设的完美理念（柏拉图的eidos概念以及欧几里得的几何学）、"形式"逻辑（一听便知是理想主义的，包括亚里士多德的三段论逻辑以及现代的命题逻辑)、通用的知识论先天范畴（比如康德论证的那些），以及数学的公理化，诸如此类，这些支持着科学思维的知识论图式，毫无疑问，都是理想主义的。尽管在实行过程中，它们具有良好的现实效果，以至于具有显著的先验效率（transcendental efficiency），科学因而可以称得上是理性的，但很难说是现实主义的。换句话说，知识只是对我们而言是真的，而非就实在自身而言是真的。人无法像上帝那样拥有无限的全知，人只能将知识限定在可知范围内，因为无限的实在过于复杂而无法被真正认识。不可思议的是，尽管基于想当然的观念或"主观的"假设，科学依然如此成功地作用于现实，这恐怕得益于冥冥中的"知识论运气"（epistemological luck）。"知识论运气"意思是，在思想碰巧正确的时候，自然的物理世界的无声状态就是肯定，大自然的默认相当于暗示一个科学命题是真的。大自然不会指出我们想错了什么问题，好像总是在肯定，因此制造了"知识论运气"的幻觉。试图理解实在的形而上学固执地想要解决一切事物的存在本身（being qua being）或"是之为是"（is-ness）之类没有答案的问题，就不足为奇了。

政治现实主义被认为是现实主义的政治科学，但它并没有摆脱西方思维方式中的理想主义倾向。政治现实主义有时会以看上去很现实的"现实政治"视角来简化政治、伦理、经济、宗教、文化、心理和历史等多方面交织而成的复杂现实，然而如此大幅度的还原，即便不是彻头彻尾的理想主义，至少也是想多了。显然，想要在现实主义与理想主义之间做出明确的区分并不容易。这里不是在玩辩证法。实际上，我们更关心的是，什么对我们而言是真的，而不是对实在而言是真的。这意味着理想主义才是我们首要且自然而然的倾向，而现实主义是在找不到其他理想选项的情况下，不得不采用的策略。

假如政治现实主义被"严格地"定义为不择手段的"权力斗争"（摩根索），并且假定几乎所有竞争都是零和游戏，那么它就反而变成了毫无希望的幻觉。问题是，不论政治现实主义有多么"理性"，它都不太可能获得科学意义上的成功，原因在于它偏好敌对性的策略，终究会带来坏运气。它的存在论坏运气（相比于知识论运气）背后的形而上学秘密是，创造人类现实的第一关键词是"不"（not）。[1] 在人类发明"不"这个神奇词汇之前，生

---

[1] 参见赵汀阳：《第一个哲学词汇》，载于《哲学研究》2016年第10期。我论证否定词是第一个哲学词汇，在逻辑中也可以发现基础性的证据。简要地说，否定词"不"（not）是逻辑的基本"基因"，它使所有逻辑联结词都获得意义。通常设定五个基本联结词：否定（¬）、合取（∧）、析取（∨）、蕴涵（→）、互蕴（↔）。如果简化为两个联结词的话，任何可能组合之中都不可缺少否定词（¬），就是说，任何二元简化组合之中都不可能排除，否定词必居其一。假如两个联结词再化简为一个，即谢弗联结词（Sheffer connective），其两种形式，析舍联结词（|，"nand"，not-and），或合舍联结词（↓，"nor"，not-or），都暗含否定词，要么是否定（¬）与析取（∨）的组合，要么是否定（¬）与合取（∧）的组合。可见否定词的基础性。

活本身没有产生任何疑难问题。否定词出现以后，人类生活才从此前的自然中产生了自由，正是否定词制造了自由意志以及随之而来的问题。所有的政治或社会冲突都发源于这样一个初始问题，即他人开始说"不"。从形而上学的角度说，正是否定词"不"在存在论上为人类生活引入了超越自然必然性（超越自然法则和本能）的复数可能性，使人类得以发展出相异且多样的生活，从而创造出不确定的、非线性且连续"分叉"的未来（博尔赫斯）。甚至可以说，在"不"这个否定词开启的存在论启蒙之前，我们所说的未来尚未出现。如果没有否定词，就不会有一个随时可以从自然发生的路径上"偏离转向"（swerve）的"未来"概念。因此，作为人类世界的存在根据的存在论更应该基于"不"或"非"（notness），因为人类世界的所有人为事情——尤其政治世界的问题——都可以还原为"他人不同意"这个基本困境。这意味着一种完全不同于实在论形而上学的存在论，在后者中，存在（Being）与其说是一个需要解答的问题，不如说是对关于世界的重言式回答的重复确认。否定词"不"才是一切生活问题的存在论起源。

在政治现实主义的传统中，从修昔底德到马基雅维利，从霍布斯到摩根索，一直存在一个存在论谬误，即政治现实主义者错误地将解释客观实在的形而上学应用到人类世界之中，尤其是错误地将"是"的单边原则引入政治理论，忽视了来自对手以"不"为形式的反击，于是，对自己想要的一切都说"是"，用单边主义思维来主张和争取利益，而没有重视"他人不同意"所蕴含的无法回避的灾难性报复，甚至对这种严重后果视而不见。典型单边主义的政治现实主义把他者定义为"负面外部性"（negative externalities）——这是用来定义敌人的术语，这个自寻烦恼的树敌思路为其理论自身制造了一个无法解决的难题，其视野因此被限制在寻求"打败敌人"的敌对策略范围内，包括战争、威慑、制裁和压制等，而在没有胜算时就寻求所谓平衡。这些貌似精明的策略并非解决问题的上策，其实更可能导致最终失败。显然，他者不是只会说"是"的被动客体，而是也有多种回应策略的主体，比如可以模仿和复制现实主义者的敌对策略，或发明"假装顺从""抄作业"等反制措施（想想恐怖主义，它以"非理性"的自杀式袭击和"不可预料"的独狼行动粉碎了传统理性建构的安全与防线）。

因此我更愿意说，战争其实是政治的失败，而不是所谓的"战争是政治的延续"（克劳塞维茨）。如果一种政治是有效率的话，那么政治应当是"化敌为友"的艺术。假如政治不是战争的反面，不是解决冲突的方法，而只不过是重复了战争模式，那就是多余的，也无意义。当然这不是说战争都可以避免，而是说战争并不是真正解决问题的方案，因为战争会引发更多战争以及更深刻或长期的敌对，而敌对状态决不是对生活问题的解决。假如理性策略用来追求非理性目标，是否还能称之为"理性策略"？这个问题需要反思。博弈论专家们对非合作博弈中的理性占优策略做出了深刻的分析，然而，是否可以进一步提问，非合作博弈本身难道不就是非理性的？在一个非理性的博弈游戏里的理性策略又如何能够真正解决问题？至少可以确定，单边主义与非合作思维方式本身就不太可能是理性的。科学化的理性概念恐怕并不能完全表达人类所需的完整理性概念。

现在以基督教为例来讨论宗教。宗教毫无疑问是高度理想主义的。如果我的理解没错，基督教早已成为西方最重要的文化基因，如科学一样强劲，尽管这并不意味着每个西方人的思想都是宗教性的。有迹象显示，基督教正在从现代生活中褪色。但基督教的思维方式，或者说作为方法论的基督教，仍然在发挥重要作用。在迄今为止的西方主要政治学派中，都能发现基督教的影子，其中包括自由主义，当然也包括具有理想主义特征的现实主义。

在我看来，基督教的四大政治发明对现代政治产生了深远的影响。第一个发明是宣传（源于传教和说教），现代政治的宣传话语、广告和媒体由此发展而来；第二个发明是心灵体制化与自我体制化（源于布道与忏悔）；第三个发明是具有通用心灵的群众（源于信徒）；第四个也是最独特的发明，是绝对敌人的概念（源于异教徒）。在基督教之前，只存在暂时的和语境性的敌人，他们是偶然条件下的竞争对手，并非固定或永远的敌人。基督教的四大发明一起创造了后来所谓的意识形态。意识形态尽管是理想主义的虚构作品，却发挥了巨大的实际作用，导致了人类世界的许多实际变化（例如冷战）。这些政治发明，也部分地成为单边普遍主义、帝国主义和所谓政治"软实力"的来源和基础。尤其是对于"敌人"的神经过敏认定，增加了世界中的敌对情绪。实话说，作为一种理想主义的自由主义，似乎比无情的现实主义制造了更多的国际冲突和文明冲突。

到了现代，欧洲人又有了更多的政治发明，包括主体性、主权、民族国家、民族主义、个人主义、代议制民主和人权。在这些意识形态和理想主义的思维方式中，都能发现基督教精神格局的广泛影响，实际上并没有多少空间留给不受意识形态影响的纯粹政治现实主义。与修昔底德和霍布斯的纯粹政治现实主义相比，事实上更多看到的是不纯粹的政治现实主义，它在方法上采用冷酷而干脆利落的现实主义策略来对付意识形态所认定的敌人，从而人为制造了并非现实必要的零和博弈。因此，当代政治现实主义是难以界定的，它总是把现实主义的手段应用于不切实际的意识形态化目标，于是，唯心主义目标和现实主义手段互相抵消了。到底是否可以把政治现实主义完全归于典型的西方思维方式，这是令人犹豫的问题。我的看法是，现代政治现实主义最好是限制地仅仅理解为方法论的现实主义，未必同时有着现实主义的目标。

3 关系理性与关系现实主义

如果想更好地解释和理解政治现实主义，就需要拓宽理论视野来讨论别样的理性概念，以及不同于西方的现实主义——比如中国的现实主义——这样可能有助于更好地探明政治理论的思想广度。以下的分析仅仅着眼于研究对于政治问题的最佳解决方案，讨论的是理论上的不同方案，而不是进行中西文化比较，就是说，这里对文化比较不感兴趣，我将在纯理论意义上直达问题：对于任何人，何种政治理性更加合乎理性，哪种政治博弈更具合理性？还有，什么样的存在论条件有利于形成最优的政治策略？

在分析这些问题之前，我想先简要介绍中国思想提供的另一种政治概念。如果用严格的政治现实主义或理想主义的标签来界定中国政治理论或学派，不论是传统的还是当代的，恐怕都不合适。首先，几乎所有的中国政治理论都共享同一个世界秩序的理想：天下太平。这可以回溯到一个不寻常的历史事实。中国政治思想从公元前11世纪便开启了关于世界政治的不寻常思考——即如何创制一个世界体系的问题；与之不同，一般都以国家政治（始于城邦）作为政治问题的起点。当时的特殊历史情况为中国的政治思想引入了天下的世界政治框架，即一个以政治秩序构建起来的世界。在这种理想的诱惑下，中国政治思想总是基于天下体系的理想主义世界秩序，而不是国际体系（international system）。这个理想世界被假定为对所有人都有利，因而是善的；被想象为内含一切人而无外的政治实体，即涵纳所有国家的一个系统（至少在理论上是这样的）。这意味着，政治的任务在于实现世界内部化，从而创造一个万民所有、万民所治、万民所享的世界。世界的内部化，形成了一个消除了负面外部性的世界，就成为政治的基本原则，这必定导出寻求化敌为友的办法或策略的政治。对政治的这种理解与西方对绝对敌人的认定意识大相径庭。

在这个意义上，中国政治思想的总体品格应该是非常理想主义的。但同时要注意到，从实践上看，大多数中国政治学派审慎而理性的实践策略却是非常现实主义的，甚至在事实上比一般的政治现实主义更注重风险规避，当然并非没有例外。历史上有两个中国政治学派很接近现代典型的政治现实主义，其中一个是以孙子（前545—前460）为代表的兵家，他或是博弈论的最早运用者，甚至可能是第一个从"共同知识"角度讨论了非合作博弈的人。身为军事家的孙子却将战争视为不得已才使用的下策，这一点显示了深刻的理性。另一个是被称为法家（从公元前4世纪盛行到公元前2世纪）的现实主义学派，与霍布斯的学说颇为相似，可能是中国唯一的纯粹现实主义理论。法家对政治博弈与社会信任的问题进行了很有趣的研究，它有一个深刻的理论，大意是，不论一个游戏规则多么缺乏道德意义，只要游戏的回报和损失（赏与罚）能够被清晰地定义，并且有着稳定制度保障而具有真正的可信性，那么这个游戏就能使人乐此不疲且有充分的效率，因为大多数人都会激动地去盲目追逐有着确定可信的利益，而不顾道德价值和理想。法家的杰出人物曾在秦国担任大臣，把这个可怕的理论落实为政策，要点是将战功作为唯一的升迁标准，由此带来的结果是，秦国的军队战无不胜。

与此不同，作为中国的传统主流学派，儒家被视为融合了政治理想主义与现实主义的典范，或可称作"现实的理想主义"（realistic idealism）或"理想的现实主义"（idealistic realism）。儒家的政治目标是理想主义的，是一个建立在家庭关系模式基础上的万民共享世界，但儒家用来实现理想的手段却非常实际，首先要考虑的就是人之常情和中庸之道。因此，儒家可以说是在一般人性和现实条件约束下的理想主义主张。

这里也许需要提及一个重要的儒者荀子（前313—前238）对人类社会初始状态的讨论，它远早于霍布斯对自然状态的讨论。荀子相信初始状态是给定的社会状态（而不是"自然状态"），理由是，人的互相合作是任何个体得以生存的必要条件，因而生存状态从来都是"群"。他有个卓越的洞见可称作"荀子悖论"：一方面，合作对每个人都是生存的必要条件，"人生不能无群"，所以人们必须选择合作；另一方面，不幸的是，合作又会产生冲突，因为人性贪婪而导致各人所得不合理或不公正，进而导致合作失败，所谓"群而无分则争，争则乱，乱则离"。荀子相信，这两个方面几乎是必然发生的。因此，他看到作为社会规训和分配制度的"礼"实际上是自然而然演化出来的，礼在实际上就是根据每个人的贡献的比例或地位来进行与之相配的财富分配方式的制度化，从而把关系理性化为社会结构。这种"比例公正"或多或少是理想主义的，但荀子的推论是现实主义的。

由此看来，可以将儒家视为一种"理想的现实主义"，它代表着中国政治思想的主流，那么我们来继续解释它的政治有效性。中国之所以能够成为延续两千多年的大一统国家，儒家在其中起到了关键的作用。与那些曾经兴盛一时而后消失或收缩为民族国家的帝国或帝国主义体系相比，中国的延续性的确是一个政治奇迹。美国现在当然是强过中国的超级帝国，但似乎不太可能长时间地维持其世界霸主地位。西方帝国和帝国主义体系的兴衰沉浮，部分原因应归于典型政治现实主义理论的作用，即现实主义的方法论与理想主义的意识形态的结合物。帝国或帝国主义只有当拥有技术代差的优势（比如火器相对于矛），才能够以其侵略性的现实主义策略在权力博弈中成功地占据统治地位。在此之后却几乎无一例外地遭遇动乱与报复造成的失败。与敌对和侵略性的策略相比，古代中国的扩大过程采取的却是从长远来看更有效率的另一种理性策略。

这里需要说明的是，对有效策略的选择不仅在结构上被游戏形式所决定，而且也取决于人们以何种方式建构一个游戏，就是说，人们选择的策略本身也在同时创造和定义着游戏，并且决定着这个游戏能够持续多长时间。其中的要点是，人们起始的策略选择建构了一个游戏的存在论条件，即决定一个游戏成为这样的而不是那样的。创始游戏的原初策略将会决定游戏如何进行下去，在实际操作过程中决定了后续策略的可能选项，因而导致此后一系列结果。比方说，如以敌对策略作为原初策略——侵略战争或霸权政策——就会以对抗方式来开启非合作博弈，并且很难改变，就是说，初始的敌对策略成为后继必然出现的反抗策略的原因。因此，我认为博弈论更应当关注的重点是生成博弈游戏的初始条件——初始策略如何定义一个游戏——而不是去关注后续出现的"精明的"理性策略。或者说，博弈论应当更多地致力于去研究游戏本身如何成为一个理性的游戏，而不是着眼于哪些策略能够成为占优策略或必胜策略。

在这里，古代中国是一个案例，它的初始策略开启了一种有别于常见模式的政治博弈，在此过程中，中国成功地让自身变大，却又不是采用帝国主义的扩张方式。我有一个关于中国历史生成方式的解释[1]：与通常的帝国主义或殖民主义模式不同，古代中国开启了"旋涡模式"的博弈模型。意思是，与帝国主义的向外征服和扩展

---

[1] 引自赵汀阳：《惠此中国》，中信出版社2016年版。

方式——征服海洋并统治外部世界——不同，旋涡模式是一个形成向心力的模式，通过利益、权力、荣誉、技术和工艺、知识系统，以及大历史叙事，来形成一种向心吸引力，从而形成众多邦国加入并接受中华体系的向心旋入效果。正如在自然的旋涡中，更多的水会由于向心力而不断卷入其中，中国旋涡也有类似效果。在长达2500年的时间里，很多周边族群和国家都试图获得对中国的控制权，但最终都汇入而成为中国的一部分，有的成功获得中原皇权之后被同化为中国文明，这种旋涡情况一直延续到中国最后一个朝代被西方列强打败。这些周边族群或国家所以汇入中国，是因为中国文明是当时他们所见过的最辉煌的文明，所以愿意成为中国的一部分，从而享有中国文明先进的知识、技术和艺术，以及成熟的政治传统和持久的历史合法性，当然还有发达的经济体系。其中还有更深层的原因在于，中国文明拥有接纳一切外来文化的容量和承载能力，因此它们能够无冲突地融入中国文明。这一点要归因于中国在文明初期就设定了可用于千秋万代的政治理想和兼收并蓄的世界体系——天下的理念。基于这个理念，中国从来没有将其他国家认定为"不可接受的他者"或"绝对敌人"。这不仅是理想主义的，同时也符合真正的理性。因此，与其他多族群社会的帝国主义体系相比，中国很少发生宗教冲突和文明冲突。

需要提及的是，"帝国"虽然常用于描述中国，但其实很不准确。中国的状态和本质至今依然难以界定——至少很难根据西方学术中的流行范畴来定义，而只有在理论和实践上深入理解古代中国才得以真正理解当代中国政治的路径。正如我所分析的，中国是一个"世界模型的国家"，也就是把天下概念应用于国家内部，可以理解为天下制度的微缩版。其中一个富有特色的制度发明，便是在一个国家内部整合地容纳多种体系，即"一国多制"。这是汉朝（公元前202年—公元220年）发明的制度。在当代，邓小平创造性地将其重新应用于1997年后的香港，作为处理当代条件下的多种政治意识形态问题的新模式，称作"一国两制"。邓小平的创新性在于，他以此解决了古代没有遇到过的意识形态分歧（如前所述，意识形态是一个根植于基督教政治发明的现代产物）。由这个例子可以看出，与民族国家不同，内含多种制度的一体化中国在性质上是一个缩小版的世界，其运作方式就像一个函数，开放地容纳任何可能的变量。在1840年遇到大英帝国的挑战之前，中国一直以旋涡模式有效地运转着，吸引周边族群或地区加入其中，而不是主动出发到海外去冒险和征服，因此不同于殖民主义和帝国主义。要说依靠强权取得世界统治，历史上的中国从来都不如大英帝国（最大的帝国）和美国（历史上最强的帝国主义）那样成功，但作为一个长时间延续的自在实体而言，中国显然更为成功。这意味着，中国政治思想的基础是与西方不同的另一种理性和政治现实主义。

因此，中国政治思想可用关系现实主义[1]（relational realism）来定义，其主要原则大概可以描述如下。

（1）世界的内部化（internalization of the world）。这是一个基于天下概念无外世界的设想。它采用化解一切"负面外部性"的理性策略，使得世界在和平相容的关系中保留文化和政治的差异性。这种方式能够解决文明的冲突，是一种可能实现"化敌为友"的政治艺术，进而导向了兼容普遍主义（compatible universalism），只是将人与人之间可兼容的关系加以普遍化，在其中规避了一切单边主义的意识形态和价值，这意味着，普遍价值要由相辅相成的关系（reciprocal relationships）来定义，而不是由任何宗教或类似的意识形态来决定。

（2）非完美主义（imperfectionism）。这是一个源于老子与《易经》的哲学原则，其要点是"比较好优于最好"。这是一个现实主义的忠告，比较好意味着永远留有变化的余地，而最好反而是物极必反的临界点。这个原则反对人们对完美理想的苛求，因为完美理想或者不可行，或者过于冒险，都是非理性的。所谓理想，只能是衡量不断变化的现实世界的批判性尺度，而不可能是历史的终结。

---

[1] 参见 Zhao Tingyang: "Redefining the concept of politics via Tianxia: The problems, conditions and methodology", *World Economics and Politics*, no. 6, 2015。更多细节，参见赵汀阳：《天下的当代性》，中信出版社2016年版。

（3）关系理性（relational rationality）。这是最重要的原则，建立在现实主义的关系存在论基础上。关系存在论的要点是，共在（coexistence）先于存在（existence），或者说，存在以共在为前提。[1]万物的存在论目的（telos）都追求永在，而永在就必须善在（to be well）。人之善在之所以可能，当且仅当，允许他人善在，因此也被他人允许善在。同理，存在要得到改善，当且仅当，被他人允许得到改善，同时让他人得到改善，否则就会招致得不偿失的报复。共在存在论的这个基本事实在孔子"仁"的概念中得到了集中的体现。仁的本意是"任意两人之间的相互最优关系"，这为关系理性奠定了基础，表明了共在是任何存在的必要条件。关系理性就其本身而言要比个人理性具有更强的风险规避效果。简言之，关系理性的基本关切是，相互敌意的最小化优先于个人利益的最大化。其理性预期最为现实主义的地方在于，共在是每个存在的存在论和政治保障。

关系理性的合理性可由我设想的一个"模仿测试"来证明。[2]这个测试以不合作游戏即追求自我利益博弈为起点，相当于从霍布斯的初始状态开始。每个玩家都被设定为足够聪明，足以学习和模仿其他玩家更高明的博

---

[1] 参见 Zhao Tingyang: "The ontology of coexistence: From cogito to facio", *Diogenes*, Vol. 57, no. 4, 2012, pp. 27-36。

[2] 参见 Zhao Tingyang: "Redefining the concept of politics via Tianxia: The problems, conditions and methodology", *World Economics and Politics*, no. 6, 2015。

弈策略。可以推出的结果是,没有任何成功的策略能够长时间保持优势主导地位,因为任何优势策略都会很快变成共同知识,并被他人抄袭复制或反制,最终,所有玩家都学会了所有可用的成功策略,成为同等聪明或同等愚蠢的人,形成"集体黔驴技穷"状态,此时就可以生成稳定的策略均衡了,在此出现了分叉点。

经过普遍的互相模仿而形成的稳定策略均衡有两个可能解:要么是友善策略(hospitality)的均衡,要么是敌对策略(hostility)的均衡。于是可以分析,如果在普遍模仿中,一个策略招致循环性的负面报复,这将是任何玩家不可接受的灾难,可见敌对策略的均衡违背了风险规避原则,因此,寻求敌对策略是非理性的。也就是说,如果一个策略在普遍模仿中导致自我挫败的结果,那么就证明它在博弈中是非理性的。因此,我们需要寻找一个永不自我挫败的策略——就像孔子提出的仁一样,将共在置于优先位置,这是唯一不会引发报复的策略,因而可以免于因他人的策略模仿而带来的致命挑战。换句话说,一个策略只有当它被他人复制之后依然能够持续地得到正向激励时,才被证明是真正理性的策略。孔子是第一个研究此类无报复策略的思想家,他最先主张"己欲立而立人,己欲达而达人"的原则,我愿意称这种策略为"孔子改善",并进一步定义为"非排他改善"(non-exclusive improvement),在效果上相当于每个人同时都获得一个帕累托改善。不难看出孔子改善优于帕累托改善：只要有一个人得到改善而无人因此利益受损，就达到了帕累托改善的要求，这对于建构好社会显然不够，孔子改善却要求让每个人都一致获得改善。

4 结 论

现实主义者通常相信：强大就安全。这个想法部分正确，但不全对，因为这个策略并没有达到无懈可击的"鲁棒性"。因此有必要考虑一种更为理性的孔子策略。孔子的追随者孟子（前372—前289），对关系理性的秘密做了进一步的说明：仁者无敌。仁者并不是因为击败了所有敌人而无敌，而在于没有制造任何敌人。最后，回到文章开始的地方：现实主义如果不同时是理想主义是不可取的，理想主义如果不同时是现实主义是不可行的。

参考文献

韩非子:《韩非子》。

孔子:《论语》。

老子:《道德经》。

孙子:《孙子兵法》。

荀子:《荀子》。

赵汀阳（2009），《坏世界研究》，北京：中国人民大学出版社。

赵汀阳（2016a），《第一个哲学词汇》，《哲学研究》，2016年第10期。

赵汀阳（2016b），《惠此中国》，北京：中信出版社。

赵汀阳（2016c），《天下的当代性》，北京：中信出版社。

Axelrod, Robert (1997), *The Complexity of Cooperation: Agent-Based Models of Competition and Collaboration*, Princeton, NJ: Princeton University Press.

Huntington, Samuel P. (1996), *The Clash of Civilizations and the Remaking of World Order*, New York: Simon & Schuster.

Morgenthau, Hans J. (2005), *Politics among Nations: The Struggle for Power and Peace*, New York: McGraw-Hill Education.

Olson, Mancur (1980), *The Logic of Collective Action: Public Goods and the Theory of Groups*, Cambridge, MA: Harvard University Press.

Schelling, Thomas C. (1980), *The Strategy of Conflict*, Cambridge, MA: Harvard University Press.

Schmitt, Carl (1996), *The Concept of the Political*, Chicago: The University of Chicago Press.

Smith, John Maynard (1982), *Evolution and the Theory of Games*, Cambridge, UK: Cambridge University Press.

Zhao Tingyang (2012), "The ontology of coexistence: From cogito to facio", *Diogenes*, vol. 57, no. 4, pp. 27-36.

Zhao Tingyang (2015), "Redefining the concept of politics via Tianxia: The problems, conditions and methodology", *World Economics and Politics*, no. 6.